WORKING DAD

Für Laura, Mattis und Niklas

Roman Gaida

WORKING DAD

Vereinbarkeit von Familie
und Karriere leben

Campus Verlag
Frankfurt/New York

MIX
Papier aus verantwortungsvollen Quellen
FSC® C089473
FSC www.fsc.org

Klimaneutral
Papier
ClimatePartner.com/13732-1910-1001

ISBN 978-3-593-51614-1 Print
ISBN 978-3-593-45249-4 E-Book (PDF)
ISBN 978-3-593-45248-7 E-Book (EPUB)

Umschlaggestaltung: Guido Klütsch, Köln
Umschlagfoto: © Roman Gaida
Illustrationen: Natalie Juwan
Satz: DeinSatz Marburg | mg
Gesetzt aus der Minion Pro, Myriad Pro und Felt Tip
Druck und Bindung: Beltz Grafische Betriebe GmbH, Bad Langensalza
Beltz Grafische Betriebe ist ein klimaneutrales Unternehmen (ID 15985-2104-1001).
Printed in Germany

www.campus.de

Inhalt

TEIL 3
ELTERNZEIT

TEIL 4
FAMILIENFREUNDLICHKEIT: WIN-WIN FÜR UNTERNEHMEN UND LEADERSHIP

TEIL 5
FAMILIE

TEIL 6
ME-TIME

Vorwort

Auslöser und Inspiration für dieses Buch war vor allem die Geburt unserer Zwillinge. Dieser neue Lebensabschnitt fiel genau in die Zeit, als ich die digitale und kulturelle Transformation eines Geschäftsbereichs in einem Konzern starten und umsetzen sollte. Wie sollte ich das alles hinbekommen? Eine Partnerschaft auf Augenhöhe führen, eine inspirierende und motivierende Führungskraft sein und über allem ein aktiver Vater für meine Söhne.

Früher wälzte ich Bücher über Leadership und Karriere – und jetzt übers Vatersein. Aber ich fand darin nichts, was mir helfen konnte, alles gut miteinander zu vereinbaren. Ich fand keinen Mittelweg, keinen Weg, der zu mir passte. In vielen beruflichen und privaten Gesprächen stellte ich fest, dass es sehr vielen Eltern, insbesondere Vätern, so geht wie mir. Auch der Podcast *Working Dad*, den Marius Kursawe 2019 ins Leben gerufen hat und bei dem ich seit einiger Zeit mitwirke, spiegelt den Wunsch nach Vereinbarkeit von Karriere und Familie der gegenwärtigen Vätergeneration wider.

Rückblickend auf die vergangenen fünf Jahre hat alles ganz gut funktioniert. Aber warum eigentlich? Nicht nur für mich und meine Kinder, sondern auch für andere Väter möchte ich in diesem Buch meine Erfahrungen und Gedanken zu diesem Thema festhalten, die Hürden auf meinem Weg beschreiben, aber auch Hilfestellungen und Denkanstöße geben, um mehr Vereinbarkeit leben zu können.

Die Vereinbarkeit von Karriere und Familie ist für Firmen ein wichtiger Baustein einer modernen Unternehmenskultur und ein zukünftiger Wettbewerbsvorteil im Ringen um Talente. Daher war es für mich als Vater und als Führungskraft wichtig, meine Erfahrungen zu teilen.

Intro

Es war ein Montagnachmittag im Dezember, als ich – wie schon so oft – durch das Gate 2 des Flughafens Narita ging. »Konnichiwa, Roman-san«, sagte mit einem Nicken der Mitarbeiter an der Passkontrolle. Ich war müde vom langen Flug und stieg ohne Umweg in den Schnellzug nach Shimbashi ein. Die Hände auf dem Griff des Rollkoffers, den Kopf auf den Händen, nickte ich immer wieder weg. Mein Zug fuhr vorbei an den Dörfern mit blauen Blechdächern in Richtung Megacity. Aber irgendetwas war anders als sonst. Die Luft roch in Japan immer nach Tee, das war es nicht. Ob in San Francisco, Busan, Bilbao oder Shanghai, es roch überall etwas anders, auch wenn Flugzeug, Zug, Meetingraum und Restaurants sich an all meinen Geschäftsreisezielen ähnelten.

Nicht, dass mir meine Arbeit keinen Spaß machte. Nach knapp einem Jahrzehnt in Schichtarbeit an einer Maschine wusste ich meinen Job wirklich zu schätzen. Auch das Reisen liebte ich sehr. Aber auf dieser Reise in das Land des Lächelns fühlte ich mich anders, als wäre ich Lichtjahre weit weg von daheim. Es kam mir vor, als wäre Tokyo nicht auf einem anderen Kontinent, sondern auf einem anderen Planeten. In den Straßen leuchteten dieselben bunten Schilder in fremden Schriftzeichen wie sonst auch, ich kam an denselben Büros und denselben Izakayas vorbei. Für die nächsten Tage standen Präsentationen, Meetings und Produktionsbesichtigungen auf dem Plan. Es waren viele wirklich interessante Termine, und ich würde tolle Menschen treffen, die ich schon länger nicht mehr gesehen hatte. Aber dieses Mal fühlten sich die 9.300 Kilometer Entfernung von zu Hause nicht befreiend und spannend an, sondern bedrückend. Vor 14 Tagen waren Mattis und Niklas geboren worden, unsere Zwillinge.

Weder die Vorbereitungskurse, das Wickeln der Plastikbabys, der Erste-Hilfe-Kurs noch die guten Ratschläge anderer Eltern und der Familie können einen wirklich auf das vorbereiten, was einen als Vater erwartet – und als Vater von Zwillingen schon gar nicht. Natürlich rechnet man mit schlaflosen Nächten und einem veränderten Tagesablauf, aber auf keinen Fall mit Wickel-Akkord am Tag und in der Nacht und auch nicht damit, dass das Gefrierfach für zehn Liter Muttermilch definitiv zu klein, aber lebensnotwendig ist. Was einem auch niemand sagt, ist, wie es einen Mann verändert, wenn er Vater wird. Natürlich nehmen wir uns vor, ein guter Vater zu sein. Ein Vater, der da ist, sich um die Familie kümmert und trotzdem weiter an seiner Karriere schraubt. Aber die Realität sieht ganz anders aus. Das merkt man schnell.

Selbstverständlich gibt es auch Papas, die das alles mit Leichtigkeit stemmen. Deren Schwiegereltern wohnen zumeist nebenan und deren Frau will sich selbstverständlich nur um die Kinder kümmern, damit er das Geld nach Hause bringt. Oder umgekehrt. Willkommen im Jahr 2022. Wir sitzen hier nicht am Stammtisch, und wir leben auch nicht mehr im 20. Jahrhundert. Ich behaupte, dass sich jeder Mann, der heute willentlich Vater wird, wünscht, auch Vater zu sein. Ein Vater, der für seine Kinder spürbar da ist, der eine gleichberechtigte Partnerschaft führt und der dennoch seinen Traum nicht aufgibt, sich beruflich und privat selbst zu verwirklichen. Und was passierte dann? Wir erleben die traditionelle Trennung der Rollen: in der Familie, in der Firma, im Job. Oder?

Nachdem ich vier Tage in Tokyo verbracht hatte, öffnete ich die Tür unserer Drei-Zimmer-Erdgeschoss-Wohnung und war das erste Mal … daheim. Ich hatte ein Zuhause mit meiner Familie, mit meinen Kindern. Das wollte ich nicht mehr aufgeben. Schwach anfangen und dann stark nachlassen, das war nie mein Motto. Ich wollte Vater sein. Ein Vater, der putzt, wickelt, spielt, der nachts aufsteht, vorliest und tröstet. Ein Vater, von dem die Kinder ins Bett gebracht werden wollen und zu dem sie kommen, wenn sie hingefallen sind, obwohl die Mama danebensteht (zumindest auch zu ihm). Ein richtiger, ein aktiver Vater.

Da gab es nur ein Problem: Meine Frau war super in ihrem Job und wollte nochmal studieren, um sich anschließend selbstständig zu machen. Aber ich wollte auch nicht Vollzeit-Papa werden. Ich machte gerade nebenberuflich einen MBA und wollte daraus noch mehr machen. Als schlechter Realschüler hatte ich nach zehn Jahren Schichtarbeit den Weg ins Management eines Fortune-500-Unternehmens geschafft. Das wollte ich nicht gleich wieder aufgeben. Das musste anders gehen. Und es ging auch anders.

Dennoch: Die perfekte Vereinbarkeit von Familie und Karriere wirst du in diesem Buch nicht finden, ich halte sie für eine Illusion. Was ich dir anbieten kann und möchte, sind Tools und Hacks aus meinen Erfahrungen als Vater und Führungskraft, die dir helfen werden, Karriere und Familie bestmöglich unter einen Hut zu bringen.

TEIL 1
WAS WILLST DU WIRKLICH?

Bei Gastvorträgen an Universitäten, aber auch in Vorstellungsgesprächen treffe ich immer wieder auf junge Menschen, die gerade dabei sind, den Grundstein für ihre berufliche Zukunft zu legen. Viele von ihnen sehen ihre Zukunft im Management, haben aber nur eine sehr vage Vorstellung davon, was das eigentlich bedeutet. Erst im Laufe des Berufslebens bekommt man eine Vorstellung davon, wie die Welt außerhalb der Universität, der Schule aussieht. Mit etwas Glück stellt man fest, dass es im Management hauptsächlich darauf ankommt, Menschen zu mögen und nicht fachlich der oder die Beste zu sein. Wenn man weniger Glück hat, dann ist man vielleicht sogar später auf einer Managementposition gelandet, obwohl man sich dort ganz und gar nicht wohl fühlt. Ich habe mich in den vergangenen Jahren immer wieder gefragt, warum das so ist, und habe für mich die folgende Antwort gefunden: Wir machen uns viel zu wenig Gedanken darüber, was wir uns eigentlich selbst für unser Leben wünschen. Wir folgen vermeintlich erfolgreichen Menschen und wollen sein wie Elon Musk oder Steve Jobs, ungeachtet dessen, was diese Menschen alles dafür tun mussten und ob wir bereit sind, dasselbe zu tun.

Weißt du, was du wirklich willst?

KAPITEL 1

Das Karriereideal: Man muss Opfer bringen?

»Please wait, the meeting host will let you in soon!« Der Anzug sitzt, die Webcam ist startklar und die Internetverbindung funktioniert ausnahmsweise mal ruckelfrei. Der »Ich habe heute einen wichtigen Termin«-Joker ist gespielt, sodass die Zwillinge für die nächsten anderthalb Stunden mit Mama unterwegs sind und ich freie Bahn habe. Der Bildschirmausschnitt, den mir mein Monitor zeigt, erinnert an den Loft eines Start-ups. Im Hintergrund ist ein Whiteboard mit nichtssagenden Notizen zu sehen und eine antike Kommode mit einem Surfboard obendrauf. Die Lautsprecherbox hat einen nostalgischen Look, und der Roboterarm daneben verleiht dem Ganzen einen gewissen Tech-Touch. In Wirklichkeit sind dies die einzigen zwei Quadratmeter des Wohn-Ess-Bereichs, die nicht mit Spielzeug, Geschirr vom Mittagessen oder der Post bedeckt sind. Also, ich bin startklar für das Online-Meeting.

Wie aus dem Effeff erzähle ich die Geschichte meiner vergangenen 20 Jahre Berufsleben, die Höhepunkte, die dramatischen Tiefschläge und wie ich diese gemeistert habe. Ich beschreibe, woran ich gewachsen bin, meine Stärken und Schwächen und was mich qualifiziert, diesen unglaublichen Job zu machen. Es ist der komplette »Vom Maschinenbediener zum Top-Ten-Eliteuni-Abschluss«-Werdegang – Storytelling vom Feinsten, würde man heute wohl sagen. Der CFO, die HR-Leiterin und der CEO hören gebannt zu, und ich merke, dass es gut läuft. Am Ende meines Monologs stelle ich ein paar wohlüberlegte Fragen, und dann geht's in die Details.

»Herr Gaida, Sie haben zu Beginn gesagt, dass Sie Zwillinge haben. Die sind ja noch recht klein. Sie werden bald zwei, sagten Sie?«

Da hat der CEO recht, aber ich weiß noch nicht so ganz, was das mit dem Job und meiner Qualifikation zu tun haben soll. Ich hole nochmal aus, erzähle, dass ich, als die beiden zur Welt kamen, Vollzeit gearbeitet, nebenberuflich meinen MBA gemacht und einen Umzug organisiert habe. Klar, das überzeuge natürlich und spräche für ein gutes Zeitmanagement, kommentiert die HR-Leiterin und fährt fort, dass diese Vice-President-Stelle natürlich eine internationale Topposition und auch mit weltweiten Reisen verbunden sei. »Selbstverständlich, das mache ich doch jetzt auch«, sage ich darauf. »Nur nicht überallhin, nicht immer und nicht, wenn es nicht sein muss.« Ich erkläre, dass ich auch bislang Teams in den USA, Korea und China geführt habe, ohne jede Woche dort zu sein. Dass der zwischenmenschliche Kontakt und die Beziehung zu Kolleg:innen wichtig seien, aber genauso Vertrauen und Empowerment. Hilfreiche Tools gibt es mittlerweile zur Genüge und sich selbst als Bottleneck zu sehen, zeichnet nun wirklich keine gute Führungskraft mehr aus.

»Und Ihre Frau, arbeitet sie auch?« Diese Frage kommt wieder von der HR-Leiterin. Ich bin etwas überrascht, dabei hätte ich sie wohl erwarten müssen. Oft genug hatten andere davon erzählt. Meine Antwort ist recht ausschweifend, denn ich bin sehr stolz darauf, was die Mutter unserer Zwillinge geschafft hat. Sie hat nebenberuflich Wirtschaftspsychologie studiert und das Studium während der Elternzeit abgeschlossen. Nun berät sie große Konzerne im betrieblichen Gesundheitsmanagement. Sie ist super in ihrem Job und eine großartige Mutter.

»Ach ja, das kenne ich, Herr Gaida«, entgegnet der CEO. »Meine Frau hat das auch wirklich großartig gemacht, das mit den Kindern.« Ich denke in dem Moment: »Oh Mann, der arme Kerl hat seine Frau wohl schon verloren und ist Witwer? Und dann ist er in so einer Position – was für ein Vorbild!« Er fuhr fort: »Ich habe fünf Kinder.« Wow, jetzt imponiert er mir wirklich. »Von drei Frauen«, ergänzt er. Ähm, okay. Moment, nochmal zurück. Dann heißt das, er hatte drei Frauen und hat fünf Kinder. Das ist völlig okay, nicht alles in dieser Welt ist für jede:n und für die Ewigkeit gemacht. Er erzählt weiter: »Ja, das Reisen und der Job, das machen nicht alle mit. Aber ich bin halt der, der heimkommt und das Geld auf den Tisch legt.«

Muss man also persönliche Opfer bringen, wenn man Vice President in einem großen Unternehmen werden will? Muss man sich, falls nötig, trennen, scheiden lassen und neue Familien gründen? Kann man nicht mit der Familie zu Abend essen? Steigt man sonntags ins Flugzeug, statt mit den Kids auf dem Bolzplatz zu kicken oder über den Spielplatz zu turnen? In der Tat sind solche Szenarien in den Topetagen der Unternehmen keine Seltenheit.

Dies war schon mein drittes und finales Gespräch für diese Position. Nicht weniger als das Doppelte meines jetzigen Gehalts lagen auf dem Tisch, ich hätte nur zusagen müssen. Dennoch habe ich ein paar Tage später dankend abgesagt, mit der Begründung, dass ich mir sicher sei, die Aufgabe sehr gut zu erfüllen, jedoch Zweifel hätte, ob meine Vorstellung des Wie in die Firmenphilosophie passe. Zudem teilte ich meine Bedenken mit, dass die Unternehmensdynamiken, wie ich sie in den Gesprächen wahrgenommen habe, zu Friktionen führen könnten, wenn ich meine Rolle als Vater nach meinen Vorstellungen ausfülle. Ich hätte das Vertrauen in die Vereinbarkeit der Position mit meiner Vaterrolle, würde das aber nicht als selbstverständlich bei der Kultur des Unternehmens sehen.

Die Wahrheit ist: In Zeiten des Fachkräftemangels gibt es immer Gelegenheiten, als Fach- oder Führungskraft den Job zu wechseln. Das gilt heutzutage nicht nur für Manager:innen. In Zeiten von Xing und LinkedIn haben die (sogenannten) Headhunter leichtes Spiel mit wechselwilligen Arbeitnehmer:innen. Ein hohes Gehalt, ein tolles Auto, flexible Arbeitszeiten – das Gras auf der anderen Seite des Zauns ist immer grüner. Dafür haben wir das ja schließlich alles gemacht, oder? Die Ausbildung, die Weiterbildung, das Studium, fleißig Zertifikate und Arbeitszeugnisse gesammelt. Selbstverständlich fängt man dann an, zu grübeln und über einen Wechsel nachzudenken. Was könnte ich meiner Familie nicht alles bieten? Doch wir denken dabei oft in zu kurzen Zeitabständen und nehmen zu leichtfertig den Spatzen in der Hand, wenn die Taube auf dem Dach zu weit weg erscheint. Auch ich kann mich davon nicht freimachen, dennoch habe ich gelernt, mir das Berufsleben nicht als Sprint, sondern als einen Marathon vorzustellen – und zwar als einen, bei dem man sich nicht halb tot ins Ziel schleppt, sondern den man läuft und genießt, auch wenn es unterwegs mal anstrengend ist. Ich plädiere hier nicht dafür, Karrierepläne und Gehaltsvorstellungen ad acta zu legen, sondern lediglich dafür, ehrlich zu sich selbst zu sein und althergebrachte gesellschaftliche Normen von Karriere infrage zu stellen. Es gilt abzuwägen, was einem Karriere wert ist, und zwar nicht in den nächsten fünf Jahren, sondern bis zur Rente oder darüber hinaus.

Die Palliativpflegerin Bronnie Ware erzählt in ihrem Buch *Fünf Dinge, die Sterbende am meisten bereuen*[1] davon, dass Menschen am Ende ihres Lebens bedauern, nicht mehr Mut gehabt zu haben, ihr eigenes Leben zu leben. Vor allem wünschen sie sich, sie hätten weniger gearbeitet und die Zeit mit der Familie mehr geschätzt. Natürlich haben alle diese Menschen ihre Arbeit geliebt. »ALLE Männer, die ich gepflegt habe, haben das gesagt«, schreibt Bronnie. Aber sie hätten sich auch gefragt, weshalb sie so viel gearbeitet haben. Sie taten es, »weil sie Angst hatten, nicht genug zu verdienen, oder ihrer Karriere wegen«. Mir standen die Tränen in den Augen, als ich diese Zeilen las. Aber wir müssen diese Opfer ja bringen, oder? Was meinst du?

Ikigai: Wofür lohnt es sich zu leben?

Was willst du im Leben erreichen? Wohin möchtest du dich privat und beruflich entwickeln? Es fällt niemandem leicht, das für sich zu beantworten. Aber es kann dir auch niemand abnehmen. Einen Anfang kannst du damit machen, dir darüber klar zu werden, was dir im Leben wichtig ist.

Ein Tool aus dem japanischen Kulturraum, das ich für mich entdeckt habe, ist das Ikigai[2]. Die beiden Worte *iki* = Leben und *gai* = Wert bedeuten zusammen so viel wie »Wert des Lebens« oder auch »wofür es sich zu leben lohnt«. Das klingt einfach und ist es im Grunde auch. Das Ikigai-Modell, wie es in Abbildung 1 zu sehen ist, hilft uns, vier zentrale Bereiche miteinander zu verbinden:

- **Leidenschaften**: Wofür brenne ich? Was liebe ich?
- **Fähigkeiten**: Was kann ich wirklich gut? Wo liegen meine Stärken?
- **Finanzen**: Womit kann ich meinen Lebensunterhalt verdienen? Wofür bezahlt man mich?
- **Sinn**: Womit kann ich einen Mehrwert schaffen? Was braucht die Welt?

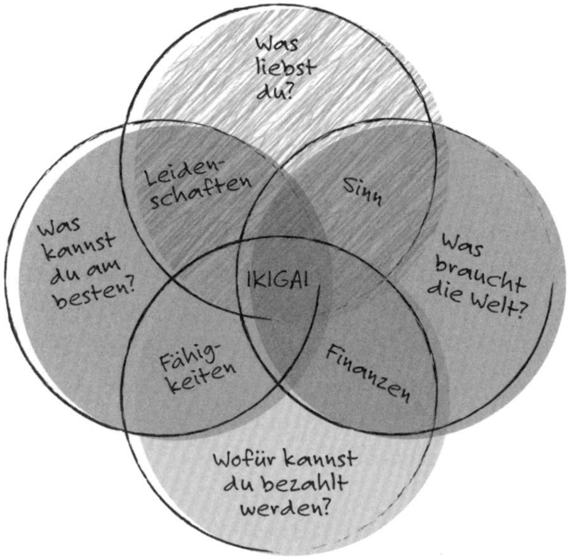

Abbildung 1: Ikigai – wofür es sich zu leben lohnt

Die Schnittmenge dieser vier Bereiche ist dein Ikigai – gewissermaßen der Sinn deines Lebens. Diese japanische Lebensphilosophie kann bei der Selbstreflexion helfen und visualisiert uns auf sehr einfache Weise, warum wir morgens aufstehen.

Mal dir ein leeres Ikigai auf und fang einfach an, die einzelnen Bereiche auszufüllen.

Leidenschaften: Fangen wir mit einer leichten Fragestellung an. Worüber könntest du stundenlang sprechen, ohne müde zu werden? Womit hast du dich beschäftigt, als du mal wieder die Zeit vergessen hast? Frag deine Freund:innen oder deine:n Partner:in, bei welchem Thema dein Enthusiasmus so richtig spürbar wird. Das Ergebnis deiner Reflexion kann privater oder beruflicher Content sein. Wenn du Vater bist und deinen Job eben auch liebst, wirst du hier zwangsweise beides wiederfinden. Genauso werden dir Dinge einfallen, die nur für dich allein wichtig sind. Trage alles in die obere Hälfte des Ikigai ein. Je wichtiger dir ein Punkt ist, desto näher platzierst du ihn zur Mitte.

Fähigkeiten: Wenn ich etwas sehr gut kann, dann geht mir das meist leicht von der Hand. Die Frage nach den eigenen Fähigkeiten ist dennoch nicht einfach zu beantworten. Daher kann es hilfreich sein, ebenfalls Freund:innen, die/den Partner:in oder auch Kolleg:innen miteinzubeziehen.

Finanzen: Sinnstiftende Tätigkeiten sind schön und gut, aber wir müssen Miete und Kindergartenbeiträge zahlen, und sicherlich wollen wir uns auch den ein oder anderen Urlaub leisten. Also empfiehlt es sich, auch diesen Bereich im Ikigai möglichst objektiv auszufüllen. Mit welcher Tätigkeit verdienst du also deinen Lebensunterhalt? Im besten Fall ist das etwas, was du bereits tust. Mit welcher deiner Passionen könntest du Geld verdienen?

Sinn: An dieser Stelle deiner Lebensphilosophie stehen deine Überzeugungen, beispielsweise dein ehrenamtlicher Einsatz als Jugendtrainer, deine fleischlose Ernährung, dein Engagement in einer NGO für Geflüchtete, deine Überzeugung, nur noch Rad zu fahren, um die Pariser Klimaziele zu erreichen. Dein Glaube an die Vereinbarkeit von Karriere und Familie könnte hier ebenfalls stehen. All die manifestierten Überzeugungen, die unsere Erde zu einem besseren Ort im Universum machen, bekommen hier ihren Platz. Mit welcher Veränderung könntest du starten?

Dein Ikigai ist keinesfalls in Stein gemeißelt. Du kannst und solltest es immer wiederholen, wenn du vergessen hast, wohin du willst beziehungsweise was dir wirklich wichtig ist im Leben.

KAPITEL 2
Was bedeuten Erfolg und Karriere für dich?

»Ein Mensch ist reich im Verhältnis zur Zahl der Dinge, auf die er verzichten kann.«
Henry David Thoreau

»Erfolgreicher Aufstieg im Beruf« – so beschreibt der Duden das Wort Karriere. Sicherlich haben sich viele Generationen haargenau an diese Definition gehalten und diesem höheren Ziel vieles geopfert: Freundschaften, Ehen und sicherlich auch viel Zeit mit ihren Kindern. Ungewöhnlich war und ist dies sicher nicht. Als normal empfindet man ein Verhalten, das in der Gesellschaft vorherrscht, allgemein üblich ist. In diesem Fall sieht das so aus: Man(n) geht arbeiten und kauft ein Haus, ein Auto, Aktien. Das Ziel lautet »höher, schneller, weiter«. Kinder und Familie kommen irgendwann dazu und laufen nebenher. Gewollt oder ungewollt passiert es dann doch, dass die normale Gesellschaft einen mit sich mitzieht und man irgendwann mitten in dieser Karriere steckt und sich fragt, wo die ganzen Jahre hin sind. Wenn der erfolgreiche Aufstieg im Job geschafft ist, die klassische Karriere gemacht ist, wenn die Kinder schon groß sind, dann kommt die Sinnkrise. Nun versucht man, Verlorenes wieder aufzuholen, mit dem Engagement in einer NGO oder einem Porsche. Per se spricht nichts dagegen.

Carrière kommt aus dem Französischen und bedeutet so viel wie Rennbahn oder Laufbahn. Und wenn wir ehrlich sind, trifft es das doch ganz gut. Wir laufen und laufen und laufen und vergessen zu leben. Ich kann hier nicht wirklich mitreden, denn in meiner Familie hatte Karriere keinen Stellenwert. Ich kannte bis zu meiner Ausbildung das Ziel »Karriere machen« ehrlich gesagt nicht einmal. Mein Vater arbeitete als Schichtarbeiter, und meine Mutter war Hausfrau. Auch im Bekannten- und Verwandtenkreis gab es diese Terminologie nicht. Im Nachhinein bin ich sehr froh darüber. Mir fehlte zwar eine Blaupause und das Netzwerk, dafür blieben mir allerdings viele vorgefertigte Wege erspart, und ich konnte meine eigene Definition von Karriere entwickeln. Auch ich bin nicht frei von dem Wunsch, beruflich erfolgreich zu sein, aber noch mehr möchte ich nichts bereuen. Ich will weder meine beruflichen Entscheidungen bereuen und schon gar nicht den Verlust der kostbaren Zeit, die mir mit meinen Kindern bleibt.

Vor allem für uns Väter ist es an der Zeit, Karriere neu zu definieren – weg von gesellschaftlichen Normen und vermeintlichen Selbstverständlichkeiten hin zu individuellen Lebensmodellen. Andere zu führen, ist etwas Schönes, wenn es einem Spaß macht. Es sollte aber nicht als einziges erstrebenswertes Ziel einer Karriere gesehen werden.

Was müssen wir Väter also tun, um Karriere für uns selbst und unsere Familie neu zu definieren?

Zuallererst müssen wir aufhören, uns gegenseitig etwas vorzumachen. Egal, wo ich auf der Welt unterwegs war – von Kapstadt bis New Orleans –, überall zeigen Geschäftsreisende stolz ihr schönes rotes Senator-Batch am Köfferchen. An diesem kleinen Lederetui erkennt man ihren Status als Vielflieger. Auf dem Fake Market in Shanghai wurden mir solche Kofferanhänger tatsächlich mit den Worten »You wanna have status?« angepriesen. Das sollte uns den Spiegel vorhalten. Wollen wir uns echt dadurch definieren?

Ich will damit nicht sagen, dass wir stattdessen unsere Koffer – auf durchaus auch nötigen Geschäftsreisen – mit Familienfotos bekleben sollten. Wenn wir aber die Zeit, die für unsere berufliche Karriere nötig ist, in dem Bewusstsein opfern, dass wir genauso wichtig für unsere Kinder sind wie die Mutter, dann wird jede Minute zu sehr teurer Handelsware. Wir sind nicht nur wichtig für unsere Kinder, sondern unsere Kinder sind auch wichtig für uns Väter.

Bevor du den nächsten Schritt deiner beruflichen Laufbahn tust, ist es wichtig, dass du dir vor Augen führst, was Erfolg und Karriere für dich ganz individuell bedeuten. Dazu kannst du dir die folgenden Tool-Fragen stellen – ganz bewusst nur dir selbst. Nimm weder Freund:innen noch Eltern und schon gar keine Social-Media-Persönlichkeiten als Referenz für deine Antworten. Am Ende bist nämlich du es, der dieses Leben führen muss, und niemand sonst.

Tool

Fragen, die du dir regelmäßig stellen solltest (schreib dir die Antworten am besten auf):

- Was macht mich glücklicher: Arbeit oder Familie?
- Arbeite ich in dem Beruf, den ich mir wirklich wünsche?
- Lebe ich nach den Erwartungen anderer oder richte meine beruflichen Wünsche danach aus?
- Wenn es nicht um das Gehalt gehen würde, würde ich etwas anderes tun?
- Was bedeutet Erfolg im Job für mich?
- Will ich die Beförderung überhaupt oder nur das vermeintlich höhere Gehalt?
- Was reizt mich an Karriere wirklich?
- Welche meiner Bedürfnisse bleiben in meinem Job unbefriedigt?
- Glaube ich an die Ziele, die ich mir vorgenommen habe?
- Was bedeutet die Erreichung der Ziele für meine Familie, für meine Kinder?
- Was hindert mich daran, meine beruflichen Ziele zu erreichen?
- Warum komme ich nicht vom Träumen ins Tun? Was hält mich auf?

Hacks

#1 Vergleiche dich nicht. Es gibt immer Menschen, bei denen es augenscheinlich besser läuft und die dir suggerieren, dass du nur diese eine Sache tun musst, um Karriere zu machen.

#2 Liebe, was du tust. Und mach, was du gut kannst. Der Erfolg stellt sich dann meist über kurz oder lang von selbst ein.

#3 Hör auf die Signale deiner Familie. Wenn du mal zu viel arbeitest oder schlecht gelaunt von der Arbeit kommst, wird dir das dein Umfeld spiegeln.

KAPITEL 3
Wie sieht deine Karriere bis zur Rente aus?

»Nicht die Geschwindigkeit ist wichtig, sondern die Richtung.«
Unbekannt

Ein Zug fuhr langsam und gemächlich in den kleinen Bahnhof in der württembergischen Provinz, ganz in der Nähe meines Heimatortes. Es gab nur zwei Gleise, auf denen alle 30 Minuten mal ein Zug hielt und mal einer durchfuhr. Während meines fünftägigen Schülerpraktikums lernte ich die Aufgaben im Stellwerk kennen: wie die Weichen gestellt werden, wie Signale gesetzt werden, wie all die Hebel, Leuchten und Anzeigetafeln funktionieren. Es muss kurz nach meinem 16. Geburtstag gewesen sein, denn ich kann mich noch gut daran erinnern kann, wie ich mich in diesem Sommer erleichtert auf meine PK 50 geschwungen habe, um an den See zu fahren. An diesem Tag wollte ich kein Fahrdienstleiter, kein Weichenwärter und auch kein Zugmelder werden. Die Begeisterung, die von Zügen ausgeht, kann ich zwar nachvollziehen, aber für mich war es nicht das Richtige.

Es war nur noch ein Jahr, bis ich aus der Obhut und der Fremdsteuerung des Schulsystems in die freie Wirtschaft entlassen werden würde. Also höchste Zeit, sich Gedanken zu machen, wohin die Reise gehen soll. Arzt? Ingenieur? Anwalt? Der Realschulabschluss und meine Noten schlossen damals diese Optionen definitiv aus. Eine Berufsausbildung sollte es sein. Ich kann mich nicht mehr erinnern, ob dies mein Wunsch war oder der meiner Eltern. Was ich jedoch noch weiß, ist, dass die Schule und ich keine Freunde waren. Im Zeugnis der ersten Klasse heißt es: »Roman ist ein sehr lebhafter und eigenwilliger Schüler, dem es überaus schwerfällt, sich einer Anweisung zu fügen.« Ins System zu passen, hatte nicht perfekt funktioniert. Ritalin blieb mir zum Glück erspart, auch wenn einige Grundschullehrer:innen diese Empfehlung mehr als nur einmal aussprachen.

Meine berufliche Laufbahn war mir keineswegs egal, aber ich hatte einfach keine Vorbilder, an denen ich mich hätte orientieren können. Fleißig und ehrlich zu sein, hatte ich gelernt, aber nicht, wie man Karriere macht oder herausfindet, was man wirklich beruflich tun möchte. Was ist der perfekte Job, den ich für immer machen möchte? Ja, damals vor der Jahrtausendwende gab es noch die romantische Vorstellung, seinen Beruf bis zur Rente auszuüben. Im Jahr 1999 war das also eine durchaus wichtige und lebensentscheidende Frage.

Heute mit 40 weiß ich, dass ich mit 17 gar nicht in der Lage gewesen bin, solch eine Entscheidung zu treffen. Weitreichende Entscheidungen, die so jung getroffen werden sollen, bieten auf jeden Fall genug Potenzial für spätere Sinnkrisen. Jetzt als Vater nehme ich mir fest vor, niemals Druck auf meine Kinder auszuüben und zu versuchen, sie in irgendeine Richtung zu schieben. Sie sollen die Möglichkeit haben, die ich erst viel später hatte – sie sollen sich selbst und ihre Fähigkeiten erst einmal besser kennen lernen. Ich möchte sie auf dem Weg des Erlebens und Ausprobierens unterstützen und da sein, wenn sie Orientierung brauchen oder einfach nur jemanden, der/die ihnen zuhört.

Wenn alles gut geht, haben wir ein Berufsleben von durchschnittlich 40,7 Jahren vor uns[3]. Je nachdem, ob man mit einer Ausbildung oder einem Studium in die angestrebte Karriere startet, ist das eine sehr lange Zeit bis zum durchschnittlichen Renteneintrittsalter von 64 Jahren[4].

Nichtdestotrotz macht es natürlich Spaß, erfolgreich zu sein in dem, was man tut. Einmal auf dem Weg, kann es sich sogar schwierig gestalten, auch mal einen Gang zurückzuschalten. Eltern zu werden, ist da eine nicht zu unterschätzende Zusatzaufgabe. Ich selbst bin relativ naiv an diese Herausforderung herangegangen. Überglücklich machte ich mich fünf Minuten nachdem ich die schönste Nachricht des Lebens erhalten hatte, daran, nach Kinderwagen und Autositzen zu recherchieren, anstatt mir Gedanken über die Vereinbarkeit von Karriere und Kindern zu machen.

Die meisten Frauen und Männer empfinden die Zeit zwischen 25 und 40 als Rushhour des Lebens mit der höchsten gefühlten Belastung[5]. In diesem Lebensabschnitt kommt bei jungen Vätern und Müttern einfach alles zusammen. Ich möchte hier, um nicht zu weit auszu-

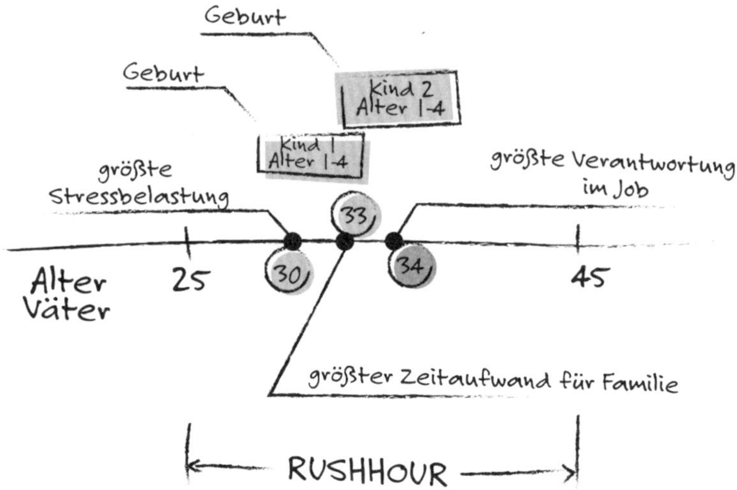

Abbildung 2: Die Rushhour des Lebens

holen, explizit auf die Rushhour der Männer eingehen. Mit 30 Jahren haben wir die größte empfundene Stressbelastung, mit 33 den höchsten gefühlten Zeitaufwand für die Familie und mit 34 die gefühlt höchste berufliche Verantwortung[6]. Es kommt also alles zusammen in einem relativ kurzen Zeitraum, den Abbildung 2 deutlich zeigt. Wenn wir davon ausgehen, dass wir in dieser Zeit auch noch für unsere Kinder da sein wollen und deren prägendste Zeit nicht verpassen möchten, ist die Überforderung perfekt. In seinem Buch *Babyjahre* schreibt Remo H. Lago[7], dass die ersten vier Lebensjahre zwar zeitlich nur ein Viertel der Kindheit ausmachen, unsere Kinder in dieser Zeit jedoch die Hälfte ihrer gesamten Entwicklung durchlaufen. Wenn wir also nicht bereits mit 20 oder erst mit 45 Jahren Eltern werden, fallen die Hälfte der für die Entwicklung wichtigsten Jahre in die Zeit, in der uns der meiste externe, berufliche Leistungsdruck belastet. In diesem Fall kann sicher auch bei Vätern von »Mental Load« gesprochen werden, zumindest, wenn wir wirklich beides wollen, aktiv Vater sein und beruflich erfolgreich.

Es ist also ratsam, nicht erst nach dem Kinderwagen zu googeln, sondern darüber nachzudenken, wie du die nächsten Jahre hinbekommst, um in kleineren und familienverträglicheren Schritten trotzdem ans Ziel zu kommen. Das Ziel ist es, die Karriere mit Familie also als geplante Intervallphase zu betrachten und wirklich sensibel dafür zu sein, wenn es darum geht, die Zeit mit der Familie gegen beruflichen Aufstieg in genau dieser Phase einzutauschen. Vielmehr als in den Jahren ohne Kinder geht es darum, den Fokus auf Effizienz und Effektivität zu richten, um gerade in dieser so wichtigen Zeit die Entwicklung der Kinder nicht zu verpassen und um nicht einfach nur viel von allem zu tun, sondern das Richtige.

Im weiteren Verlauf entspannt und entzerrt sich unser Leben weitestgehend wieder[8]. Nach der Rushhour, in der gefühlt kein Stein auf dem anderen bleibt, kommen ruhigere Jahre. Dann haben sich Beruf und Familie eingespielt. Lediglich das durchschnittliche Scheidungsalter von 45 und der Ruhestand sind dann noch größere Einschnitte. Sicherlich können wir nicht alles steuern und beeinflussen, aber wäre es nicht eine gute Idee, unser Leben etwas mehr zu entzerren und uns mehr Zeit zu lassen? Wir könnten die immens wichtigen Jahre unserer Kinder als aktiver Vater mitbegleiten und einfach später oder in gewissen Abständen beruflich durchstarten. Weiterbildungsangebote und eine sich ständig ändernde Arbeitswelt bieten heute die Möglichkeiten dazu.

Vielleicht wendest du jetzt ein: »Aber je schneller wir Karriere machen und an der Spitze sind, umso besser.« Nehmen wir an, du willst trotzdem alles und sagst dir: »Nur noch ein paar Jahre, dann habe ich es geschafft und bin vor meinem 40. Geburtstag CEO.« Oder du bist Start-up-Gründer, schaffst vor 35 den Exit und hast ausgesorgt im Leben. Das wäre es doch: viel Zeit für sich selbst und die Familie haben. Im t3n-Interview mit Andreas Weck spricht Silicon-Valley-Millionär Leo Widrich darüber, wie es ist, keine Geldsorgen mehr zu haben[9], sich so gut wie alles kaufen zu können und alle Zeit der Welt zu haben. Man sollte meinen, dann könnte man sich zurücklehnen und alles etwas ruhiger angehen lassen. Doch nur für den Job zu leben, hatte Spuren hinterlassen. Widrich vergleicht es im Interview metaphorisch mit einem Auto, das bei 250 Kilometer pro Stunde voll auf die Bremse geht. Was er in den Jahren alles auf Kosten der Karriere vernachlässigt hatte, wurde ihm erst viel später schlagartig klar. Er brauchte erst einmal zwei Jahre im Kloster, bis es ihm wieder besser ging, und das, obwohl er von seinem verdienten Geld und der Rendite locker ein sorgenfreies, gutes Leben hätte führen können. Das ist sicherlich ein extremes Beispiel und nicht die Regel. Jedoch kann es uns allen so gehen, wenn wir zu schnell zu viel wollen und es zu allem Überfluss auch noch bekommen. Aus dem Interview wird zwar nicht ersichtlich, ob der Interviewte bereits Kinder hatte, aber niemand kann mit Sicherheit sagen, ob Kinder am Ablauf etwas geändert hätten. Als Vater würden wir uns vielleicht nicht komplett in der Arbeit verlieren. Aber vermutlich würden wir viele Momente im Leben unserer Kinder verpassen, die wir mit nachhaltigen, stetigen und konstanten Karriereschritten und bedachten Wechseln hätten miterleben können. Auf die Frage von Interviewer Weck, ob Geld nun keine Rolle mehr spiele, antwortete der Start-up-Millionär: »Es ist beruhigend, es zu haben. Aber es gibt deinem Leben keinen tieferen Sinn.«

Aber was ist mit der Karriere im Konzern? Eine Beförderung auszulassen, kann kompliziert sein. Aber in der Hierarchie bis zur eigenen Unfähigkeit aufzusteigen, ist auch keine Lösung, vor allem nicht, wenn man Familie und Job unter einen Hut bringen möchte. Der Namensgeber des Peter-Prinzips Laurence J. Peter hatte hierzu eine ganz interessante Strategie. Er riet dazu, einfach alle paar Monate auf dem Parkplatz des CEOs zu parken. Dies führt voraussichtlich nicht zu einer Kündigung, aber es verhindert eventuell den ungewollten Aufstieg.

In der realen Berufswelt ist Offenheit in der Kommunikation der Schlüssel zum Erfolg oder in diesem Fall der Schlüssel zur nachhaltigen Karriere. Als Führungskraft versuche ich meine Mitarbeiter:innen in ihrer individuellen Karriereplanung zu unterstützen, das heißt, ich dränge niemanden, noch versuche ich jemanden ungewollt nach oben zu schieben. Als Vorgesetzte:r kann ich nur Hilfestellungen geben. Die Karrierewege sind ebenso individuell wie die Menschen, die dahinter stehen. Allerdings ist mir aufgefallen, dass vor allem die Ehrgeizigen einem bestimmten Ideal folgen, das zum Teil noch dem klassischen Karriereweg entspricht. Erst wenn man anfängt, sein Berufsleben als Marathon anstatt als Sprint zu betrachten, fällt einem auf, dass es nicht die Geschwindigkeit ist, die zählt, sondern vielmehr die Richtung.

Hacks

#1 Nicht aufgeben. Dieser Rat klingt banal, ist aber sinnvoll. In der Mitte des Lebens verdichtet sich so ziemlich alles – versuch es dennoch zu genießen. Der Weg ist das Ziel.

#2 Karriere zum richtigen Zeitpunkt. Wenn die Kinder noch klein sind, kann man auch ein paar Jahre auf der aktuellen Position bleiben. Die Zeit geht viel zu schnell vorbei.

#3 Die Richtung zählt – nicht die Geschwindigkeit. Mach dir auch mal Gedanken über die Position, die nach der nächsten kommt, um langfristiger zu planen und nicht nur bis zur nächsten Beförderung.

KAPITEL 4
Was für ein Vater möchtest du sein?

»Any fool can have a child. That doesn't make you a father.
It's the courage to raise a child that makes you a father.«
Barack Obama

Natürlich würde niemand sagen: »Es ist mir nicht wichtig, Vater zu sein.« In einer funktionierenden Paarbeziehung kann ich mir allerdings nichts Schöneres vorstellen. Nun ist diese Welt aber nicht perfekt, und wir haben nicht immer die Wahl. Aber einige von uns haben die Wahl und können entscheiden, wie viel Zeit sie für die Karriere und wie viel Zeit sie für die Familie aufwenden. Jeder von uns hat 24 Stunden pro Tag, sieben Tage die Woche und zwölf Monate im Jahr. Also können wir uns bewusst entscheiden, wie viel Zeit und Energie davon der Job bekommt und wie viele Stunden unsere Kinder. Wenn ich sage: »100 Prozent für die Familie«, dann müsste ich meinen Job kündigen, die Kids aus der Kita nehmen und mich 24/7 um sie kümmern. »100 Prozent Job« würde bedeuten, ich fange an zu arbeiten, wenn die Kids noch schlafen, und komme nach Hause, wenn die Familie schon schläft. Es gibt beide extremen Varianten. Nun gilt es, den passenden Mix für sich selbst und die eigene Familie zu finden.

Wenn es dir wie mir geht, dann möchtest du weder bereuen, die Kindheit deiner Kinder verpasst zu haben, noch im Job den Anschluss verloren zu haben. Nicht jeder von uns hat die gleiche Passion für seinen Job, was auch völlig in Ordnung ist, und daher ist für den ein oder anderen die Entscheidung eine einfache. Für mich war und ist es eine tägliche Wahl, die mir alles andere als leichtfällt. Mein Job hat, wie viele andere, kein richtiges Ende und keinen richtigen Anfang. Ich könnte Tag und Nacht arbeiten. Unabhängig davon, dass ich bezweifle, dass meine Leistungen dann besser wären, habe ich also fast jeden Tag die Entscheidung, wann ich nach Hause gehe, an welchen Tagen und wie oft ich meine Arbeit so strukturiere, dass ich mit meiner Familie zu Abend essen oder den Kindern ein Buch vorlesen kann. Auch wenn es bedeutet, anschließend nochmal den Laptop aufzuklappen, habe ich eine Wahl.

Im Jahr 2021 nahm die Diskussion über die Vereinbarkeit von Kindern und Karriere für Väter langsam an Fahrt auf. Pioniere auf diesem Gebiet gibt es nur vereinzelt. Zu nennen ist an dieser Stelle Volker Baisch, der sich bereits seit einem Jahrzehnt für Väter einsetzt. Wir haben es hauptsächlich Menschen wie ihm zu verdanken, dass »aktive Vaterschaft« wieder ein Thema in der Politik, der Wirtschaft und den Medien geworden ist. Aber dennoch fehlt es nach wie vor an Vorbildern für Väter. Die Generation vor uns, die primär vom klassischen Rollenbild von Mann und Frau geprägt war, taugt hierfür – bis auf einzelne Ausnahmen – nur bedingt.

Im Idealfall brauchen wir Rolemodels, mit denen wir Väter uns identifizieren können: authentische Väter, Väter, die schon während des Aufbaus der eigenen Karriere Vereinbarkeit gelebt haben, Väter, die in einer gleichberechtigten Partnerschaft auf Augenhöhe die Kinderbetreuung und Care-Arbeit aufteilen, Väter, die auch darüber sprechen, warum es nicht einfach ist, all das, was Mütter seit Jahrzehnten bewältigen, auch für sich selbst als Maßstab zu setzen. Dabei geht es keineswegs darum, der perfekte Social-Media-Dad oder eine Kopie zu werden. Es geht darum, aus vielen positiven Beispielen zu lernen. Deshalb ist es absolut wichtig, Sichtbarkeit für dieses Thema zu generieren.

Als Co-Host des *Working Dad* Podcasts begegnen mir viele solcher Vorbilder. Im Podcast spreche ich nicht nur regelmäßig mit dem Gründer des Podcasts, Marius Kursawe, und dem Co-Host Benjamin Achenbach sowie anderen prominenten Vätern, sondern auch mit ganz normalen Papas über die Challenges zwischen Wickeltisch und Werkbank, zwischen Windeleimer und Office. Mich erstaunt es immer wieder, wie vieles Väter da draußen alles unter einen Hut bekommen – den Job, die Kinder, die Karriere des/der Partners/Partnerin. Jeder hat seine eigenen Tricks und Kniffe, jede Familie hat ihre eigene Vorstellung vom Zusammenspiel der beruflichen Laufbahnen und der Zeit mit der Familie.

Manchmal braucht es aber gar keinen Podcast, kein Instagram oder LinkedIn, um männliche Vorbilder zu finden. Auch im Bekannten- und Verwandtenkreis findet man Väter, die sich Mühe geben, alles zu schaffen. Aber diese Papas bleiben oft unentdeckt, weil wir Väter häufig noch unsere toxische Männlichkeit als Maske tragen und die Unterhaltungen über Fußball, Autos und Aktien dominanter und omnipräsenter sind, wenn mehrere Väter aufeinandertreffen. Ihr werdet euch wundern, was für tolle Väter hinter der stereotypen Maske versteckt sind, wenn wir anfangen, über Vaterschaft, Care-Arbeit und die anderen familiären Herausforderungen zu sprechen. Wenn das Eis gebrochen ist, sind auch die Vorbilder und vor allem der dringend nötige Austausch da.

Am Ende sind die Herausforderungen nichts Neues, zumindest nicht für die Mütter. Auch wenn ich mir wünschen würde, dass wir als Väter mehr in den Diskurs miteinander gehen, so geben uns doch Mütter und vor allem beruflich erfolgreiche Mütter ein gutes Vorbild ab. Bis es so ist, wie es Verena Pausder in ihrem Buch *Das neue Land* beschreibt, wird es leider noch einige Zeit dauern[10]. Sie skizziert eine Zukunft, in der Lebensmodelle weder vorgegeben noch bewertet werden.

Wie sieht dein Mix aus Karriere und Familie aus? Entscheide völlig wertfrei und behalte lediglich deine und die Bedürfnisse deiner Familie im Blick. Mach dir jetzt ein paar Notizen zu deinen Gedanken, denn womöglich wirst du nach dem folgenden Abschnitt etwas anders darüber denken.

Hacks

#1 Ten years from now. Sei dein eigenes Vorbild und stell dir vor, was für ein Vater du in zehn Jahren sein möchtest. Schreib es dir auf und wiederhole dieses Ritual.

#2 Sprich auch mal über Vereinbarkeit. Irgendjemand muss damit anfangen. Schneide daher das Thema im Job, im Sportverein, im Fitness-Club oder in der Bar an. Über Kryptowährungen und Fußball kannst du ja trotzdem noch reden.

#3 Rede mit der Vätergeneration vor uns. Was hätten diese Väter aus heutiger Sicht anders gemacht und was genauso?

KAPITEL 5
Quantity versus Quality Time

»How you spend your days is how you spend your life.«
Brian Thompson

Die kleinen, runden Drehknöpfe der Lüftung sahen sehr vergilbt aus, was mich nicht wirklich beruhigte. Doch da in den Tragflächen keine Löcher zu sehen waren, war ich einfach mal davon ausgegangen, dass die Maschine uns sicher von Kathmandu nach Dubai bringen würde. Ganz unvoreingenommen hatte ich meinen Platz neben einem anderen Passagier eingenommen. Wenn man nebeneinander in einem Flugzeug sitzt, kann man sich entweder total abschirmen oder je nach Sympathie und Laune auch mal ein Gespräch anfangen. Mein Sitznachbar erwiderte mein Lächeln, was mich ermunterte, ihn anzusprechen. Er dürfte so in meinem Alter gewesen sein und war kein Managertyp – eher die bodenständige Sorte Mensch. Nachdem er sich als Sanjay vorgestellt hatte, erzählte er mir von der Zeit in der Heimat und seinen zwei Töchtern. Er sei in den vergangenen Jahren immer viel unterwegs gewesen und dementsprechend wenig zu Hause. Er brächte das Geld nach Hause und schaffe damit einen gewissen Wohlstand für seine Kinder, den er als Kind nie gehabt hatte. Allerdings lag eine gewisse Traurigkeit in seiner Erzählung, auch wenn er die ganze Zeit über strahlte. Er klang, als wäre er nicht gerne von zu Hause fort, obwohl er sich sicher bewusst dafür entschieden hatte. Wir wollen schließlich alle das Beste für unsere Kinder, und dazu gehört auch unsere väterliche Fürsorge und Liebe. Ich glaube, Sanjay liebt seine Kinder, und er ist bestimmt ein großartiger Vater. Zumindest machte er den Eindruck, dass es ihm wichtig war, die wenige Zeit, die er mit seinen Kindern hat, bewusst zu erleben. Er sagte, das helfe ihm, immer wieder Kraft zu tanken, um seinen Job zu machen.

Auf meine Frage, was er beruflich mache, erzählte er, dass er im Tourismus arbeite, genauer gesagt, in der Hotelgastronomie. Er lebte mit vielen anderen seiner Kollegen zusammen in Angestelltenapartments in Dubai. Jeden gesparten Cent schickte er zu seiner Familie, damit seine Töchter zur Schule gehen konnten. Den Rückflug nach Hause konnte er sich nur einmal im Jahr für eine Woche leisten.

Der Flug neigte sich dem Ende zu, und mir ging Sanjays Geschichte lange nicht mehr aus dem Kopf. Sanjay war Nepalese, und vermutlich hatte er kaum andere Möglichkeiten, um seiner Familie ein besseres Leben zu bieten. Wie Sanjay geht es sicherlich Millionen von Vätern – sie haben gar keine Wahl, sich mehr Zeit für die Familie zu nehmen. Die Vereinbarkeit von Beruf und Familie kann daher als Luxus angesehen werden. Das mache ich mir immer wieder bewusst, seit ich Vater bin. Eine gewisse Grundsicherung ist sicher nötig, um unseren Kindern ein gutes Leben zu ermöglichen, aber wir können uns viel bewusster dazu entscheiden, mehr Zeit zu investieren, um häufiger aktiv als Vater für unsere Kinder da zu sein. Immer wenn mir jemand aus meinem Umfeld erzählt, er könne es sich nicht leisten, mehr Zeit für die Familie zu opfern, muss ich an Sanjay denken.

Natürlich ist das ein extremes Beispiel, aber was hat es eigentlich mit diesem schwammigen Begriff »Quality Time« auf sich? Für mich als jungen Vater klang es erstmal sinnvoll, am Wochenende zu 100 Prozent für die Familie da zu sein und sich unter der Woche voll auf den Job zu konzentrieren, was der klassischen und kommunizierten Aufteilung entspricht. So bin ich selbst auch aufgewachsen, und es ist nicht so, dass mir in der Kindheit etwas gefehlt hätte. Soweit ich weiß, ist das eine immer noch sehr verbreitete Aufteilung in deutschen Familien. Das Deutsche Institut für Wirtschaftsforschung e. V. (DIW Berlin) veröffentlichte 2019 eine Übersicht der Stunden, die jeder Elternteil im Durchschnitt werktags mit den Kindern verbringt. Daraus geht hervor: Väter verbringen werktags je nach Alter der Kinder von etwas weniger als zwei Stunden bis zu vier Stunden mit deren Betreuung[11]. Das klingt doch gar nicht so schlecht, oder? Wenn man sich den Vergleich zu den Müttern von bis zu zehn Stunden pro Tag ansieht, muss sich wohl kein Familienvater mehr wundern, warum die Kleinen nur zu Mama wollen, wenn es um die wichtigen Dinge im Leben geht. Es geht dabei nicht um einen familieninternen Wettstreit, sondern um die emotionale

Bindung, die wir Väter uns auch mit dem Einbringen von Stunden erarbeiten müssen.

Björn Süfke drückt es in seinem Buch *Männer* ganz ohne Umschweife so aus: »Die Entscheidung fällt auf dem Spielplatz.«[12] Und nicht nur dort, sondern vor allem auch auf Wohn-, Koch- und Schlafplätzen – zum Teil sicherlich auch auf Fußballplätzen. Die »Quality Time« auf dem Rummelplatz, im Streichelzoo und in der Eisdiele am Wochenende wird keineswegs herabgewürdigt, jedoch bleibt vieles, was uns als Vater und Mensch ausmacht, für unseren Nachwuchs dabei verborgen. Björn Süfke spricht dabei ganz gezielt von der emotionalen Präsenz als Vater, die wir nur in allen Facetten des täglichen Lebens bieten können – in der »Quantity Time«. Unsere Gefühle, die schönen und eben auch die nicht so schönen, unsere Ängste, Freuden, Trauer – und ja, auch wenn wir mal nicht mehr weiterwissen – machen uns zu einem Menschen. Soziales Lernen ermöglicht unseren Kindern, den Umgang mit diesen Gefühlen zu erlernen, und vor allem Jungs werden sich dabei am väterlichen Vorbild orientieren. Dazu muss das Vorbild natürlich auch zu Hause sein, wenn es ans Zähneputzen, Aufräumen, Fingernägel schneiden, Windelwechseln und zu Bett bringen geht. Wir müssen nicht immer perfekt sein und sollten dieses Bild auch nicht an unsere Kinder vermitteln. Denn dann berauben wir sie der Chance, uns wirklich kennen zu lernen, und uns der Chance, ein emotional präsenter Vater zu sein.

Wenn man der Zeit ab März 2020 überhaupt etwas Gutes abgewinnen kann, dann sicher, dass jeder Vater während des Lockdowns die Gelegenheit hatte zu erleben, wie viele kleine wundervolle Momente er früher verpasst hat. Damit meine ich nicht die umherfliegenden Legosteine während der Videokonferenz.

Natürlich könnte man behaupten, dass Mütter wegen der Schwangerschaft ja von Grund auf das bessere Verhältnis zu den Kindern hätten und es daher nur logisch sei, dass sie als Hauptbezugsperson mehr Zeit mit dem Nachwuchs verbringen sollten. Schließlich geschehe das zum Wohle des Kindes. Auch dieser These habe ich versucht auf den Grund zu gehen. Im ersten Moment klang es für mich logisch, dass die Zeit im Mutterleib und die Stillzeit eine Bindung schafft, die wir Väter nicht oder nur sehr schwer aufbauen können. Sind diese gesellschaftlich geprägten und stark verbreiteten Ansichten auch biologisch nachweisbar? Dann müsste es hormonelle Veränderungen geben, die Mütter und Väter unterscheiden und die es den Vätern also rein biologisch unmöglich machen, eine ähnliche Bindung aufzubauen.

Ein Hormon, das mir in meiner Recherche immer wieder begegnete, ist das Schwangerschaftshormon Oxytocin, manchmal auch als »Kuschelhormon« bezeichnet. Neben vielen anderen Aufgaben, die dieses Hormon erfüllt, ist es dafür verantwortlich, die Kontraktion der Gebärmutter und somit Wehen in Vorbereitung auf die Geburt zu fördern. Darüber hinaus unterstützt es die Mutter bei der Milchbildung, was dazu führt, dass sowohl bei der Mutter als auch beim Kind während der Stillzeit ein erhöhter Oxytocin-Spiegel nachweisbar ist. Diese Zeit stärkt die Bindung von Mutter und Kind also in besonderem Maße. Als Papa sieht man, wie zufrieden die beiden nach den Stillmahlzeiten sind, und kann erahnen, wie viel enger die Beziehung der beiden jeden Tag wird.

Es erscheint also völlig logisch, dass wir Väter uns zwar die größtmögliche Mühe geben können, uns die Biologie aber einfach nicht ganz aufschließen lässt. Doch wir wären nicht im Jahr 2022, wenn es dazu nicht schon ein paar neue Ansätze der Wissenschaft gäbe.

Wie die Studie *Oxytocin and the Development of Parenting in Humans*[13] aus dem Jahr 2010 herausfand, erhöht sich auch bei den Vätern das Kuschelhormon Oxytocin. Für die Studie untersuchte man die Blutproben und deren Oxytocin-Spiegel von 80 zusammenlebenden Elternpaaren, einmal direkt nach der Geburt und ein weiteres Mal sechs Monate später. In beiden Fällen fand man keinen Unterschied im Oxytocin-Spiegel der beiden Elternteile. Das bedeutet: Wir Väter können uns das Kuschelhormon auch verdienen, und zwar, indem wir uns mit unseren Kindern beschäftigen und Zeit mit ihnen verbringen.

Aber das allein reichte noch nicht ganz, um mich zu überzeugen. Da muss sich doch auch etwas im Gehirn tun. Welche neurologischen Veränderungen bringt die Vaterschaft mit sich? Das Gonda Brain Research Center machte hierzu ein paar interessante Entdeckungen. In seiner Studie *Father's brain is sensitive to childcare experiences*[14] wurden 41 heterosexuelle Paare und 48 homosexuelle Paare von den Forscher:innen untersucht. Bei den angesprochenen Oxytocin-Werten fand man nichts Ungewöhnliches heraus, alle waren ähnlich, ganz egal, ob nur Väter oder Heteropaare untersucht wurden. Spannender wurde es jedoch bei den Hirnscans. Während der Aufnahmen wurden den Proband:innen Videos von typischen Eltern-Kind-Interaktionen gezeigt, zum Teil auch Aufnahmen mit ihren eigenen Kindern. Um ganz sicher zu gehen, dass die Szenen auch wirklich eine Reaktion auslösen, gab es zusätzlich Videos von ganz alltäglichen Lebenssituationen. Der aufgezeichnete Sauerstoffverbrauch im Gehirn ließ Rückschlüsse darauf zu, welcher Bereich des Gehirns eine erhöhte Aktivität aufwies.

Dabei fiel den Forscher:innen auf, dass vor allem die Bereiche, die für die Emotionsverarbeitung zuständig sind, aktiver waren als andere. Hierzu zählt unter anderem die Amygdala, die ihrerseits für unser Belohnungsgefühl und für emotionales Lernen verantwortlich ist. Auffallend dabei war, dass bei den heterosexuellen Paaren vor allem bei den Müttern eine stärkere Aktivierung der Amygdala feststellbar war. Dabei ist wichtig zu wissen, dass bei allen 41 untersuchten heterosexuellen Paaren es vor allem die Mütter waren, die sich vorrangig um die Kinder gekümmert haben. Sie lebten also ein ganz klassisches Rollenmodell. Beweist das also auch, dass wir Väter rein biologisch gar nicht aufschließen können?

Zum Glück waren in der Studie noch die 48 gleichgeschlechtlichen Elternpaare, bestehend aus zwei Vätern. Hier konnte nachgewiesen werden, dass gerade das Gehirn des Papas, der mehr Zeit mit den Kindern verbrachte, eine erhöhte Aktivität der Amygdala aufwies. Je mehr Zeit man mit den Kindern verbringt, desto mehr Aktivität zeigt die Amygdala.

Deinem Gehirn ist es also nicht egal, ob Quality oder Quantity Time. Die schöne Zeit und die gemeinsamen Stunden am Wochenende möchte ich nicht herabwürdigen – auch in meinem Leben sind die gemeinsamen Quality-Tage am Wochenende und im Urlaub das, wovon ich an stressigen Tagen am meisten zehre. Aber diese Quality Time reicht einfach nicht aus, um ein emotional anwesender Vater zu sein. Natürlich werden wir unser Leben nicht von heute auf morgen verändern können, aber allein die Reflexion und das Bewusstsein, worauf es ankommt, hilft schon, uns ständig zu verbessern und der Papa zu werden, der wir sein wollen.

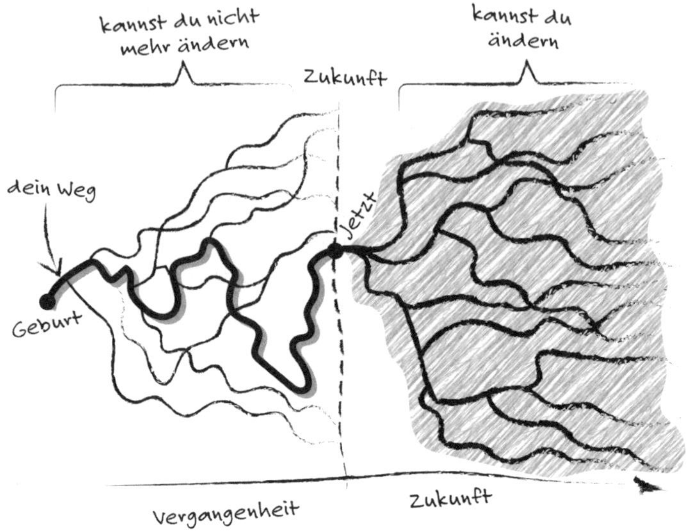

Abbildung 3: Der beste Zeitpunkt für Veränderung ist jetzt

Hacks

#1 Signalisiere deinem/deiner Partner:in, wie wichtig dir die partnerschaftliche Elternschaft ist. Vielleicht möchte er/sie dich nur entlasten, obwohl du eigentlich sehr gerne mehr für dein Kind da wärst.

#2 Nimm dir feste Zeiten vor, an denen du ganz Papa bist. Es wird nicht immer klappen, aber entwickle eine Routine.

#3 Rede dir deine Abwesenheit zu Hause nicht schön. Ich habe mir auch oft eingeredet, dass es nur um die Quality Time gehe, weil es sich dann einfach besser anfühlt, nicht da zu sein.

KAPITEL 6
Jede Position hat ihren Preis

»Die Lebenslüge vieler Väter: zu glauben,
für die Karriere stets das Beste herausholen zu können,
ohne dass das Familienleben leidet.«
Johannes Schneider, aus Lebenslüge vieler Väter,
zeit.de, *26. Mai 2018*

Eine Haushaltshilfe in Vollzeit, einen Einkaufsservice und eine Kinderbetreuung rund um die Uhr – man bräuchte ein komplettes Backup, eine umfassende Infrastruktur, einen Orbit um einen selbst, um eine Managementkarriere am Laufen zu halten und mit der Familie vereinbaren zu können. Man müsste sicher nicht jeden Urlaubstag und jedes Wochenende arbeiten, aber meistens eben schon. Anders ginge es nicht, sagte einmal ein Headhunter für Topmanager:innen zu mir.

Leider hatte diese Top-Executive-Search-Agentur damit nicht unrecht. Auch mit einer guten Organisation zu Hause und der nötigen Unterstützung ist eben nicht alles möglich. Ich hatte in den vergangenen Jahren mehrere Angebote, die mir das klar gemacht haben. Vielleicht ist dies auch der Grund dafür, warum nur zwei der 30 angefragten DAX-Vorständ:innen (mehrheitlich Männer und teilweise auch Väter) auf die Umfrage der *WirtschaftsWoche* zum Thema Vereinbarkeit von Führungsjob und Familie im Jahr 2021[15] geantwortet haben. Natürlich ist das ein sehr privates Thema, und auch ich wäre vermutlich zurückhaltend bei direkter Nachfrage. »Wie eine Führungskraft Berufs- und Privatleben miteinander vereinbart, ist auch ein Spiegelbild der Unternehmenskultur«, meinte zumindest Christian Klein als einer der beiden DAX-CEOs, die der Anfrage der *WiWo* nachkamen.

Dies soll nicht entmutigen. Ich selbst glaube daran, dass ähnliche Toppositionen möglich sind und strebe danach, eine erfüllte und auch für meine Definition erfolgreiche Karriere zu haben. Allerdings bin ich nicht in jeder Lebensphase bereit, jeden Preis dafür zu bezahlen. Genauso wenig will ich, dass meine Familie den Preis dafür bezahlt, vor allem wenn das bedeuten würde, dass meine Partnerin ihre eigenen Träume dafür aufgeben müsste.

Als es um die besagte Position als Vice President ging, habe ich viel nachgedacht und versucht, mir alles schönzureden. Meine Frau hätte es doch dann viel besser, sie könnte sich auf ihre Hobbys und ihre Selbstverwirklichung konzentrieren, meine Kinder könnten auf eine Privatschule gehen, wir würden in einem großen Haus wohnen und hätten Angestellte, die uns alles abnehmen. Für alles wäre gesorgt, und die Zukunft wäre gesichert. Und natürlich würde ich das nur ein paar Jahre so machen und danach wieder etwas zurückschalten. Ich würde nur einmal kurz in Richtung Vorstandslaufbahn abbiegen und die Zeit mit meinen Kindern dann nachholen, wenn ich etwas Fuß gefasst habe.

Ich telefonierte in diesen Tagen mit mehreren Vertrauten, von denen mir einige zurieten und andere davon abrieten. Ein Telefonat ist mir in sehr guter Erinnerung geblieben. Mein Freund meinte: »Roman, das ist eine Once-in-a-Lifetime-Chance.« Ob er recht hatte, werde ich wohl erst am Ende meiner Lebenszeit herausfinden. Auf meine Frage, wie viele Topmanager:innen er kenne, die in solch einer Position Familie und Beruf unter einen Hut bringen, war die Antwort eine sekundenlange, für mich unglaublich ernüchternde Stille am anderen Ende der Leitung. Irgendwann sagte er, dass dies erst einmal zwei bis drei Jahre all in wären und sich das dann sicher einspielen würde.

Als ich eine Nacht darüber geschlafen hatte und morgens in der Küche stand, um mir einen Espresso zu machen, kamen meine beiden Söhne im Schlafanzug leise hereingeschlurft. Es war kurz vor ihrem vierten Geburtstag, und als ich sie in die Arme schloss, wusste ich, dass es nicht all in bedeuten würde, sondern den Verzicht auf die wohl schönste Zeit in dieser wundervollen Lebensphase meiner Kinder. An diesem Tag sagte ich ohne Reue das Gespräch mit dem Aufsichtsrat ab. Ich begründete meinen Entschluss damit, dass ich meine aktive Vaterrolle gerade in den jungen Jahren meiner Kinder mit dieser Position nicht wahrnehmen könne. Ich schließe nicht aus, dass ich jemals eine solche Position bekleiden werde, aber ich bin davon überzeugt, dass es für jeden Karriereabschnitt die richtige Zeit gibt.

Hacks

#1 Der richtige Job/die richtige Position für die richtige Lebensphase. Egal, wen man fragt, die Kleinkindphase hat etwas Magisches. Vorstandsjob oder die ersten Schritte des Kindes? Es ist eine ganz individuelle Entscheidung.

#2 Once-in-a-Lifetime. Fall nicht auf #FOMO[16] rein. Wenn du mit offenen Augen durchs Leben gehst, kommen immer wieder Chancen. Manche sind super, doch manche sehen nur so aus.

#3 Szenario-Technik. Versuch dir bild- und lebhaft vorzustellen, wie dein Leben nach der Entscheidung aussehen würde. Am besten bittest du deine Familie ebenfalls darum, sich vorzustellen, was sich für sie ändern würde. Danach kannst du dich entscheiden.

KAPITEL 7
Gründe für die Unvereinbarkeit finden sich immer

»Wirklich reich ist, wer mehr Träume in seiner Seele hat, als die Realität zerstören kann.«
Hans Kruppa

Zweimal hatte ich bereits die Schlummertaste gedrückt, weil wundersamerweise an diesem Morgen keiner um 6 Uhr an der Bettkante stand, um lautstark zu fordern: »Papa, du bist der Dinosaurier und musst mich fangen.« Am Wochenende würde ich ein paar Minuten mehr Schlaf sehr genießen, aber leider passierte so etwas nur unter der Woche an Tagen, an denen der Terminplan prall gefüllt waren. Also raus aus dem Bett, so schnell wie möglich duschen und gleich danach die Kids wecken. Bei der zweiten Windel riss der Klebeverschluss beim Zumachen ab. Mein erster Gedanke war: »Auf jeden Fall kaufe ich in Zukunft andere.« Der Hersteller störte mich schon lange mit seinen lachenden Bärchen, die ich schon so sehr mit dem Geruch assoziiere, dass ich keine *Winnie-Puuh*-Bücher mehr lesen konnte. Zumindest ergab der Name langsam einen Sinn für mich.

Die Uhr tickte unaufhaltsam weiter, und mein Managementmeeting um 9 Uhr kam näher und näher. Durch morgendliches Teamwork hatte ich es dann doch geschafft, die Jungs ins Lastenfahrrad zu bekommen und mit allem, was der unterstützende E-Motor hergab, zur Kita zu fahren. Auf dem Rückweg fing es an wie aus Eimern zu schütten, ich hatte keine regenfeste Kleidung dabei und wurde nass bis auf die Socken. In der Wohnung zog ich mich schnell um und machte mich sofort auf den Weg ins Office. Im Auto ging ich den Tag gedanklich durch, während ich mit einem Ohr einem Podcast über Resilienz lauschte: Testcenter besuchen, einkaufen gehen, U8-Termine vereinbaren, Steuererklärung vorbereiten, Projekte nochmal durchgehen, wichtigen Kunden anrufen, die wichtigsten Zahlen im Blick behalten, wir wollten neue Betten für die Jungs kaufen, der hintere Reifen vom Laufrad war auch noch platt, die Vorhangstange nach einer Woche mal wieder anschrauben, nachdem der Vorhang mit Tarzans Liane verwechselt worden war. Haben wie eigentlich noch Kaffee zu Hause?

Im Büro erwarteten mich interessante Gespräche, aber wie immer auch komplexere Themen. Auf dem Heimweg fielen mir nur noch die Hälfte der Punkte ein, die ich auf der Agenda hatte. Als ich die Wohnungstür öffnete, war ein wildes Toben im Gange, das bald darauf in einen Streit mit fliegenden Modellautos und Kuscheltieren ausartete. Wie bei *Takeshi's Castle* versuchte ich von A nach B zu kommen, ohne auszurutschen oder von etwas erschlagen zu werden. Das Ins-Bett-Bringen dauerte mal wieder über eine Stunde, weil jede Geschichte eine zu wenig war und ich nicht besonders konsequent bin, wenn zwei Dreijährige in Tränen ausbrechen. Irgendwann hatte die Müdigkeit dann doch gesiegt, und beide waren eingeschlafen. Die ersten Jahre, in denen das für uns Eltern nur zwei Stunden Pause bedeutete und die Nächte kurz waren, sind bereits vorbei, aber der Tag hat dennoch nur 24 Stunden.

An manchen Tagen bekommt man nichts auf die Reihe, nichts gelingt einem. Das Wetter ist schuld, dass ich nass werde, die Care-Arbeit ist schuld am Stress, ich habe keine Pausen, weil die Online-Meetings nahtlos ineinanderfließen, ich habe keine lange Elternzeit, weil das Geld dann nicht mehr für die Miete reicht, die Kita bleibt geschlossen, weil es zu wenig Personal gibt und diese Pandemie scheinbar nicht zu Ende gehen will. Eigentlich ist ein Leben mit Kindern nicht zu schaffen. Aber keine Kinder zu bekommen, ist auch keine Lösung. Am Ende brauche ich auch jemanden, der/die Schuld an der ganzen Vereinbarkeitslüge hat – der Staat, die Gesellschaft, die Pandemie, ich selbst? »Fallacy of the Single Cause«[17] nennt sich dieser Denkfehler, der uns glauben lässt, dass es immer nur eine bestimmte Ursache für ein Problem gibt. Wenn die globale Lieferkette aus den Fugen gerät, ist sicher dieses eine Schiff im Suezkanal schuld.

Die Wahrheit ist meist komplexer. Aber wir fühlen uns besser, wenn wir unseren Frust auf jemanden oder etwas projizieren können. Gründe für die Unvereinbarkeit von Job und Familie, auf die sich alles schieben lässt, finden sich also recht schnell. Meine Favoriten sind folgende.

Unklare Rollenverteilung in der Familie

Wenn wir erst miteinander darüber sprechen, wer sich nun zu Hause um alles kümmern soll, wenn das Baby schon da ist, dann sind Chaos und eine Beziehungskrise vorprogrammiert. Mama bleibt zu Hause, und Papa geht zur Arbeit. In einigen Fällen mag das beide auf Dauer glücklich machen, aber in vielen Fällen eben nicht. Weder Väter noch Mütter wollen sich heute in die Schublade der alten Geschlechterrolle quetschen lassen, um stillschweigend Vorgelebtes zu wiederholen. Mütter möchten völlig zu Recht ihre ebenfalls mühsam aufgebaute Karriere nicht ganz begraben. Väter wollen nicht das Gewohnheitsrecht der Frauen auf die Kindererziehung akzeptieren. Neue Väter brauchen auch neue Mütter. Kommunikation und Abstimmung bereits vor dem ersten Kind kann helfen, nicht in diese Vereinbarkeitsfalle zu tappen.

Übersteigerter Ehrgeiz

Überall wird uns suggeriert, dass wir alles schaffen können, wenn wir es nur wirklich wollen. Aber abseits der Instagram-, Twitter-, Facebook- und TikTok-Bubble, im wahren Leben, kommt man an seine Grenzen, wenn man versucht, die Geschwindigkeit des Lebens beizubehalten, die man zuvor ohne Kinder gewohnt war. Der verbissene Wunsch, unbedingt Karriere zu machen, kann sehr schnell dazu führen, dass ständige Überforderung einen regelrecht krank macht.

Narzisstischer Glaube, unentbehrlich zu sein

»Aber ich muss doch immer da sein, wer soll das denn sonst machen? Ohne mich läuft hier eigentlich gar nichts! Ich kann keine Woche in den Urlaub, sonst geht der Laden den Bach runter!«

»Die Friedhöfe der Welt sind voll von Menschen, die sich für unentbehrlich hielten« – dieses Zitat stammt von dem französischen Politiker Georges Benjamin Clemenceau.

Im Daily Business überschätzen wir allzu oft unsere eigene Rolle am Gesamterfolg des Unternehmens und nehmen uns, zum Leid unserer Familie, bei der Arbeit viel zu wichtig. Eine solche egoistische und toxische Selbstwahrnehmung lässt uns die Arbeit von Kolleg:innen gar nicht mehr wahrnehmen, geschweige denn wertschätzen. Eine Vereinbarkeit von Beruflichem und Privatem ist dann nicht möglich, und wir reden uns ein, Opfer der Umstände zu sein.

Im *Happy Voices*-Podcast (seit 2022 *Mental Health & Happiness*) von meiner Frau Laura hatte Dr. Marcus Heidbrink, der selbst Vater von fünf Kindern ist, zwei gute Tipps, wie wir zumindest versuchen können, unsere Kinder davor zu bewahren, narzisstische Züge zu entwickeln. Zum einen ist natürlich das soziale Lernen von uns Eltern entscheidend. Wenn wir den Job über alles stellen und täglich, statt gemeinsam zu Abend zu essen, nochmal den Rechner hochfahren, ist das für unsere Kinder ein Statement. Zum anderen sollten wir die Selbstwirksamkeit unserer Kinder stärken, also ihren Glaube an ihre eigene Wirksamkeit und dass sie mit ihrem Tun einen Unterschied machen können. Die weltweit größte Studie zu Narzissmus und dessen Auswirkungen auf Unternehmen haben übrigens Professor Florian Feltes, Dr. Marcus Heidbrink sowie Victoria Berg 2021[18] veröffentlicht.

Unternehmen und Vorgesetzte

Unternehmen haben eine Vielzahl von Möglichkeiten, um die Vereinbarkeit von Beruf und Familie zu fördern, aber auch großen Einfluss darauf, die Unvereinbarkeit aufrechtzuerhalten. Gleitzeit als mögliche Arbeitszeitflexibilisierung gibt es bereits seit Jahrzehnten. Teilzeittätigkeit funktioniert in Unternehmen meist nur, wenn keine Karriereambitionen vorhanden sind. Teilzeit bedeutet nicht, dass jemand nie wieder mehr arbeiten möchte oder gar unmotiviert ist. Stufenmodelle bieten mehr Freiheit, um gerade die Rushhour des Lebens etwas zu entstressen. Jobsharing auf allen Ebenen im Unternehmen würde auch Führungskräften die Chance geben, zu Hause präsenter zu sein. Arbeitszeitkonten, bei denen Zeit angespart werden kann, ermöglichen zum Beispiel auch Mitarbeiter:innen in Produktion und Handwerk, flexibel auf Veränderungen im Privatleben zu reagieren. Es sind aber nicht immer die großen Zugeständnisse der Firmen, wie ein werkseigener Kindergarten, die einen Unterschied machen könnten. Allein die Möglichkeit, vom Homeoffice aus zu arbeiten, oder die freie Wahl von Pausenzeiten würden Vätern und Müttern schon mehr Freiheit geben. Urlaubsregelungen, die Eltern bei Schul- oder Kindergartenschließungen bevorzugen, würden den Mental Load von Familien nehmen, die eventuell sonst unter Betreuungsengpässen leiden würden. Das Nichtvorhandensein solcher für Unternehmen offensichtlich realisierbarer Unterstützungsangebote ist sicher mit ein Grund dafür, dass die Geburtenrate in Deutschland seit vier Jahren wieder rückläufig ist[19].

On-off-Homeoffice bringt allerdings auch keine wirkliche Flexibilität für Familien. Vor allem Wissensarbeiter:innen könnten in einem großen Maß von der neu gewonnenen Erkenntnis der vergangenen beiden Jahre profitieren, indem sie selbst einteilen, wann und wo sie arbeiten. Vielen Unternehmen und Chef:innen fehlt dennoch das Vertrauen in die Belegschaft, ihre Arbeit auch außerhalb der Büros der Firmenzentralen in geforderter Qualität zu erledigen. In großem Maße ist die Angst vor Kontrollverlust der transaktional Führenden ein Bollwerk auf dem Weg in Richtung Vereinbarkeit. Dabei wünschen sich gerade auch männliche Führungskräfte mehr Vereinbarkeit von Beruf und Familie, um dann gleichwohl in der eigenen Rolle des Entscheiders wieder anders zu handeln, »weil man das eben hier so macht«. Den wohl größten Hebel im Unternehmen haben beim Thema Vereinbarkeit nämlich ganz klar die Führungskräfte.

Interessant ist auch, dass Firmen, die sich als familienfreundlich klassifizieren, häufig nur die Mütter im Fokus haben. Das bemängelt auch Ingo Kramer, Ehrenpräsident der Bundesvereinigung der Deutschen Arbeitgeberverbände[20].

Politik

Nach Unternehmen und Führungskräften ist es gerade die Politik, die es Familien und im Speziellen auch Vätern schwer macht, Beruf und Familie in Einklang zu bringen und sich die Aufgaben in der Familie partnerschaftlich aufzuteilen. Seit der Einführung des Elterngeldes im Jahr 2007 ist die Anzahl der Inanspruchnahme durch Väter stetig gewachsen. Im Jahr 2010 waren es gerade einmal 25 Prozent der Männer, die Elterngeld bezogen, 2018 waren es bereits 42 Prozent[21] – Tendenz steigend. Dass mehr als die Hälfte der Väter jedoch die Möglichkeit nicht nutzt und dies mit mindestens einem finanziellen Motiv begründet, liegt unter anderem auch am Gender-Pay-Gap und dem Ehegattensplitting. »Ein Instrument wie das Ehegattensplitting ist insofern natürlich komplett kontraproduktiv, da es ja steuerlich die Arbeitsteilung – ein Ehepartner (oft die Frau) kümmert sich um die Familie, der andere (in der Regel der Mann) ums Geldverdienen – privilegiert und damit diese Strukturen weiter verfestigt«, betont auch Thomas Geisel, langjähriger Bürgermeister von Düsseldorf und Rechtsanwalt in einem persönlichen Gespräch. »Das gehört abgeschafft und durch steuerliche Vorteile, die an (die Anzahl der) Kinder gekoppelt sind, ersetzt. Damit würde der Staat Rahmenbedingungen für eine familienfreundliche Politik auf der Basis gleicher Partnerschaft zwischen Vätern und Müttern setzen.«

Wäre das Einkommen in Familien gerechter verteilt, würden mehr Väter länger Elterngeld in Anspruch nehmen. Das würde ebenso die Karrieren von Frauen und Müttern fördern, wie es Vätern die Möglichkeit geben würde, eine aktivere Rolle in der Care- und Hausarbeit zu übernehmen. Eine gerechte Aufteilung wünscht sich laut dem aktuellen *Väterreport* die Hälfte aller Väter.[22] Da immer noch 92 Prozent der Väter Vollzeit erwerbstätig sind, braucht es geeignete Modelle seitens der Politik, die mehr Vereinbarkeit für Paare ermöglichen.

Darüber hinaus führt auch das zu geringe Angebot von Ganztagsbetreuungsplätzen zu einer Retraditionalisierung in Familien, die vor allem die Frauen betrifft, die oft noch weniger verdienen als Männer. Nur bestehende Unterstützungen wie den Kinderzuschlag, steuerliche Freibeträge, das Wohngeld und die Mindestlöhne leicht zu erhöhen, ist aus meiner Sicht nur eine Bekämpfung der Symptome und keine neu gedachte Familienpolitik. Zwar ist die Ampelkoalition angetreten, um auch hier Änderungen anzustoßen, aber wir werden sehen, ob diese auch in die Tat umgesetzt werden. So hat man sich bei Amtsantritt die folgenden Verbesserungen für 2022 vorgenommen[23]:

- ein bezahlter, zweiwöchiger Urlaub für Väter nach der Geburt eines Kindes;
- eine Verlängerung der Partner:innenmonate beim Elterngeld um einen Monat;
- eine Verlängerung des Kündigungsschutzes für Eltern nach der Geburt;
- eine Erhöhung von Fördersätzen und Freibeträgen beim Bafög;
- Erleichterungen für pflegende Angehörige.

Aber woher sollen Politiker:innen auch wissen, wie familienfreundliche Politik und Vereinbarkeit aussieht und was Familien wirklich benötigen? Ihnen fehlen doch selbst die dringend nötigen Vorbilder. Man kann ihnen also gar keinen Vorwurf machen. Nur wenige sprechen offen über die eigene Vereinbarkeit von Beruf und Familie. In einem Interview aus dem Jahr 2006 sagte Dr. Ursula von der Leyen im Gespräch mit Ursula Lange: »Die größte Herausforderung für mich ist, dass ich jeden Tag darum kämpfen muss, Zeit für die Kinder freizuschaufeln.«[24] Zu dieser Zeit war die Mutter von sieben Kindern gerade Bundesfamilienministerin.

Auch Cem Özdemir, seit Dezember 2021 Bundesminister für Ernährung und Landwirtschaft, sprach im Interview für deren Familienstudie mit A. T. Kearney über die Vereinbarkeit von Politik und Familie. Der grüne Spitzenpolitiker und Vater von zwei Kindern gab einen Einblick darüber, wie er mit 70 bis 80 Wochenarbeitsstunden die Doppelrolle als Vater zweier Kinder bewältigt. Auf die Frage, ob es in seiner Position überhaupt möglich sei, ausreichend Zeit mit den Kindern zu verbringen, antwortete er: »Ein Grund ist sicher die permanente Erreichbarkeit und das Gefühl, schnell reagieren zu müssen. Letztlich geht es darum, Prioritäten zu setzen und konsequent zu sein. Ob mir das immer gelingt? Sicher nicht.«[25] Er beschreibt aber auch sehr authentisch, dass ihm die Zeit mit seinen Kindern sehr wichtig sei und er heute als Vater nicht mehr alle Termine spätabends oder am Wochenende annehme.

In einem persönlichen Gespräch bestätigte mir Thomas Geisel, dass das Amt eines/einer Oberbürgermeisters/Oberbürgermeisterin in einer Metropole wie Düsseldorf nicht familienfreundlich sei. In seinem Buch *Grenzgänger – Sechs Jahre Leben für die Politik*[26] stellt er fest, dass immer mehr Politiker:innen keine Familie haben oder diese vollständig abschirmen. Seiner Ansicht nach sei die Familie nicht nur schmückendes Beiwerk, sondern unerlässlich, um geerdet zu bleiben. Der fünffache Vater ist sich daher sicher, dass politische Entscheidungen anders ausfallen, wenn Politiker:innen selbst Kinder haben.

Lösungen für Vereinbarkeit finden

Sich aufgrund der vielen realen Gründe für Unvereinbarkeit allein gelassen zu fühlen, ist völlig in Ordnung. Mir geht es oft ganz genauso. Diese teils persönlichen, teils gesellschaftlichen Probleme sind echt, und keines davon sollte ignoriert werden. Vieles davon liegt jedoch außerhalb unserer Macht, wenn wir nicht gerade Politiker:innen, Unternehmer:innen oder CEOs sind. Aber Generationen vor uns hatten weitaus weniger Möglichkeiten als wir heute, und es muss auch ohne die sofortige Beseitigung aller Hürden einen Weg geben, eine glückliche, erfüllte und aktive Vaterschaft zu leben.

Solltest du Gründe und Ausreden brauchen, warum du keine Zeit für deine Kinder hast und warum du daran nichts ändern kannst, nimm gerne die oben aufgeführten zur Hand und bediene dich der Argumentationen. Solltest du jedoch ernsthaft daran denken, etwas zu ändern, dann halte dich nicht mit den Dingen auf, die außerhalb deines Einflussbereichs liegen. Anstatt dir also ständig das Mantra der vielen Dinge vorzubeten, die Schuld an der Situation sind, könntest du versuchen, Gründe zu finden, warum es doch klappt. Dann findest du vermutlich auch Lösungen.

Nimm dir ein Blatt Papier und schreib alle Gründe auf, die in deinem Leben dafür sorgen, dass eine Vereinbarkeit von Beruf und Familie *nicht* möglich ist. Anschließend brichst du die Gründe weiter herunter. Mach aus großen komplexen Problemen kleine einzelne Gründe. Eine Idee, wie das Ganze aussehen könnte, findest du in Abbildung 4.

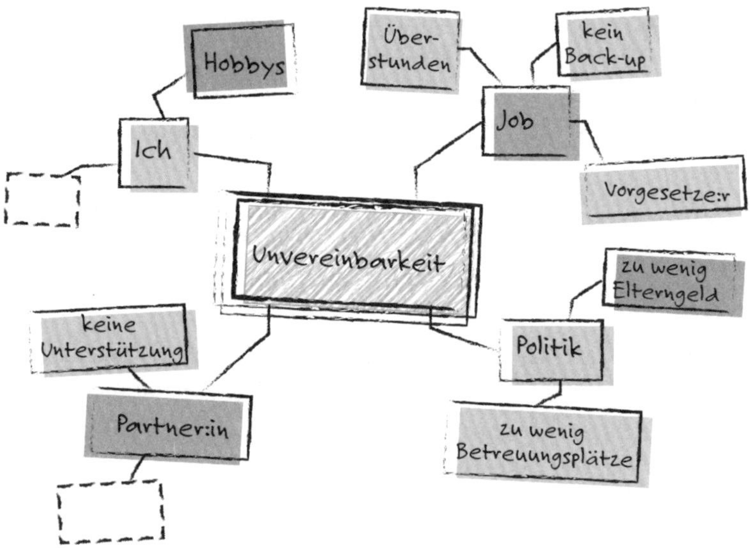

Abbildung 4: Gründe für die Unvereinbarkeit analysieren

Anschließend kannst du versuchen, die heruntergebrochenen kleinen Probleme mit ebenfalls kleinen Lösungen zu versehen (wie in Abbildung 5). Beispielsweise könntest du, wenn du im Job unersetzbar bist, immer wieder Trainings für Kolleg:innen planen, um Wissen zu teilen und auf diese Weise ein Back-up für dich aufzubauen.

Die Visualisierung der schier unlösbaren Flut an Gründen wird dir helfen, Licht am Ende des Tunnels zu sehen und in kleinen Schritten an großen Problemen zu arbeiten. Alles wirst du nicht lösen können, aber du wirst dir nicht mehr so hilflos vorkommen.

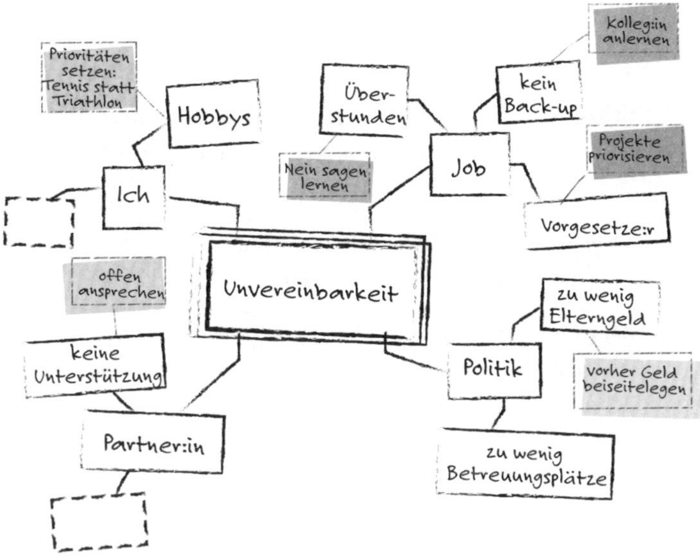

Abbildung 5: Lösungsideen entwickeln

Die Vorhangstange hing noch eine Weile lose an der Wand, bevor ich es geschafft hatte, sie wieder festzuschrauben. Selbstverständlich ist Vereinbarkeit schwierig zu realisieren. Vor allem Alleinerziehende kennen die Ohnmacht, die einen ergreift, wenn man nicht mehr weiß, wie man alles bewerkstelligen soll. Ich habe den allerhöchsten Respekt vor ihnen. Aber es wird uns nicht helfen zu hoffen, dass andere unsere Probleme lösen. Ich bin zwar kein religiöser Mensch, doch das Gelassenheitsgebet des US-amerikanischen Theologen Reinhold Niebuhr passt hier recht gut:

> »Gib mir die Gelassenheit, Dinge hinzunehmen, die ich nicht ändern kann, den Mut, Dinge zu ändern, die ich ändern kann, und die Weisheit, das eine vom anderen zu unterscheiden.«

Hacks

#1 Brich die großen Probleme und Hürden in kleinere, lösbare herunter. Es fühlt sich gut an, wenn man dann Schritt für Schritt auch Erfolgserlebnisse hat.

#2 Hinterfrage dich selbst. Sind die Gründe für Unvereinbarkeit vielleicht teilweise deinem eigenen Ehrgeiz geschuldet?

#3 Akzeptiere, dass du nicht alles ändern kannst. Manchmal tut es auch gut, sich mit etwas abzufinden und seinen Frieden damit zu machen.

TEIL 2
KARRIERE ALS VATER

Beim Lesen der bisherigen Kapitel könnte man auf den Gedanken kommen, ich möchte jungen Vätern die Karriere ausreden, aber das genaue Gegenteil ist der Fall. Ich bin mir absolut sicher, dass eine Karriere auch als aktiver, präsenter Vater möglich ist. Nur bringen die einschlägigen Karriereratgeber recht wenig, da sie das Thema Familie quasi als Privatangelegenheit betrachten, die, wenn überhaupt, eine Randnotiz wert ist. Das allerbeste Beispiel sind die vielen Tipps für die Managerroutinen am Morgen. So rät Robin Sharma in seinem Buch *The 5 AM Club*[27], wie der Titel bereits suggeriert, um 5 Uhr morgens aufzustehen und die erste Stunde des Tages in drei Bereiche à 20 Minuten aufzuteilen: Bewegung in Form von Sport, Persönlichkeitsentwicklung, am besten mit einer Meditation, gefolgt von der Konzentration auf kurz-, mittel- und langfristige Ziele. Den Abschluss bildet das Themengebiet Bildung – eine Zeitung lesen, eine Sprache lernen –, um anschließend in den Tag zu starten. Das klingt nicht schlecht und funktioniert bestimmt auch bei sehr vielen Menschen. Die Verkaufszahlen des Buches sprechen jedenfalls dafür.

Nehmen wir einmal das erste Jahr nach der Geburt meiner Kinder. »5 AM Working Dad«-Club, wenn man so will. Ich stehe um 2 Uhr auf, weil einer der beiden weint und der andere gerade schon gestillt wird, um 4 Uhr, nach der nächsten Fütterung, wechsle ich im Halbschlaf die Windeln und dann, um 5.45 Uhr, nochmal final, weil keiner der beiden mehr schlafen kann und ich meiner Frau noch ein paar Stunden mehr Schlaf gönnen möchte, da sie nachts den anstrengendsten Job hat. Danach versuche ich, wenn möglich, alle drei Themengebiete aus Robin Sharmas Buch zu beachten, aber von Routine kann man nicht sprechen. Ratgeber dieser Art sind eine sehr gute Quelle der Inspiration, und ich lese regelmäßig Bücher über Karriere und Persönlichkeitsentwicklung. Als aktiver Vater sieht die Welt jedoch nicht ganz so einfach aus, und es erfordert viel mehr Flexibilität und Klarheit über die eigene Karriere, um dennoch ans Ziel zu kommen.

Auch wenn wir die Frage der Definition von Erfolg und Karriere für uns bereits ganz individuell beantwortet haben, so sollten wir sie uns spätestens am Tag der Geburt unseres Kindes noch einmal stellen. Jeder Vater weiß, dass ab diesem Tag alles anders ist. Grundsätze, Werte und Bedürfnisse verschieben sich, und ein anderer Blickwinkel stellt sich ein. Die berufliche Zukunft bleibt davon nicht verschont. Der klassische Wunsch nach hierarchischem Aufstieg, mehr Geld und Anerkennung weicht dem mindestens ebenso starken Wunsch nach einem festen Standort, einem soliden und gesunden Unternehmen mit angenehmer Arbeitsumgebung. Flexible Arbeitszeiten und mobile Arbeitsplätze sind dann meist mehr wert als der Titel auf der Visitenkarte. Die ohnehin inflationäre Verwendung von Titeln, wie Chief Executive Officer, Head of, Director, VP oder irgendwas mit Management, lässt in vielen Firmen leider sowieso keine Rückschlüsse mehr auf die eigentliche Tätigkeit zu.

Für mich als Vater und durchaus auch ehrgeizige Führungskraft stellt sich daher eher die Frage: »Was möchte ich tun?« Ich will führen, gestalten und mit Menschen arbeiten. Auch als Vater möchte ich in meinem Job einen Sinn verspüren und erfolgreich darin sein. Mit schierer Quantität können wir als Väter nicht mit den Kolleg:innen ohne Kinder mithalten. Daher sind der Fokus und die Qualität wichtiger und entscheidender als die Quantität. Eine berufliche Karriere als aktiver Vater ist anders, neu, gleichberechtigter, empathischer, ehrlicher, fürsorglicher (auch gegenüber sich selbst) und nachhaltiger gedacht. Und sie ist möglich.

KAPITEL 8
Darauf solltest du achten

»Man muss es so einrichten,
dass einem das Ziel entgegenkommt.«
Theodor Fontane

Ob du in deinem jetzigen Job Karriere und Familie ausbalanciert leben kannst, wirst du vermutlich erst feststellen, wenn du Vater bist oder dich zumindest damit auseinandersetzt, einer zu werden. Aber was ist, wenn es keine Möglichkeit gibt, eine aktive Vaterschaft mit der vorherrschenden Unternehmenskultur unter einen Hut zu bringen? Wenn dir dein Job Spaß macht und deine Kolleg:innen genau das Team sind, das du dir wünschst, dann ist es auf jeden Fall einen Versuch wert, die Abteilungskultur als Vater aktiv mitzugestalten und vielleicht den Anfang zu machen, das Thema Vereinbarkeit in den Firmenalltag zu integrieren.

Sprich mit deinen Vorgesetzten und gründe zum Beispiel ein internes Väternetzwerk, wie es der Teamleiter Florian Staßfurth beim Personalberater Hays mit der Unterstützung von Volker Baisch und seiner Väter gGmbH getan hat. HaysD@ds bietet eine interne Plattform, um Vätern einen besseren Austausch im Unternehmen zu ermöglichen. Dadurch wird nicht nur die Unternehmenskultur nachhaltig positiv beeinflusst, sondern es können auch Best-Practice-Erfahrungen geteilt werden.

Als Führungskraft hat man wie gesagt einen direkten Einfluss darauf, wie die Väter und Mütter im Team Job und Kinder in Einklang bringen. Für mich ist das Thema Vereinbarkeit ein wesentlicher Baustein im Gerüst einer nachhaltigen, offenen und feedbackorientierten Unternehmenskultur und nicht nur nice-to-have. Die Kultur ist für mich die Summe aller Gewohnheiten in einer Organisation. Das fängt beim Umgang unter Kolleg:innen an und geht über Hierarchien bis hin zur Vereinbarkeit. Als Europaleiter eines Geschäftsbereichs mit Profit-&-Loss-Verantwortung liegen viele Entscheidungen bei mir. So wie ich in meinen Führungsteams mit dem Thema Leadership umgehe, werden es vermutlich auch unsere Abteilungs- und Teamleiter:innen handhaben. Das bietet viel Spielraum für positive Veränderungen, bedeutet gleichzeitig aber auch eine große Verantwortung. Diese kann angenommen, aber auch ignoriert werden. Auch im Jahr 2022 gibt es noch genügend Branchen, Firmen und Führungskräfte, die diese Verantwortung teilweise oder sogar gänzlich ignorieren. Wenn das Image nach außen den Alltag im Unternehmen nicht widerspiegelt, dann kommt es unweigerlich zur Väterfluktuation. Gut ausgebildete Spitzenkräfte können sich heute Firmen aussuchen, die beides bieten, Entwicklungsmöglichkeiten und Vereinbarkeit.

In den Jahrzehnten vor uns hatten die Väter, da die Mehrheit Alleinverdiener war, einen viel größeren »Financial Load« zu tragen und haben somit weniger schnell das Weite gesucht. Auch wenn der Weg zur gleichberechtigten Rollenverteilung noch ein weiter ist, ist es dennoch nicht mehr unüblich, auch ohne neuen Job zu kündigen und sich dann erst nach einer neuen Stelle umzusehen. Das war für viele bisher undenkbar, doch »The Great Resignation«, wie US-Ökonomen das Phänomen nennen, ist auch bei uns angekommen. So denkt auch hierzulande bereits jeder Dritte darüber nach, seinen Job in den nächsten zwölf Monaten zu kündigen[28]. Wenn der Entschluss gefasst ist, die Kündigung schon auf dem Rechner bereit zum Druck gespeichert ist, stellt sich nur die Frage: »Wohin jetzt?«

In meinen Karriere-Sparring- und Reverse-Mentoring-Sessions ist das eine ganz zentrale Frage: Wenn ich nicht mehr in meinem jetzigen Job, der jetzigen Firma oder der Branche arbeiten will, wohin soll ich denn dann gehen? Ich rate dazu, nicht im Affekt zu kündigen. Ein schlechter Tag oder ein schlechter Monat sind noch kein Grund, alles gleich hinzuwerfen. Selbstverständlich solltest du nicht warten, bis es zu irreparablen Schäden deiner mentalen Gesundheit kommt. Aber du solltest auch nicht zu schnell aufgeben, wenn noch die Möglichkeit besteht, etwas zu ändern. Vielleicht kommt vor dem Weg auf den Arbeitsmarkt auch ein interner Wechsel infrage. Wenn der/die direkte Vorgesetzte nicht helfen kann, dann versuch es eine Stufe höher. Es empfiehlt sich immer, erst mit der direkten Führungskraft zu sprechen. Bevor man allerdings die Kündigung abgibt, lohnt sich das Gespräch eine Stufe höher dennoch. Gerade in Konzernen gibt es häufig Wege, sich beruflich außerhalb des eigenen Bereichs weiterzuentwickeln oder mehr Vereinbarkeit zu leben.

Bevor du die Kündigung abschickst, stell dir folgende Fragen und schreib dir die Antworten auf:

- Will ich wirklich wechseln, oder flüchte ich nur vor etwas?
- Was gebe ich auf? Ist generell alles schlecht oder nur heute?
- Warum habe ich bei diesem Unternehmen überhaupt angefangen?
- Was mag ich an meiner jetzigen Tätigkeit, und was gefällt mir nicht?
- Was hat mich bisher davon abgehalten zu gehen?
- Bin ich bereit, mir alles neu aufzubauen?
- Wie sieht gute Führung für mich aus? Was ist mir wichtig?
- Ist es die richtige Zeit zum Wechseln?
- Was soll sich konkret ändern?
- Was bedeutet Erfolg für mich (siehe Kapitel 2)?
- Welche Werte sind mir besonders wichtig? Stimmen diese noch überein?
- Was sind die Must-have- und Can-have-Kriterien für mich?

Wenn du intern alles versucht hast oder auch das Unternehmen nicht in der Lage ist, väterfreundliche Veränderungen anzustoßen, dann solltest du vermeiden, vom Regen in die Traufe zu kommen. Deine Entscheidung sollte daher gut durchdacht sein. Reflektiere also deine Beweggründe gründlich, bevor du weiterziehst. Der Grund dafür ist simpel. Wenn du nicht genau weißt, warum du weiterwillst, wirst du auch nicht das finden, wonach du suchst, und spätestens nach zwei Jahren wieder vor derselben Situation stehen. Ich habe als Führungskraft schon Hunderte Lebensläufe gesehen, und gerade nach einer langen Firmenzugehörigkeit war es teilweise auffällig, dass anschließend zwei, drei, manchmal sogar vier Wechsel im Ein-Jahres-Abstand folgten. Natürlich muss das nichts bedeuten, aber der ein oder andere gestand mir im Vertrauen, dass er gedacht hatte, er müsse weg von der jetzigen Firma, aber dann von einer Enttäuschung zur nächsten stolperte. Lebensläufe müssen keinesfalls linear sein, und ohne mal etwas zu wagen, kommt man häufig auch nicht beruflich voran. Doch die Schritte sollten nicht der eigenen Naivität geschuldet und durch den

Glauben gesteuert sein, dass das Gras auf der anderen Seite des Zaunes grüner sei.

Mit deinen Antworten auf die oben gestellten Fragen kannst du dich auf die Suche nach einem neuen Job machen. Am besten fängst du mit deiner Recherche bei der passenden Branche an und arbeitest dich dann über das Unternehmen in Richtung Führungskräfte und Mitarbeitende voran. Sicherlich kann man nicht alles über die Unternehmenskultur herausfinden, wenn nicht gerade die Schwägerin dort arbeitet. Aber einiges lässt sich dennoch in Erfahrung bringen, was dir dabei helfen kann, eine für dich gute Entscheidung zu treffen. Ein paar Beispiele findest du in meiner Checkliste, die du beliebig erweitern oder mit deinen Must-have- und Can-have-Kriterien abgleichen kannst.

Tool

CHECKLISTE

BRANCHE	• Image (Vereinbarkeit) • Branchen-News (Fachartikel) • Nachhaltigkeit (zukunftssicher) • Druck
UNTERNEHMEN	• Homepage (Kindergarten, sozial, …) • Bewertungen • Kultur (spürbar, greifbar, …) • Modern, traditionell
LEADERSHIP	• Führungskräfte (Social-Media-Profil) • Artikel (Handelsblatt, HBm, …) • Frühere Unternehmen • Persönliches Gespräch
MITARBEITER:INNEN	• Social-Media-Profil (LinkedIn, Xing) • Eigene Inhalte (Themen?) • Strukturen (Männer, Frauen, …) • Persönliches Gespräch (externer Eindruck)

Branche: Das ist ein entscheidender Faktor, denn die Chance auf gute Vereinbarkeit von Beruf und Familie ist je nach Branche unterschiedlich. Kriterien wie branchenübliche Arbeitszeiten oder flexible Standortwahl können durchaus im Investment Banking anders sein als im Maschinenbau oder im Schulwesen. Als Familienvater sind viele Männer nicht mehr so risikofreudig, weshalb die Nachhaltigkeit und die subjektive Zukunftssicherheit der Branche ebenfalls eine Rolle spielen.

Unternehmen: Wenn die Branche und deren spezifische Eigenheiten bekannt sind, kommt es am Ende immer noch auf das Unternehmen selbst an. Grundsätzlich gibt eine Homepage einen guten ersten Eindruck. Sieht man dort Menschen oder nur Gebäude? Findet sich soziales Engagement oder sogar eine betriebseigene Kita?

Leadership: Auf einer Homepage kann man vieles zeigen, aber wie sieht es hinter dem Online-Auftritt des Unternehmens aus, und wie werden die Werte gelebt? Ein kleiner Background-Check im Internet kann sehr aufschlussreich sein. Oftmals findet man die Führungskräfte von Unternehmen auf Plattformen wie LinkedIn und Xing. Selbstverständlich kann man auch hier nicht alles für bare Münze nehmen, aber es zeigt zumindest, welche Themen die Leader:innen der Firmen bewegen oder wie ihr eigener Auftritt oder sogar ihre Posts gestaltet sind. Wenn man sich nicht gerade mitten im Bewerbungsprozess befindet, kann man auch einfach mal eine Führungskraft anschreiben, sich vorstellen und miteinander ins Gespräch kommen. Wenn du dich nicht direkt traust, fang mit mir an – auf LinkedIn bin ich gut zu finden.

Mitarbeiter:innen: Bei den Mitarbeiter:innen kannst du nach dem gleichen Prinzip vorgehen wie schon bei den Führungskräften. Sind die Mitarbeiter:innen online aktiv? Mit welchen Inhalten wird interagiert? Natürlich ist nicht jeder Mensch extrovertiert, und das ist auch gut so, aber meist findet man dann doch jemanden, der/die gerne zu einem Austausch bereit ist. Sollten keine Mitarbeiter:innen im Internet zu finden sein, dann besuch doch einfach mal eine Fachmesse und sprich sie dort direkt an.

Die Branche, das Unternehmen, die Führungskräfte und Mitarbeitenden machen einen super Eindruck? Die Bewerbung ist abgeschickt, und nach ein paar Tagen kommt die Einladung zum Gespräch. Im Gespräch mit der Personalabteilung und eventuell auch schon mit der zukünftigen Führungskraft kannst du dann sehr leicht herausfinden, ob sich deine Recherchen mit der Realität im Unternehmen decken. Die Reaktion auf deine Antworten und deine Rückfragen werden dir am Ende helfen, herauszufinden, wie es wirklich im Unternehmen aussieht und ob dort Vereinbarkeit von aktiver Vaterrolle und beruflichem Erfolg möglich ist oder ob du nicht doch ganz gut dort aufgehoben bist, wo du derzeit arbeitest.

Ob Online-Interview oder persönliches Gespräch, der erste Eindruck ist immer wichtig. Die Atmosphäre im virtuellen Raum oder dem Besprechungszimmer zwischen den Gesprächspartner:innen lässt schon ganz zu Beginn Rückschlüsse auf den Umgang im Unternehmen zu. Ist es eher freundlich und vertraut oder unterkühlt und sachlich? Ich versuche immer, zuerst eine angenehme Atmosphäre zu schaffen, in der sich Kandidat:innen wohl fühlen. Darauf würde ich auch achten, wenn ich selbst interviewt werde. Im besten Fall bekommt man die Gelegenheit, etwas über sich zu erzählen. Dabei ist es wichtig, nicht stringent den Lebenslauf herunterzubeten – den hat dein Gegenüber im besten Fall schon gelesen und dich schließlich deshalb eingeladen. Erzähl viel mehr davon, welche Beweggründe dich in deinem beruflichen Werdegang gesteuert haben und welchen Stellenwert es für dich hat, Vater zu sein. Dass du einen guten Job machen möchtest, steht außer Frage, aber dass du deinen Job als Papa mindestens genauso gut machen möchtest, sollte auch zu spüren sein. Eine längere Auszeit in Form von Elternzeit ist durchaus auch erwähnenswert, um darzustellen, was für ein Mitarbeiter oder welche Art von Führungskraft du bist und dass du beim zweiten oder dritten Kind auch wieder die Chance dazu nutzen würdest.

Wie ich in Teil 1 beschrieben hatte, kommen dann manchmal auch Fragen, die so wahrscheinlich nur Frauen gestellt bekommen würden: »Wie bringen Sie Familie und Karriere unter einen Hut?« Oder »Und Ihr/Ihre Partner:in? Arbeitet der/die auch?« Die erfolgreiche Unternehmerin und Aufsichtsrätin Fränzi Kühne beschreibt in ihrem Buch

Was Männer nie gefragt werden: Ich frage trotzdem mal[29], was Mütter in Jobinterviews erleben, auch ohne dass sie das Thema Familie überhaupt ansprechen. Erfolgreiche Mütter sind daher ausgezeichnete Mentorinnen für aktive Väter.

Ein Gespräch sollte immer auf Augenhöhe stattfinden. Das bedeutet für mich, dass ich der/dem Interviewer:in die gleichen Fragen stellen kann wie sie/er mir. Provokante Fragen, die Bewerber:innen unter Druck setzen, sind für mich eher Schikane als ein wirksames Mittel, die/den Richtige:n für die Position zu finden. Wenn es für die Position wichtig ist, dürfen die Fragen durchaus auch schwerer zu beantworten sein, in einer guten Unternehmenskultur sind sie jedoch immer respektvoll und wertschätzend.

Sollte bis dahin noch niemand die Nase gerümpft haben, sieht es schon mal gar nicht so schlecht aus. Im Idealfall äußert sich sogar dein Gegenüber im Gespräch dazu, wie gut ihm/ihr die Elternzeit getan hat. In einem guten Interview hat aber nicht nur die Firma die Chance, dich kennen zu lernen, sondern auch umgekehrt. Deine Fragen sollten sich also nicht ausschließlich auf deine Tätigkeit, die Produkte und das Unternehmen beziehen, sondern auch Anhaltspunkte für die Unternehmenskultur liefern. Aus deinen Kriterien abgeleitete Fragen können dir sehr leicht zeigen, wie es um die gelebte Unternehmens- und Abteilungskultur bestellt ist. Hier sind ein paar Beispiele:

- Wie würden Sie die Unternehmenskultur beschreiben?
- Wie macht sich diese in Ihrer Abteilung/Ihrem Team bemerkbar?
- Wie definieren Sie Erfolg für sich und Ihr Team?
- Woran machen Sie nach sechs Monaten fest, ob ich einen guten Job mache?
- Wie definieren Sie Führung für sich?
- Warum arbeiten Sie gerne hier?
- Wie teilen Sie Informationen im Team und wie oft?
- Haben Sie Mitarbeiter:innen schon einmal befördert und wenn ja, warum?
- Wie sehen Entwicklungspläne in Ihrem Team aus?
- Was würden Sie am Unternehmen ändern, wenn Sie könnten?

Du musst gar keine direkten Fragen zum Thema Vereinbarkeit stellen. Vereinbarkeit ist Teil einer gesunden Unternehmenskultur und entsteht aus mehreren einzelnen Faktoren. Eine offene, transparente und wertschätzende Unternehmenskultur und Führungskräfte, die diese vorleben und die transformational führen, sorgen automatisch für mehr Vereinbarkeit für jeden Vater und jede Mutter im Unternehmen.

Ist die Arbeitskultur hingegen eher toxisch, gibt es dafür sehr subtile Anzeichen. Tara Wittwer, Sinnfluencerin, Coachin und Betreiberin des Instagram-Blogs *wastarasagt*, schrieb darüber einen Artikel im *Business-Punk*-Magazin. Formulierungen wie »We are family« oder »Wir sind wie eine Familie«, die »Company-Name-Familie« oder »Wir sind alle auch im Privaten enge Freunde«[30] führen bei der Bloggerin zu einem mulmigen Gefühl in der Magengegend. Sie hat selbst unschöne Erfahrungen mit emotionaler Manipulation am Arbeitsplatz gemacht. Wenn man »wie eine Familie« ist, kann Leidenschaft für den Job falsch ausgelegt werden. »Guilt Tripping« steht dann auf der Tagesordnung, wenn man mal rechtzeitig daheim sein möchte. Mitarbeitende, die bis um 2 Uhr nachts in Calls hängen, werden als leidenschaftlich ikonisiert. Vorsicht ist also auch bei allzu großer Liebe zum Unternehmen geboten.

Du machst dir Sorgen, dass deine Fragen die Entscheidung, dich einzustellen, beeinflussen könnten? Das tun sie mit Sicherheit. Aber das bedeutet eben auch, dass es das falsche Unternehmen für dich ist, wenn sie dich deswegen nicht einstellen. Du wirst Antworten erhalten, die dir helfen, eine kluge Entscheidung zu treffen, um zukünftig Familie und Karriere besser verbinden zu können.

Du hast den Job bekommen? Herzlichen Glückwunsch! Wenn es um den Übergang ins neue Unternehmen geht, habe ich noch eine Empfehlung für dich: Wenn es finanziell möglich ist, mach ein paar Wochen, wenn möglich sogar zwei bis drei Monate, Pause zwischen den Jobs. Wenn deine Kinder noch klein sind, kannst du diese Zeit vielleicht sogar direkt als Elternzeit nehmen. Ein neuer Job ist immer eine Herausforderung. Es bedeutet ein neues Umfeld, neue Menschen und neue Kund:innen. Alles wird am Anfang weitaus anstrengender und energieraubender sein als nach ein paar Monaten, wenn du dich eingearbeitet hast. Die Vereinbarkeit von Job und Familie ist etwas,

was sich eher einstellt, wenn man sich bereits etwas auf der neuen Position im Unternehmen eingelebt hat und die anfängliche Anspannung einer gewissen Souveränität gewichen ist.

Hacks

#1 Wechsle nie aus einem Affekt heraus oder weil du auf der Flucht bist. Lass es gar nicht erst so weit kommen, und mach dir Gedanken, warum du wechseln möchtest, um zu wissen, wie deine zukünftige Firma aussehen sollte.

#2 Hör auf dein Bauchgefühl. Und mach keine allzu großen Kompromisse, wenn es um die Wahl des nächsten Jobs geht. Monetäre Anreize sind schnell verflogen, und was bleibt, ist der gleiche Frust wie vorher.

#3 Versuch, selbst etwas zu einer besseren Unternehmenskultur beizutragen. Lebe Vereinbarkeit vor, und sprich darüber. Gründe ein firmeninternes Väternetzwerk.

KAPITEL 9
Eigne dir neues Wissen an

»Eine Investition in Wissen bringt
immer noch die besten Zinsen.«
Benjamin Franklin

Die nächste Ausfahrt war Frankfurt, die Mittelkonsole unseres Familienkreuzers war voller Blöcke und Bücher zur Literaturrecherche. Ich saß dahinter, eingeklemmt zwischen den Kindersitzen, meine Gliedmaßen schmerzten, eine Pause wäre wirklich nötig gewesen. Für die 500 Kilometer in die Heimat brauchen wir mit sechs Monate alten Zwillingen sehr lange. Entweder wachen sie auf und haben Hunger, oder sie benötigen eine frische Windel, oder sie sind einfach nur gelangweilt von der öden Autobahnfahrt durch mehrere Bundesländer. Ich war in den letzten Zügen meiner Masterarbeit, und auch wenn der Rücksitz zwischen den Jungs nicht der beste Platz für Gedanken über Business-Model- und Value-Proposition-Canvas war, wollte ich doch jede Minute nutzen, um rechtzeitig fertig zu werden.

Wenn sich etwas durch die vergangenen 15 Jahre meines Lebens wie eine Konstante zieht, dann ist es der Wunsch, mich stetig sinnvoll weiterzubilden. Nach vielen Jahren als Schichtarbeiter in der Fertigung hatte ich gemerkt, dass ich Wissen wie ein Schwamm aufsaugen kann, wenn mich etwas wirklich interessiert. Es hatte lange gedauert, bis ich etwas gefunden hatte, in dem ich wirklich gut bin. Und ich habe mir vorgenommen, darin auch gut zu bleiben. Die Welt um uns herum verändert sich in einer Geschwindigkeit, die Gelerntes schnell wieder obsolet werden lässt. Eigentlich liegt es auf der Hand, dass das, was du vielleicht vor zehn Jahren im Studium gelernt hast, heute schon gar nicht mehr aktuell ist. Sich auf seinem Diplom auszuruhen, wäre so, als würde sich ein Tech-Konzern auf einem gut laufenden Produkt ausruhen, ohne zu reinvestieren und damit Innovationen voranzutreiben. Wenn du meinst, dein Abschluss trägt dich bis in die Rente, dann denk an Nokia.

Heißt das, wir sollten am besten so viele Abschlüsse an so vielen renommierten Instituten und Universitäten wie nur möglich machen? Laut Business Coach Berry O'Reilly sind Abitur, Studium, MBA, Auslandsaufenthalte und Promotion schon lange kein Garant mehr für die große Karriere. Im Arbeitsleben sammeln wir laut O'Reilly bis zu 30 Abschlüsse, auch Mikrozertifikate genannt. Entscheidend sei es aber vor allem, die Dinge zu verlernen, die früher einmal richtig waren, uns heute aber im Weg stehen[31]. Was ist nun richtig – lebenslanges Lernen, Verlernen oder sich einfach treiben lassen?

Entscheidend sind die Intension und die Richtung. Hat man einmal ein Diplom, einen Bachelor, einen Master oder sogar eine Promotion in der Tasche, ist es sinnlos, eine Weiterbildung nur für den Titel zu machen. Die Titel auf der Visitenkarte zu tragen wie ein General seine Abzeichen auf der Uniform, hilft eher dem Ego als der Karriere.

Warum sollte man also als Vater eine Weiterbildung machen, wenn man ohnehin schon wenig Zeit hat? Für mich war der wichtigste Grund für eine Weiterbildung immer, meinen zukünftigen beruflichen Weg mit fundiertem und vor allem aktuellem Wissen zu untermauern. Wir brauchen State-of-the-Art-Wissen, um in der eigenen Disziplin »gut« zu bleiben oder auch um zukünftige Veränderungen anzustoßen. Bei mir war das der Weg aus der Schichtarbeit ins internationale Business Development.

Ein weiterer Grund für Weiterbildung ist das Netzwerk. Weitaus wichtiger als ein Abschluss an der RWTH oder der University in Stanford sind die Menschen, die man dort trifft. Als Arbeiterkind fehlte mir der Zugang zu Netzwerken solcher Topuniversitäten. Bei jeder meiner Weiterbildungen habe ich aber tolle Menschen getroffen, mit denen ich im Laufe meiner Karriere in Kontakt geblieben bin. Der Austausch von Sichtweisen und Erfahrungen half uns gegenseitig, mit neuen Situationen im beruflichen und privaten Alltag besser zurechtzukommen. Gerade deshalb bemühe ich mich heute um Chancengleichheit und versuche, mein Netzwerk mit motivierten Menschen zu teilen. Die Motivation für eine Weiterbildung sollte also nie das Zertifikat, sondern das Netzwerk und die Horizonterweiterung sein.

Doch welche Weiterbildung ist überhaupt die richtige für mich? Die folgenden Fragen können dir bei deiner Suche eine Orientierung geben:

- Interessiert mich das Thema?
- Hilft mir die Weiterbildung, meine beruflichen Ziele zu erreichen?
- Macht mich der Abschluss unabhängiger?
- Kann ich mich durch den Abschluss in eine für mich bessere Richtung entwickeln, die mehr Vereinbarkeit ermöglicht?
- Habe ich die Zeit dazu?
- Kann ich einfach ein Buch über das Thema lesen?
- Habe ich Zugang zu einem Netzwerk (online oder vor Ort)?

Manchmal muss es auch gar keine berufsspezifische Weiterbildung sein, die deinen Horizont erweitert. Eine Ausbildung zum Yogalehrer oder zum Mountainbike-Trainer kann dich genauso weiterbringen. Es kommt eben darauf an, wie du Erfolg für dich definierst. Für die Finanzierung einer Weiterbildung kannst du immer auch versuchen, dein Unternehmen mit ins Boot zu holen. Im Podcast *Rocket Engineers*[32] spreche ich mit Lennard Hermann darüber, wie berufsbegleitende Weiterbildung am besten funktioniert.

Oft höre ich den Einwand, Weiterbildungen seien zu unflexibel, zu zeitaufwändig und zu teuer für junge Väter. Es muss ja kein wochenlanger Präsenzkurs und kein MBA-Studium im Ausland sein. Ich beispielsweise arbeite als Führungskraft bei einem Tech-Konzern. Zwar muss ich mich schon lange nicht mehr ganz im Detail mit jedem Schaltkreis oder jeder Zeile Code auskennen, da Führung und Strategie heute in meinem Job wichtiger geworden sind. Trotzdem ist es fundamental, sich mit globalen Megatrends und den dazugehörigen Technologien auseinanderzusetzen. Als unsere Kinder noch keine zwei Jahre alt waren, studierte meine Frau Wirtschaftspsychologie neben ihrem Job. Daher blieb mir wenig Zeit für Weiterbildungen. Dennoch wollte ich mich mehr mit dem Thema »KI« beschäftigen. Ich suchte und fand den kostenlosen, englischsprachigen Kurs »Elements of AI« der University of Helsinki, der Grundlagenwissen über künstliche Intelligenz vermittelte. Er war nicht zeitlich begrenzt, und es gab eine mobile Version, die es mir ermöglichte, kurze Passagen und Übungen auch unterwegs zu machen. Nach etwa vier Wochen hatte ich den Kurs absolviert und konnte mir sogar ein Zertifikat der Universität ausdrucken. Statt täglich zehn Minuten

»Candy Crush« zu spielen, beschäftigte ich mich einfach zehn Minuten mit KI.

Ein paar Jahre später hatte ich die Gelegenheit, einen sechswöchigen Kurs am Massachusetts Institute of Technology (MIT) zum Thema »Artificial Intelligence« zu absolvieren. Letztlich war dieser Kurs natürlich intensiver, aber ich hatte sicherlich über 60 Prozent des Inhalts schon genauso im kostenlosen Kurs der finnischen Universität gehört. Es muss also nicht immer die teure Eliteuniversität sein, wenn es darum geht, etwas Neues zu lernen.

Hacks

#1 Never stop learning. Ruh dich nicht auf einem alten Diplom aus, wenn du nicht wie das Nokia 3310 enden willst. Irgendwann war es mal top, doch jetzt ist es vergessen.

#2 Weiterbildung schafft Flexibilität auf dem Arbeitsmarkt. Wenn du gut ausgebildet bist, kannst du dir die Firmen aussuchen, bei denen die Vereinbarkeit von Kind und Karriere möglich ist.

#3 Lies Bücher. Wenn du dein Handy nicht auch noch in deiner Freizeit exzessiv verwenden willst und kaum Zeit für eine Weiterbildung hast, dann lies ein Buch, um dich weiterzubilden.

KAPITEL 10
Werde sichtbar

»If we create networks with the sole intention of getting something, we won't succeed. We can't pursue the benefits of networks; the benefits ensue from investments in meaningful activities and relationships.«
Adam Grant

Egal, welche Art von Erfolg und Karriere du anstrebst, egal, ob du Vater bist oder nicht, Netzwerken ist äußerst wichtig. Das Wort »Netzwerk« hat mir allerdings nie wirklich gut gefallen, das amerikanische Äquivalent *relationship* finde ich passender. Ich würde es als Beziehungspflege bezeichnen, genauer gesagt, als wechselseitige – nicht einseitige – Beziehungspflege. Das beschreibt ziemlich gut, worum es beim Netzwerken geht – um die Interaktion zwischen und mit Menschen, in Verbundenheit und auf Augenhöhe. Voneinander lernen, Wissen weitergeben, sich gegenseitig nach oben helfen – all das bedeutet Netzwerken für mich. Dabei ist es egal, ob es virtuell oder persönlich geschieht. Diese Unterscheidung mache ich schon lange nicht mehr. Dabei denke ich nicht gleich an ein Metaverse, sondern meine vielmehr, dass es heute auch möglich ist, freundschaftliche und berufliche Netzwerke aufzubauen, ohne sich je persönlich getroffen zu haben. Ich nutze nur eine berufliche Social-Media-Plattform. Nicht selten ernte ich ungläubige Blicke, wenn ich sage, dass ich mich auch mit wildfremden Menschen vernetze, die ein interessantes Profil haben. Vice versa nehme ich auch Kontaktanfragen von fremden Menschen an. Wenn es sich anschließend anbietet und es zeitlich möglich ist, führe ich auch gerne ein kurzes Telefonat, um sich auch über das Online-Profil hinaus kennen zu lernen. Ob diese Kontakte für immer bestehen, bleibt natürlich offen, aber erst einmal gehe ich davon aus, dass es eine Bereicherung für mich ist, andere Menschen kennen zu lernen und ich vielleicht eine Bereicherung für andere bin.

Nehmen wir einmal die Geschichte zu diesem Buch. Ich bin über die Plattform LinkedIn auf den Podcast von Marius Kursawe aufmerksam geworden. Marius ist Gründer und Unternehmer und hatte im Jahr 2019 den Podcast *Working Dad* ins Leben gerufen. Da ich mich seit der Geburt unserer Zwillinge mit den gleichen Themen beschäftigte, schrieb ich ihn einfach an. Hier meine ursprüngliche Nachricht:

Roman Gaida · 13:40

Working Dad Podcast

Hi Marius,

ich finde deinen Podcast super und dachte vllt. brauchst du mal jemand zum Thema Familie & Karriere. Ich habe sehr viel positive Resonanz auf meine Posts bekommen und mir ist das Thema sehr wichtig.

Nach 500km Umzug, Jobwechsel, nebenberuflich MBA und der Geburt unserer Zwillinge habe ich einiges gelernt vllt hat ja jemand was davon.

https://www.linkedin.com/posts/activity-6589122973205045248-IHrf

Viele Grüsse
Roman

Marius hatte immer tolle Gäste, Väter, die es anscheinend schafften, den Beruf, die Kinder und eine partnerschaftliche Beziehung auf Augenhöhe in Einklang zu bringen. Diese Working Dads hatten oft gute Tipps und Tricks, die ich für mein eigenes Leben adaptieren konnte. Kurz gesagt: Ich war Fan seines Podcasts, und nachdem ich selbst vieles erlebt und gelernt hatte, wollte ich etwas davon weitergeben und auch mal als Working Dad dabei sein. Zu meinem Erstaunen ließ die Antwort gar nicht lange auf sich warten:

Marius Kursawe · 15:03
Hey Roman,

dank dir! Freut mich sehr, dass dir der Podcast gefällt 🙏 Du hast aber auch eine spannende Story. Vielleicht magst du sie ja selber mal als Gast im Podcast teilen. Was meinst du?

Liebe Grüße
Marius

Diese großartige Gelegenheit, Gast in diesem Podcast zu sein, hat sich nur daraus ergeben, dass ich einem wildfremden Menschen eine Nachricht geschrieben hatte. Nach einem kurzen Telefonat lud mich Marius ein, und ich durfte in Folge #15 über meine Erfahrungen als Working Dad, Führungskraft und Vater von Zwillingen sprechen. Etwas später fragte mich Marius, ob ich einer seiner Podcast-Co-Hosts werden wolle, und empfahl mich im Folgejahr als Autor dem Campus Verlag. Heute liest du dieses Buch. Was für eine schöne digitale Welt.

Erst nach zwei Jahren haben wir uns das erste Mal persönlich getroffen. Ich könnte dir von vielen solcher Erlebnisse erzählen. Du solltest es auf jeden Fall versuchen.

Ein weiterer Vorteil von Netzwerken ist der wechselseitige Wissenstransfer. In meiner Ausbildung zum Zerspanungsmechaniker hieß es: »Man muss nicht alles wissen, aber wissen, wo es steht.« Damals war damit noch das *Tabellenbuch Metall* gemeint, was heute sicher durch die Suchmaschine ersetzt wurde. Ein ähnliches Prinzip gilt auch für dein Netzwerk. Etwas selbst zu erlernen und dies weiterzugeben, manifestiert Wissen natürlich am besten, aber der ein oder andere Tipp aus dem beruflichen Netzwerk lässt dich schneller ans Ziel kommen.

Darüber hinaus konnte ich in den vergangenen Jahren durch mein Netzwerk, das ich mir über die Jahre aufgebaut hatte, vielen Freund:innen und Bekannten neue Positionen in interessanten Unternehmen vermitteln. Aus diesem Grund ist es auch wichtig, sein Netzwerk kontinuierlich aufzubauen und zu pflegen – nicht erst dann, wenn man es braucht. Am besten fängst du schon im Studium an, dein berufliches Netzwerk aufzubauen, und nicht erst, wenn du lange Zeit später unglücklich im Job bist.

»Hi, kannst du mir eine Frage beantworten?« ist nicht der richtige Weg, um eine Unterhaltung zu beginnen. Wenn man sich aber eine Weile kennt, sich vielleicht schon zu fachlichen Themen ausgetauscht hat oder mal ein unverbindliches Telefonat geführt hat, lässt sich später auch die eine oder andere Frage stellen. Bau dein Netzwerk also kontinuierlich auf und aus.

Gerade Menschen, die andere Sichtweisen haben als du, sind eine unglaubliche Bereicherung, da sie dir die Möglichkeit bieten, auch mal über den eigenen Tellerrand hinauszuschauen. Verschiedene kulturelle Hintergründe, ein anderer beruflicher Background, aber auch ein generationsübergreifender Austausch eröffnen dir eine neue Sicht auf die Dinge außerhalb deiner Bubble. So mancher Glaubenssatz und so manche festgefahrene Einstellung relativieren sich, wenn man die Welt durch die Augen anderer sieht. Wenn du immer dieselben Fragen stellst, brauchst du dich nicht zu wundern, wenn du immer die gleichen Antworten bekommst. Ein vielfältiges Netzwerk hilft dir auch, Lösungen auf Fragen zu finden, die du dir selbst vielleicht noch gar nicht gestellt hast. Die Voraussetzung dabei ist immer, dass du ebenfalls Wissen teilst. Gerade andere Väter und Mütter in deinem Netzwerk können dir helfen, Strategien zu entwickeln, um mit der doppelten Belastung von Beruf und Familie besser umzugehen.

Mir als extrovertiertem Mensch fällt es ziemlich leicht, auf Fremde zuzugehen. Das geht aber nicht jedem Menschen so. Wenn du eher introvertiert bist, kannst du dir trotzdem ein Netzwerk aufbauen. Vorerst solltest du dir darüber klar werden, was du von deinem Netzwerk erwartest und was du deinem zukünftigen Netzwerk an Mehrwert geben willst. Die folgenden Fragen helfen dir dabei:

- Welchen Mehrwert könntest du deinem Netzwerk bieten?
- Was soll dein Netzwerk dir bringen? Wissen, Hacks, Stellenangebote?
- Welche Fragen hast du an dein zukünftiges Netzwerk?
- Wie und womit hast du bisher anderen Menschen geholfen?

- Mit wem in deinem Unternehmen oder deinem erweiterten Netzwerk wolltest du schon immer einmal sprechen?
- Kennst du vielleicht jemanden, der/die dich dieser Person vorstellen könnte?
- Hast du schon einmal jemanden vorgestellt?
- Hast du schon einmal jemanden um Hilfe gebeten? Wenn ja, wie hat es sich angefühlt? Wenn nicht, was hat dich davon abgehalten?
- Hast du schon mal jemandem geholfen? Wie hat sich das für dich angefühlt? Wie hast du ihm/ihr geholfen?
- Wie zeigst du anderen Menschen deine Dankbarkeit für ihre Unterstützung?

Aber wie fange ich mit dem Netzwerken an? Persönlich jemanden auf einer Konferenz, einer Messe oder einer anderen Veranstaltung kennen zu lernen, ist natürlich der beste Weg, um sein Netzwerk auszubauen. Vorgestellt oder eingeladen zu werden, ist ebenfalls sehr hilfreich. In den vergangenen Jahren waren die Möglichkeiten für persönliche Treffen jedoch sehr begrenzt. Eher introvertierten Menschen fällt es ohnehin schwerer, gerade in solch direkten, persönlichen Situationen aktiv auf Menschen zu zugehen. Plattformen wie LinkedIn und Xing bieten eine gute Alternative, um sein Netzwerk auszubauen. Dazu ist es nicht einmal nötig, so direkt zu sein, wie ich es bei Marius war.

Bedenken in Bezug auf das Netzwerken auf diesen Plattformen drehen sich oft darum, lieber durch Leistung überzeugen zu wollen, um gesehen zu werden. Wenn diese aber niemand sieht, dann wird dir das nicht viel nützen. Während meiner Zeit in der Fertigung habe ich gemerkt, wie unsichtbar manch gute Leistungen sind, wenn man nicht selbst lernt, sie auch zu promoten. Es geht dabei nicht darum, etwas künstlich aufzublasen. Gute Leistungen, Lernkurven und Erkenntnisse lassen sich auch auf eine nicht aufdringliche Art und Weise kommunizieren. Eine gute Performance ist die Grundvoraussetzung, Sichtbarkeit das i-Tüpfelchen. Auch wenn du nicht im Vertrieb arbeitest, gibt es immer wieder Situationen, in denen du – intern im Team oder bei Vorgesetzten und anderen Stakeholdern – dein Gegenüber von deinen Ideen überzeugen und diese »verkaufen« musst. Lerne deshalb, dich und deine Ideen, deine Misserfolge und Erfolge sichtbar zu machen. Dabei ist es am Anfang nicht wichtig, direkt einen Post zu schreiben und mit der ganzen Welt zu teilen. Du könntest zum Beispiel über zwei Wochen aufschreiben, was du gerne mit deinem jetzt noch »imaginären« Netzwerk teilen würdest. Nimm dabei gerne auch die Antworten auf die Fragen oben zur Hand, um zu überprüfen, ob du auf dem richtigen Weg bist.

Wichtig ist, dass sich die kurzen Texte, die du schreibst, nicht nur auf Berufliches beziehen müssen. Dein Ikigai kann dir auch gute Impulse für die Themen geben (siehe Kapitel 1). Am Ende der zwei Wochen hast du bereits einen guten Überblick über die Themengebiete, die dir wichtig sind, die deinem Netzwerk einen Mehrwert bieten könnten, und vielleicht auch eine Vorstellung davon, zu welchen Themen du gerne mehr lernen würdest. Für mich waren es die Themen Leadership, Technologie, Vereinbarkeit von Karriere und Familie. Zu diesen drei Themen habe ich ein gutes praktisches Wissen, aber ebenso möchte ich mehr darüber lernen. Deshalb möchte ich mich zum einen mit Menschen vernetzen, die mehr darüber wissen als ich, und zum anderen mit Menschen, denen ich helfen kann, ihr Wissen und ihr Netzwerk in diesen Bereichen zu erweitern.

Wenn du am Anfang noch Schwierigkeiten damit hast, selbst etwas zu deinen Herzensthemen zu veröffentlichen, dann fang an zu interagieren und auf den entsprechenden Plattformen Kommentare zu Themen und Posts zu schreiben. Damit meine ich nicht Emojis und Worte wie »toll«, sondern deiner Expertise entsprechende Bemerkungen, wertschätzende und anerkennende Kommentare. Wenn du dein Netzwerk nicht findest, dann sorge dafür, dass du gefunden wirst. Bevor du also selbst damit beginnst, Content zu kreieren, wird dir dieser Start helfen, deine öffentliche Wirksamkeit und Wortwahl zu testen. Fang klein an, und halte die aufgewandte Zeit dafür in Grenzen:

- Leg dir ein aussagekräftiges Profil an, das auf deine maximal drei Kerngebiete einzahlt.
- Fang an, Beiträge zu kommentieren, die deine Kernkompetenzen oder auch deine Entwicklungsfelder widerspiegeln.
- Schreib einen Post, auch wenn du ihn nicht veröffentlichst. Übung macht den Meister. Storytelling kann man lernen.

- Vernetz dich proaktiv mit Menschen. Dabei muss auch nicht immer ein Text mit in die Einladung. Hierzu gibt es verschiedene Meinungen, aber ich denke, dass man sich auch noch im Anschluss kennen lernen kann.
- Wenn dir lange Texte leichter fallen, dann schreib einen Blog und nutze Auszüge daraus.

Mit der Zeit und mit zwei bis drei Posts im Monat wird sich dein virtuelles Netzwerk vergrößern, du wirst gefunden, und Menschen werden mit deinen Gedanken und deinem Wissen interagieren. Die Begegnungen mit Substanz lassen sich, wie bei Marius und mir, dann auch in die physische Welt übertagen. So wirst du ein berufliches und privates Netzwerk und vielleicht auch neue Freundschaften aufbauen.

Später kannst du dein eigenes Netzwerk teilen und Menschen miteinander verknüpfen, um anschließend zu sehen, was für tolle neue Ideen entstehen. Das fühlt sich sehr gut an. Außerdem kannst du so Menschen unterstützen, die nicht in ein bestehendes Netzwerk hineingeboren wurden. Aus eigener Erfahrung weiß ich, dass es beim Netzwerken schwierig ist, bei null anzufangen.

Da auch soziale Hintergründe mitbestimmen, zu welchen Netzwerken wir Zugang haben, hat Stefanie Mattes die Non-Profit-Organisation »Aufsteiger« gegründet. Sie verknüpft Menschen miteinander, als Mentor:innen und Mentees, um Nachteile auszugleichen und Chancengleichheit zu schaffen[33]. Nicht jede:r muss studieren, um glücklich zu sein. Dennoch bin ich der Überzeugung, dass jede:r die Chance dazu haben sollte. Wenn laut einer Analyse des Stifterverbands nur etwa 27 Prozent der Nichtakademikerkinder, aber dafür 79 Prozent der Akademikerkinder ein Studium beginnen, liegt dies sicher nicht an fehlender Intelligenz[34], sondern vor allem am sozialen Umfeld und dem fehlenden Zugang zu entsprechenden Netzwerken. Netzwerke eröffnen Chancen.

Mit der Zeit hat sich bei mir aus dem Netzwerken eine Art Reverse Mentoring entwickelt – ein unregelmäßiger Austausch mit Menschen zu verschiedenen Themen. Dies hilft mir, meine eigene Einstellung zu reflektieren und festgefahrene Glaubenssätze zu hinterfragen. Vor allem als Working Dad ist das Reverse Mentoring und Netzwerken im

Allgemeinen eine sehr gute Möglichkeit, die eigenen, historisch gewachsenen Regeln über Rollenverteilung innerhalb der Familie zu hinterfragen und nach und nach abzulegen.

Hacks

#1 Hab keine Scheu. Netzwerkplattformen wie LinkedIn und Xing sind dafür erfunden worden, sich einfach zu vernetzen. Fang mit mir an, schick mir eine Kontaktanfrage oder folge mir.

#2 Beginn noch heute damit. Nimm dein Telefon und ruf jemanden an, mit dem/der du lange nicht mehr gesprochen hast. Schreib eine Nachricht oder einen Brief.

#3 Verbinde andere miteinander. Wenn du Menschen kennst, die auf einer Ebene oder mehreren eine Bereicherung für ihr jeweiliges Netzwerk wären, dann stell die beiden einander vor. *Sharing is caring!*

#4 Denke nicht nur an das externe Netzwerk, sondern auch an dein firmeninternes Netzwerk. Hast du schon mal mit Kolleg:innen aus einem anderen Land gesprochen?

#5 Wenn du mal nichts zu sagen hast, dann schreib auch nichts.

KAPITEL 11

Arbeite nicht weniger, sondern anders

»There is nothing quite so useless as doing with great efficiency that should not be done at all.«
Peter Drucker

Im August 2021 war ich beim Open House des Magazins *Harvard Business Manager* als Talkgast geladen, um Fragen zu Leadership, Karriere und Vereinbarkeit zu beantworten. Eine Frage war, wie ich es schaffe, die Karriere im Konzern mit der Rolle als aktiver Vater zu vereinen, und wie viele Stunden pro Woche ich denn arbeiten würde. Das war eine sehr spannende Frage. Nicht selten steht dahinter das Vorurteil: Wer sich mehr Zeit für die Familie nimmt, arbeitet weniger. Als Ingenieur fällt mir dazu immer die Formel für Leistung ein:

Leistung = Arbeit/Zeit

Die Leistung ist der Quotient aus der verrichteten Arbeit und der dafür benötigten Zeit. Je größer die Zeit ist, in der eine bestimmte Arbeit verrichtet wird, desto geringer ist die Leistung. Auch ohne eine komplizierte Rechnung aufzustellen, lässt sich diese Aussage auf die eigene Arbeit übertragen. Dabei geht es mir jedoch weniger um die Schnelligkeit, sondern vielmehr darum, wie ich mir eine Umgebung schaffe, in der ich effizient arbeiten kann. Ein Trugschluss beim Thema Vereinbarkeit ist für mich daher der Glaube, man müsse weniger »leisten« beziehungsweise weniger arbeiten, um auch für die Familie da zu sein.

Es kommt nicht oft vor, aber auch ich musste schon mal am Wochenende oder bis tief in die Nacht arbeiten, um einen Businessplan fertigzustellen oder eine Due-Dilingence-Checkliste abzuarbeiten. Allerdings sind das heute seltene Ausnahmen, die vorkommen, wenn ich tagsüber mehr Zeit mit den Kindern verbringen wollte. Die Tage, an denen ich am Wochenende arbeite, kann ich über das Jahr an einer Hand abzählen. Schon allein deshalb, weil mich die Erholung am Wochenende – sei es Zeit mit der Familie oder auch Me-Time – unter der Woche klarer und vor allem leistungsfähiger macht. Wenn es doch mal vorkommt, dann ist es auch bei mir so, dass ich meine Arbeit nach einer solch extremen Belastung für außerordentlich gelungen halte. Ein Geschäftsmodell, das unter solchen Anstrengungen ausgearbeitet wurde, muss verdammt gut sein. Eine Vertriebsstrategie, die mich Wochen, Monate und unzählige Stunden am Wochenende und nachts gekostet hat, muss erfolgreich sein. Ist doch klar, oder?

Heute weiß ich, dass ich damit dem Effort Justification Effect[35] zum Opfer gefallen bin. Dieser Spezialfall der kognitiven Dissonanz kann mit Aufwandsbegründung oder Rechtfertigung von Bemühungen übersetzt werden. Je härter wir an etwas arbeiten, je mehr Schweiß, Tränen, Überwindung und kostbare Zeit uns eine Aufgabe gekostet hat, desto höher schätzen wir deren Wert ein. Ein mühsam restaurierter Oldtimer, ein Puzzle aus Tausenden von Teilen, ein Marathon oder auch ein Businessplan werden uns viel mehr wert sein, wenn es wirklich harte, unangenehme Arbeit bedeutet hat. Genau aus diesem Grund werden wir auch stolz davon erzählen und vielleicht auch eine ähnliche Aufopferungshingabe von anderen erwarten. Eine:n Manager:in, der/die es in weniger als 60 Stunden pro Woche schafft, einen Geschäftsbereich zu transformieren oder auch nur zu leiten, kann es nicht geben. Da wären ja alle Glaubensätze hinfällig. Also suche ich mir am besten die Geschichten über diejenigen heraus, die sich selbst nach einer 90- bis 120-Stunden-Woche auf die Schulter klopfen und ihre Mitarbeiter:innen, wenn sie denn Karriere machen wollen, zu ähnlichen quantitativen Höchstleistungen ermutigen.

Nichtsdestotrotz gibt es einige Stellschrauben, um seinen Arbeitsalltag effizienter zu gestalten. Beim Thema Führung kommen wir dabei um das Thema Mikromanagement nicht herum. Wer glaubt, ohne ihn/sie geht alles im Unternehmen den Bach runter, der/die wird auch immer wieder eine Bestätigung dafür finden. Wenn Manager:innen kein Vertrauen in ihre Mitarbeiter:innen haben, dann wird dies am Ende zu einer sich selbst erfüllenden Prophezeiung. Letztendlich verbringt dann eine gut bezahlte Führungskraft den Tag damit, andere gut bezahlte und gut ausgebildete Menschen zu kontrollieren. Im schlimmsten Fall sind diese durch ebenjene Führungskraft noch ausgewählt und eingestellt worden, um als Spezialist:innen Aufgaben zu erledigen, von denen die Führungskraft selbst keine Ahnung hat. Das ist etwas paradox. Steve Jobs brachte es auf den Punkt: »Es macht keinen Sinn, kluge Köpfe einzustellen und ihnen dann zu sagen, was sie zu tun haben. Wir stellen kluge Köpfe ein, damit sie uns sagen, was wir tun können.«

Einer der größten Killer für effizientes Arbeiten sind Meetings – ganz egal, ob online oder in Präsenz. Wissensarbeiter:innen verbringen einen Großteil ihrer Arbeitszeit in Meetings. Laut dem Unternehmensberater Haniff Amoui werden mindestens zwei Wochenstunden pro Mitarbeiter:in durch unnütze Meetings vergeudet. Darüber hinaus glauben 37 Prozent, dass nicht notwendige Meetings der größte Kostenpunkt in ihrem Unternehmen sind. Ohnehin gaben 91 Prozent an, in solchen Meetings nur Tagträumen nachzugehen, Telefonanrufe oder Messages zu beantworten, nicht aktiv zuzuhören, sich gegenseitig zu unterbrechen, zu spät zu kommen oder auch früher wieder zu gehen. Der Schaden, der daraus für das Unternehmen, aber auch für jede:n Einzelne:n entsteht, ist immens:

- Es bleibt nicht mehr genügend Zeit, um die eigentlichen Aufgaben zu erfüllen.
- Unklare Aufgaben nach sinnlosen Meetings verursachen Verwirrung und lenken vom Fokus auf wichtige Projekte ab.
- Zu große Teilnehmergruppen verlangsamen die Prozesse.
- Am Ende werden dadurch auch Kund:innen, Lieferant:innen und andere Stakeholder negativ beeinflusst.

Auch wenn man keine Führungskraft ist, sollte man sich dieser Fakten bewusst sein, weil sie einen nicht nur von der eigentlichen Arbeit abhalten, sondern auch von der Zeit mit der Familie zu Hause. Unumstößliche Must-have-Kriterien für Meetings sind folgende:

- Das Meeting hat eine klare Agenda, die am besten schon vorab kommuniziert wurde.
- Das Meeting hat ein verständliches Ziel (Output).
- Es werden die richtigen Personen eingeladen. Das sind diejenigen, die entweder etwas beizutragen haben oder die betroffen sind.

Trau dich, ein Meeting auch einfach mal abzulehnen, wenn du zu keiner der Personengruppen gehörst.

- Präsentationen sollten auch optisch ansprechend sein. Wenn schon PowerPoint, dann gebt euch Mühe.

Natürlich gibt es viele Meetings, die unvermeidlich oder auch fremdgesteuert sind, dennoch kann man seinem/r Chef:in doch mal vorschlagen, den Status quo zu hinterfragen. Aber auch für unvermeidliche Meetings gib es Lösungen – nämlich Timeboxing und Clustern.

Timeboxing: Das bedeutet zum einen, Meetings nur für jeweils 20 Minuten oder 50 Minuten anzusetzen, um Zeit für den Wechsel von einem Meeting zum nächsten übrig zu lassen oder einfach nur, um eine Pause einzubauen. Außerdem bedeutet es, pünktlich anzufangen und pünktlich aufzuhören. Man glaubt gar nicht, wie schnell manche Themen besprochen sind, wenn man weiß: Das Meeting ist auf den Punkt zu Ende oder wird beendet. Wichtig dabei ist jedoch das konsequente Einhalten dieser Regeln. Im Idealfall verständigt man sich im Team untereinander auf eine bestimmte Vorgehensweise.

Clustern: Ein Meeting steht immer dann im Kalender, wenn man es gerade nicht brauchen kann. Man ist mitten in eine Aufgabe vertieft, und es kommt die Erinnerung: In 15 Minuten geht's los. Die Meldung allein bringt einen schon aus dem Konzept, und in der verbleibenden Zeit wieder reinzukommen, ist nahezu sinnlos. Das eine Meeting ist zu Ende, und wenn es mal nicht nahtlos mit der nächsten Besprechung weitergeht, braucht man viel zu lange, um sich wieder ins eigentliche Thema seiner Aufgabe einzufinden. Dieses Phänomen wird als »The Cost of Context Switching«[36] bezeichnet und beschreibt den Zeitverlust, den wir durch das Hin- und Herspringen zwischen Aufgaben beziehungsweise Aufgaben und Meetings erleiden.

Es hilft, alle Meetings auf ein oder zwei Tage zu legen, um an anderen Tagen der Woche möglichst viel Zeit ohne ständige Unterbrechungen für die Aufgaben zu haben. Am Ende der Woche hast du dann mehr Leistung erbracht, weil du für die gleiche Arbeit weniger Zeit gebraucht hast. Dadurch brauchtest du weniger Überstunden machen und hattest mehr Zeit mit der Familie. Es lohnt sich also, »The Cost of Context Switching« zu reduzieren. Das funktioniert auch, wenn man ähnliche Aufgaben bündelt und beispielsweise mehrere Telefonate hintereinander erledigt oder mehrere E-Mails am Stück beantwortet.

Hacks

#1 Übernimm nicht jede Aufgabe. Effektivität ist noch wichtiger als Effizienz. Denk an das Zitat von Peter Drucker zu Beginn des Kapitels und sag auch mal Nein.

#2 Arbeite, wenn du am produktivsten bist. Jeder Mensch hat bestimmte Tages- oder auch Nachtzeiten, in denen sich die komplexesten Themen wie von allein abarbeiten. Finde heraus, wann du kreativ oder produktiv bist und wann die beste Zeit für monotone Aufgaben ist.

#3 Mach Pausen. Du brauchst Pausen zum Schlafen, zum Meditieren oder auch für Sport. Die Pausen machen dich effizienter und helfen dir dabei, die Zeit im Job besser zu nutzen.

KAPITEL 12
Fixed Mindset versus Growth Mindset

»Wir sehen Dinge nicht, wie sie sind.
Wir sehen sie, wie wir sind.«
Anaïs Nin

Montagmorgen, 4.15 Uhr aufstehen, fertig machen, den 2er Golf ausparken und zur Arbeit fahren, rein in den Blaumann und noch pünktlich stempeln. Das Ende meiner Ausbildung lag bereits ein paar Wochen zurück, und ich war im Berufsleben angekommen. Nun bestimmten zwei Schichten mein Leben: die Frühschicht ab 5.15 Uhr und die Spätschicht ab 13.45 Uhr bis 22.15 Uhr. Ich hatte damals wirklich Glück, auch in der Abteilung genommen worden zu sein, in der ich mich intern nach der Ausbildung zum Zerspanungsmechaniker beworben hatte. Die Arbeit gefiel mir gut, und die Menschen um mich herum machten die Arbeitszeiten erträglicher. Damals war es völlig normal, nach der Ausbildung den gleichen Job in der gleichen Firma bis zum Ende seines Berufslebens auszuüben. Dies war in den sozialen Kreisen, in denen ich mich bewegte, ein völlig normaler, akzeptierter und angesehener Karriereweg. Eine für mich gefühlt sehr lange Zeit war ich uneingeschränkt zufrieden mit dem, was ich tat. Aber die Schichtarbeit machte mir zunehmend Probleme. Es gab Nächte, in denen ich nicht mehr als eine Stunde geschlafen hatte, bevor ich zur Arbeit musste. Heute weiß ich, dass es sich jede Woche wie ein Interkontinentalflug angefühlt hatte, von der Spät- in die Frühschichtwoche zu wechseln.

Irgendwann war mir der Schichtarbeits-Jetlag dann doch zu viel, und ich suchte nach Möglichkeiten, mich weiterzuentwickeln. Meinen sicheren Job aufzugeben, war damals keine Option, eine Weiterbildung am Wochenende war daher die einzig mögliche Chance. Ich war Anfang 20, hatte noch keine Kinder und musste niemanden pflegen, es war also keine Frage der verfügbaren Zeit. Meine nicht allzu erfolgreiche Realschulzeit und der Berufsberater, der meinte: »Mit diesen Noten wird es schwer«, hatten mich nicht unbedingt darin gestärkt, eine akademische Karriere anzustreben, aber die Technikerausbildung erschien mir machbar.

Geschenkt gab es nichts. Technische Mechanik, Konstruktionslehre, Business-Englisch, vieles forderte mich neben der Schichtarbeit an den Wochenenden wirklich heraus. Es fiel mir nicht leicht, nach einigen Jahren in der Fabrik wieder ins Lernen zu kommen. Wie sollte das auch klappen, ich war ja schon bei der mittleren Reife an meine Grenzen gestoßen. Nach der siebten Klasse war ich vom Gymnasium auf die Realschule gewechselt, weil meine Noten nicht gut waren und man mich nicht hätte wiederholen lassen wollen. Das hat mich vor dem Scheitern bewahrt, aber meinen Ehrgeiz, etwas aus mir zu machen, nicht befeuert. Von zu Hause gab es keinen Druck. Ich war über 18 und hatte einen Beruf gelernt – alles, was sich meine Eltern für mich gewünscht hatten und worauf sie auch wirklich geachtet hatten, war erreicht.

Nach den ersten paar verpassten Unterrichtseinheiten und sogar noch vor der ersten Prüfung schmiss ich die Weiterbildung nach knapp sechs Monaten hin. Von meinen Kolleg:innen hörte ich Sätze wie: »Du hättest hier im Unternehmen sowieso keine Stelle bekommen, du hast kein Vitamin B« und »Das hab ich mir schon gedacht, als du angefangen hast.« Ich fühlte mich wie ein Versager. Ich war wohl einfach nicht dazu gemacht, mehr aus mir zu machen, davon war ich nun überzeugt. Dieses Fixed Mindset war zu dieser Zeit fest in meinem Kopf verankert.

Vier Jahre Schichtarbeit später fing ich die gleiche Ausbildung zum Maschinenbautechniker nochmal an. Ich schloss sie nicht nur in der Regelstudienzeit ab, sondern verkürzte sie sogar um ein Jahr. Gleich im Anschluss studierte ich mit Ende 20 Wirtschaftsingenieurwesen und wurde von einem unabhängigen Gremium ins Hochbegabtenprogramm »WiWi Talents« aufgenommen. Es fasst die Top 25 High Potentials im deutschsprachigem DACH-Raum in einem »Talent Book« zusammen, das anschließend exklusiv an 500 Entscheider:innen in Unternehmen versendet wird. Die Voraussetzungen für die Aufnahme in das Programm waren, neben herausragenden Leistungen innerhalb des Studiums, auch eine zielorientierte Karriereplanung, Praxis- und Auslandserfahrungen sowie soziales und gesellschaftliches Engagement. Kurz darauf folgte ein berufsbergleitender MBA an einer Eliteuni, den ich als einer der besten 10 Prozent der Fakultät abschloss[37]. Im Magazin *Harvard Business Manager* durfte ich 2021 darüber sprechen, wie ich mit dem »Geht nicht« meines Umfelds damals umgegangen bin[38].

Aber was war es dann, was sich in den vier Jahren verändert hatte? Was hatte mir dabei geholfen, auf einmal doch erfolgreich zu sein? Was hatte mich motiviert, wieder zu starten und vor allem dranzubleiben? Ich habe viel darüber nachgedacht und nach *dem* Geheimnis gesucht, nach der einen Zutat, die den Unterschied gemacht hat. Natürlich würde der eine Moment, der alles verändert hat, perfekt in dieses Buch passen. Mit mehr als einem Jahrzehnt Abstand weiß ich heute, dass es diesen Moment so nicht gab. Es waren kleine Veränderungen, die mich, mein Mindset beeinflusst haben.

Warte nicht auf den magischen Moment, der dein ganzes Leben zum Guten wendet. Die für dich einzig mögliche Veränderung kann nur in dir selbst stattfinden, und das auch nur, wenn du dein Denken und deine Einstellung über einen längeren Zeitraum hinweg veränderst (siehe Abbildung 6). Festgefahrene Überzeugungen oder Meinungen anderer über deine Fähigkeiten haben sich vielleicht bereits manifestiert und halten dich davon ab, deine Ziele zu erreichen, ganz egal, ob es um die Vereinbarkeit von Beruf und Familie geht oder deine persönliche Entwicklung. Was ist dieses Fixed Mindset, und wie kommst du zum Growth Mindset?

Du hast ein Fixed Mindset, wenn

... du glaubst, Talent und Intelligenz sind ausschließlich naturgegeben und deshalb sind Lernen und Trainieren sinnlos.

... du Veränderungen und Herausforderungen meidest, weil du zu viel Angst davor hast zu scheitern.

... du schnell aufgibst, weil du kurzfristige Rückschläge als dauerhaftes Scheitern verstehst.

... du den Erfolg anderer dem Glück oder anderen nicht beeinflussbaren Faktoren zuschreibst und ihn als Bedrohung für dich selbst wahrnimmst. Für dich hingegen hakst du alles als unerreichbar ab.

... du immer nur Hürden und Bedenken erkennst, sodass es besser ist, es von vornherein sein zu lassen.

Du hast ein Growth Mindset, wenn

... du glaubst, dass neue Fähigkeiten etwas sind, was man trainieren und über die Zeit entwickeln und verbessern kann.

... du Veränderungen und Herausforderungen als Gelegenheiten siehst, etwas zu bewegen, als Chancen, an denen du wachsen und etwas lernen kannst.

... du Rückschläge als einmalige, völlig normale Ereignisse siehst, die dir helfen, es beim nächsten Mal besser zu machen.

... du den Erfolg anderer als Inspiration und Motivationsquelle verstehst und dich für diese Menschen freust.

... du Feedback als Quelle unschätzbaren Wissens annimmst, auch wenn dir damit im ersten Moment nicht geholfen ist. Später kannst du dich immer noch entscheiden, was du mit diesem neu gewonnenen Wissen machen möchtest.

Je nachdem, ob wir jeden Tag unsere negativen oder unsere positiven Erwartungen bestätigen und verfestigen, wird sich unsere Einstellung entweder in die eine oder in die andere Richtung verändern. Das Zitat »Wer will, findet Wege, wer nicht will, der findet Gründe« von Willy Meurer beschreibt diese Tatsache sehr gut. Ob im Internet, bei Freund:innen, Kolleg:innen, wir werden uns immer genau die Aussagen und Botschaften aussuchen und aus dem Kontext ziehen, die uns in unserer Einstellung bestätigen.

Der Psychologe Peter Wason entwickelte hierzu in der 1960ern die Theorie des »Confirmation Bias« – oder auch Bestätigungsfehler genannt[39]. Er geht davon aus, dass wir grundsätzlich Informationen anders deuten, verstehen oder gewichten, je besser sie in unser eigenes Weltbild passen. Dieses von der Psychologie im Bereich der Wahrnehmungsfehler eingeordnete Verhalten hat sicherlich jede:r von uns schon einmal beobachtet. Ganz gravierend zeigt sich der Confirmation Bias, wenn es um das Thema Internet und Social Media geht. Der Algorithmus hilft uns sogar noch, möglichst lange in unserer Informations-Bubble zu verharren, und zeigt uns mit Vorliebe genau die Inhalte, nach denen wir häufig suchen. Wir werden also in unserer Annahme, dass der Elfmeter beim Spiel unseres Lieblingsvereins falsch vergeben wurde, immer wieder bestätigt. Aber auch wenn es darum geht, wie Kindererziehung funktionieren sollte, wie ein toller Vater sein sollte, wie wir uns ernähren sollten – wir werden immer wieder auf die Bestätigungen treffen, die wir suchen.

Wenn wir uns dieser Tatsache bewusst werden, können wir in kleinen Schritten beginnen, unsere Einstellung und unsere Gewohnheiten zu verändern. Bei mir selbst waren es vor allem diese drei Punkte, die mir dabei geholfen haben:

- **Füttere deinen Kopf mit Literatur und positiven Gedanken.** Natürlich ist seichte Unterhaltung auch mal ganz schön, ein Thriller oder Science-Fiction-Buch kann einen fesseln und begeistern. Mir hat es jedoch wirklich geholfen, Bücher zu lesen, die sich mit dem Überwinden von Grenzen und positiver Psychologie beschäftigen. Nach jeder gelesenen Seite fällt es zunehmend schwerer, das buchstäbliche Haar in der Suppe zu finden.
- **Umgib dich mit positiven Menschen.** Ich hatte das Glück, meine heutige Frau kennen zu lernen, die ein unbeschreiblich positiver Mensch und eine hoffnungslose Optimistin ist. Aber ich habe auch tolle Freund:innen, Kolleg:innen und Familienmitglieder. Umgib dich mit Menschen, die dich unterstützen und dir guttun, und nicht nur mit Bedenkenträger:innen und Jasager:innen.
- **Es ist Arbeit, viel Arbeit.** Das hört sich alles nicht einfach an und ist es auch nicht. Wenn der Fahrstuhl kaputt ist und du die Treppe nehmen musst und dein Gehirn dir immer noch sagt: »Was für ein grauenhafter Tag« anstatt »Toll, ich kann etwas für meine Gesundheit tun«, dann musst du weiterhin versuchen, mehr Optimismus in dein Leben zu bringen. Mir gelingt das als Vater und Führungskraft auch nach Jahren nicht an jedem, aber an immer mehr Tagen.

Wenn du das ab heute Tag für Tag, Woche für Woche tust, wird sich ganz allmählich etwas in dir verändern. Du wirst eine immer positivere Einstellung bekommen. Dieses Growth Mindset wird automatisch dein Verhalten verändern, wodurch sich wiederum dein Leben verbessern wird.

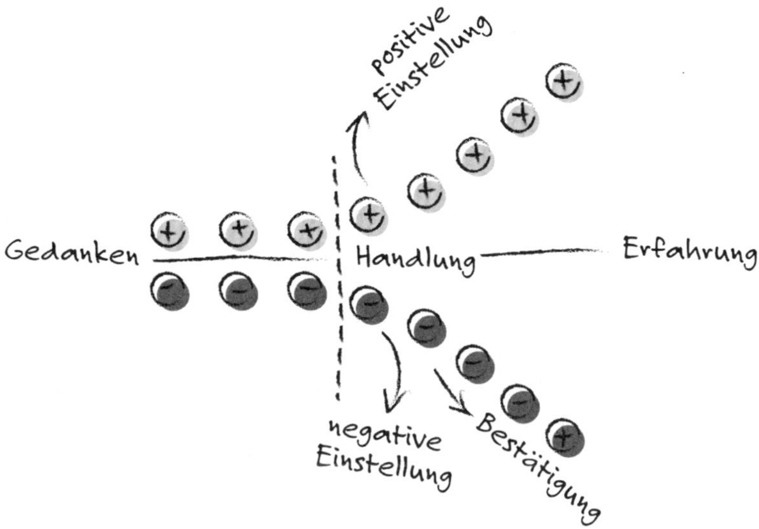

Abbildung 6: Veränderung deiner Einstellung

Hacks

#1 Umgib dich mit positiven Menschen, die dich ermutigen, dir aber auch ehrliches Feedback geben.

#2 Lies Bücher über positives Denken und tausch dich darüber mit anderen aus. Wenn du gar nicht weiterkommst, dann scheue dich nicht, dir professionelle Hilfe zu suchen.

#3 Mach kleine Schritte. Nichts wird sich von heute auf morgen ändern. Mach jeden Tag einen Schritt, auch wenn es mal einen Rückschritt geben sollte.

#4 Geh davon aus, dass du falschliegen könntest. Lass dich nicht vom Confirmation Bias austricksen. Nutze ihn zu deinem Vorteil, indem du deine Ansichten und Meinungen hinterfragst.

KAPITEL 13

In kleineren Schritten zum Ziel kommen

»Wer sein Ziel nicht weiß, kann den Weg nicht haben,
wird im selben Kreis all sein Leben traben.«
Christian Morgenstern

Für die Welt drehte sich gerade alles um die Berliner Mauer, als ich mit sieben Jahren in die Schule kam. Damit war ich einer der älteren Schüler. Viele meiner Mitschüler:innen wurden schon mit sechs Jahren eingeschult. Im Laufe meiner Schulzeit rückte mein Alter etwas aus dem Fokus, da hier und da auch Schüler:innen aus höheren Klassen ein Schuljahr wiederholen durften und ich somit nicht mehr als einer der Erfahrenen galt. Nach der Ausbildung startete meine berufliche Zukunft direkt mit der Schichtarbeit. Alles war neu und interessant. Tolle Kolleg:innen und ein gutes Gehalt haben mich erst einmal nicht an weitere Schritte denken lassen. Im Rahmen meiner Möglichkeiten versuchte ich aber immer wieder, mehr Verantwortung zu übernehmen, mich auch für schwierigere Programmieraufgaben und neue Maschinentypen zu qualifizieren. »Du bist noch zu jung, Gaida«, hörte ich dann meist von meinem Vorgesetzten. Aber mir fehlte die Herausforderung bei meiner sehr monotonen Tätigkeit. Irgendwann mit dem nachgeholten Abitur in der Tasche verkündete ich stolz, dass ich studieren werde. »Was, jetzt noch? Du bist doch schon zu alt, um nochmal Vollzeit an die Uni zu gehen«, meinten die meisten meiner Kolleg:innen.

Nach Jahren der Schichtarbeit war ich wirklich bereit für dieses neue Kapitel in meiner Karriere. Der Studiengang im Wirtschaftsingenieurwesen war nicht sehr groß, und so blieb in den ersten Tagen Zeit für die ein oder andere Vorstellungsrunde. Ich war gerade erst 28 Jahre alt geworden und war mit teilweise bis zu zehn Jahren Abstand der Älteste im Kurs. Ich war fast genauso alt wie mein Professor, was sein Wissen in Mathematik und Physik anging, war mir Gerrit jedoch Jahrzehnte voraus. Ich fühlte mich dennoch jung, viele meiner Kommiliton:innen fanden hingegen, dass ich schon ganz schön alt sei.

Noch während der letzten Phase des Studiums hatte ich meinen ersten Job und viele Geschäftsreisen später meine erste Position mit voller Profit-&-Loss-Verantwortung. Ich mag es heute immer noch nicht, wenn jemand in meinem Beisein sagt: »Das ist mein Chef«, weil ich ja dennoch mit allen zusammen im Team arbeite und die meisten 20 Jahre länger dabei sind als ich. Aber ich wurde zu Beginn häufiger darauf angesprochen, dass es ja schon sehr ungewöhnlich sei, in meinem Alter eine solche Verantwortung zu tragen. Ich war also wieder zu jung.

Was ich damit sagen will: In den Augen der anderen bist du immer zu alt oder zu jung, zu dumm oder zu klug, zu hübsch oder zu hässlich für alles Mögliche. Die Kunst ist, einen Schritt nach dem anderen zu machen und sich nicht von anderen beirren zu lassen. Es ist ein Unterschied, ob du von anderen lernst oder dich auf deinem Lebensweg beeinflussen lässt.

Zeit ist relativ, wir empfinden sie immer wieder ganz unterschiedlich. Wenn du Kinder hast, ist gefühlt keine Zeit mehr da – zumindest keine, die du übrighast –, um immer wieder in die falsche Richtung zu sprinten. Es geht nicht darum, schnell zu sein, sondern vielmehr darum, stetig in die für dich richtige Richtung zu gehen. An mir selbst merkte ich, dass ich Geduld brauchte, als ich meine Richtung endlich gefunden hatte. Dorie Clark nannte dies in ihrem Artikel für den *Harvard Business Manager* die »strategische Geduld«[40]. Sie geht davon aus, dass Berufstätige sich nicht genug Zeit nehmen, um erfolgreich zu sein. Ein schneller Wechsel, eine andere Position, eine andere Branche – das kann manchmal eine Karriere erst richtig beleben, manchmal aber auch ein ungeduldiger Sprint in die entgegensetzte Richtung sein.

Aber wie viel Zeit ist für die Entwicklung der eigenen Karriere nötig? Mir hat es geholfen, nur die Richtung zu bestimmen und nicht jeden Schritt zu planen. Im Leben mit Familie wird sonst jede kleine Planänderung zu einem Hindernis auf dem Karriereweg. Meist ist es ohnehin nur der erste Schritt, der den Unterschied ausmacht, wie Marius Kursawe in seinem Buch *Berge versetzen für Anfänger* mit vielen Beispielen belegt[41]. Also, mach den ersten Schritt, lauf los und halte die Richtung.

Tool

KAIZEN-KARRIERE – DIE KRAFT DER KLEINEN SCHRITTE

Der Begriff Kaizen kommt aus dem Japanischen und setzt sich zusammen aus den Teilen *kai* = Veränderung, Wandel und *zen* = zum Besseren. Er bedeutet so viel wie »Veränderung zum Besseren«. Die von Masaaki Imai erdachte und von Toyota angewandte Strategie kann als etablierte Methode oder auch als generelle Geisteshaltung verstanden und auf andere Bereiche übertragen werden. Mir fiel die Analogie zur Karriere als Vater auf, als ich in Nagoya, dem Standort des Toyota Headquarters, spazieren ging. Sie hat mir geholfen, langfristig zu denken und die unterbewussten Mikroentscheidungen höher zu priorisieren als die ganz großen Karriereentscheidungen in meinem Leben.

Das nächste Projekt, der nächste Pitch, der Auftrag, die nächste Investitionsrunde sind kleine Milestones, die zu erreichen sind. Plane nur die Richtung und nicht minutiös die ganze Reise. Versuch das Big Picture im Auge zu behalten. Vice President, Business Unit Head oder CEO, Professor:in oder Direktor:in, stell dir nicht den nächsten Titel vor, sondern frage dich, welche Aufgaben du in deinem übernächsten Job oder dem danach übernehmen möchtest, welche Verantwortung du tragen möchtest, ob du lieber mehr mit Menschen oder mit der Technik zu tun haben willst.

Autosuggestion, also der wiederholte Gedanke daran, dein gestecktes Ziel zu erreichen und ihn somit zu einem Teil deiner unterbewussten Denkprozesse werden zu lassen, hilft dir auf deinem Karriereweg und lässt dich unterbewusst die richtigen Entscheidungen treffen, wenn die Gesamtrichtung für dich klar ist. Sie beeinflusst dein Verhalten bis ins Detail deiner täglichen Aufgaben, und das ganz ohne deine aktiv gesteuerte Planung.

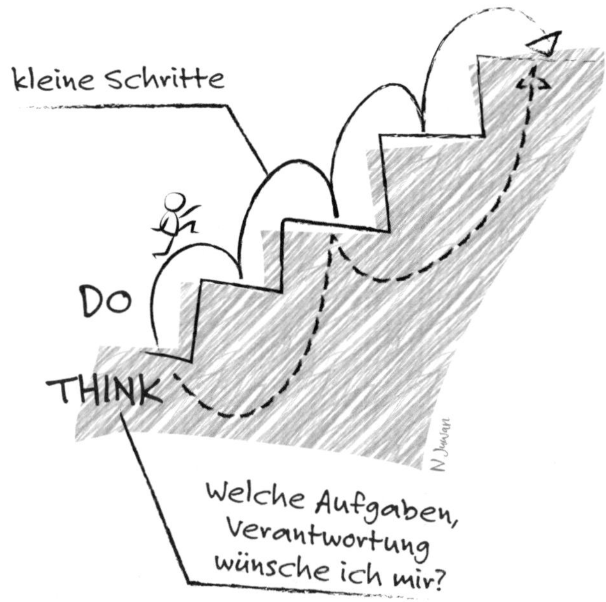

Abbildung 7: Kaizen-Karriere

Hacks

#1 Hab strategische Geduld. Natürlich solltest du bemerken, wenn du auf dem falschen Weg bist. Du solltest aber nicht ungeduldig sein und zu früh aufgeben, wenn die Richtung stimmt.

#2 Recherchiere. Was haben Menschen, die genau die Aufgabe haben, die du dir für deine übernächste Stelle wünschst, auf ihrem Weg gemacht? Wie lange haben sie gewartet?

#3 Lerne aus den Fehlern anderer. Der US-amerikanische Schauspieler und Entertainer Groucho Marx meinte, dass wir ohnehin nicht lange genug leben, um alle Fehler selbst zu machen.

KAPITEL 14

Planung ist alles – vergiss die Planung

»Any kind of job is going to have a digital component.
It doesn't mean everyone's got to be a computer scientist.«
Satya Nadella, CEO Microsoft

Vieles von dem, was ich während meiner Ausbildung gelernt habe, übernehmen heute bereits Algorithmen. Eine Maschine zu programmieren und einen Roboter zu teachen, sind Aufgaben, die immer einfacher werden. Die Zukunft der Arbeit ist getrieben vom technologischen Wandel unserer digitalen Zeit.

In den Generationen vor uns war es noch normal, den ursprünglich erlernten Beruf bei ein und derselben Firma ein ganzes Leben lang auszuüben. Mein Vater arbeitete 28 Jahre lang als Schichtarbeiter in der Produktion, und ich kann mich nicht daran erinnern, dass er von einschneidenden Veränderungen in seinem Berufsalltag oder seiner Tätigkeit berichtet hätte. Die Geschwindigkeit in den 1980ern, 1990ern und davor war gefühlt eine andere. Natürlich gab es auch damals schon disruptive neue Technologien und Geschäftsmodelle – die Schreibmaschine verschwand und der Computer übernahm, das Mobiltelefon und Snake betraten ebenfalls die Bühne. Zu dieser Zeit standen aber nicht so viele Jobs auf dem Prüfstand wie heute mitten in der vierten industriellen Revolution.

Arbeitsplätze und Branchen sind nicht mehr so sicher vor Veränderungen wie noch vor einigen Jahren. Jede:r kennt die bekanntesten Beispiele: Hotels und deren Konkurrenz durch Privatpersonen mithilfe der Plattform Airbnb, die kein einziges Hotelzimmer besitzt, Taxiunternehmen und selbstständige Uber-Fahrer:innen, der schwindende Einzelhandel und der omnipräsente Online-Marktplatz Amazon. Die heutige Form der Digitalisierung beschleunigt die Disruption durch die intelligente Nutzung von Daten um ein Vielfaches. In meiner Weiterbildung an der MIT Sloan School of Management habe ich die verschiedenen Aspekte und zukünftigen Einsatzgebiete von künstlicher Intelligenz kennen gelernt. Machine Learning, Natural Language Processing, Robotik und künstliche neurale Netzwerke werden unsere zukünftige Karriereplanung stark beeinflussen.

In seinem Bestseller *21 Lektionen für das 21. Jahrhundert* beschreibt der israelische Historiker Yuval Noah Harari, welche Veränderungen uns in den kommenden Jahrzehnten bevorstehen könnten. In seinem Buch malt er eine eher düstere Zukunft und prophezeit, dass »keiner der verbliebenen menschlichen Arbeitsplätze jemals vor künftiger Automatisierung sicher sein wird« und viele Menschen nicht unter Ausbeutung, sondern unter Bedeutungslosigkeit leiden werden.

Als jemand, der im Bereich Automatisierung arbeitet, sehe ich die Zukunft nicht ganz so düster. Was ich allerdings glaube, ist, dass du deine Karriere nicht mehr auf 15 Jahre, ja vielleicht nicht einmal mehr auf fünf Jahre planen kannst. Jobs werden sich ständig ändern, lebenslanges Lernen wird dich auf deinem Weg in den Ruhestand begleiten, und das nicht unbedingt nur, um Karriere zu machen, sondern um einfach nur am Ball zu bleiben. Berufe verschwinden, und es werden sich neue entwickeln. Begreif das als Chance, um das zu finden, was du wirklich gerne tust, und klammere dich nicht zu sehr an den Ist-Zustand oder an deine fixe Planung. Permanente Existenzangst ist unangebracht, aber Veränderung und die damit verbundene Anpassungsfähigkeit als etwas Permanentes zu akzeptieren, wird zum Masterskill für Working Dads der Zukunft.

TOP 15 SKILLS FOR 2025[42]

1. Analytisches Denken und Innovation
2. Aktives Lernen und Lernstrategien
3. Lösen von komplexen Problemen
4. Kritisches Denken und Analyse
5. Kreativität, Originalität und Initiative
6. Führungsqualitäten und sozialer Einfluss
7. Technologieeinsatz, Überwachung und Kontrolle
8. Gestaltung und Programmierung von Technologien

9. Belastbarkeit, Stresstoleranz und Flexibilität
10. Logisches Denken, Problemlösung und Ideenfindung
11. Emotionale Intelligenz
12. Fehlersuche und Benutzer:innenerfahrung
13. Dienstleistungsorientierung
14. Systemanalyse und -bewertung
15. Überzeugungskraft und Verhandlungsgeschick

Hacks

#1 Definiere dich nicht über deinen Job, sondern sieh dich als Mensch. Der Job kann und wird sich vermutlich noch öfter in deiner Karriere ändern.

#2 Versteife dich nicht auf einen fixen Plan. Nicht nur dein Job wird sich ändern, das Leben mit Kindern birgt ebenfalls genug überraschende Veränderungen.

#3 Hab keine Angst vor Veränderung. Nutze sie als Chance, und begreife sie als etwas Permanentes, nicht als ein kurzfristiges Ereignis.

TEIL 3

ELTERNZEIT

Im November 2017 kamen unsere Zwillinge zur Welt, und ich hatte erst im Juni desselben Jahres meine neue Stelle als Leiter des europäischen Vertriebs- und Engineering-Bereichs eines globalen Unternehmens übernommen. Wie in vielen Firmen war es keineswegs an der Tagesordnung, dass Führungskräfte in Elternzeit gehen, und ich hatte deswegen während der Schwangerschaft ein flaues Gefühl im Magen. Mir war klar, dass ich in Elternzeit gehen wollte, um meine Frau zu entlasten und um für meine Kinder da zu sein. Gleichzeitig hatte ich Existenzängste, schließlich waren wir gerade erst aus 500 Kilometer Entfernung hierhergezogen und hatten alles auf eine Karte gesetzt. Natürlich war das eine gemeinsame, gleichberechtigt getroffene Entscheidung, aber dennoch hatte ich das Gefühl, ganz allein für unsere Familie sorgen zu müssen, während meine Partnerin in Mutterschutz war. Der Financial Load lag bei mir. Die Angst, meinen Job und meine erarbeitete Reputation im Unternehmen auf Spiel zu setzen und somit den Lebensunterhalt meiner Familie zu riskieren, war sehr groß.

Nach vielen schlaflosen Nächten, in denen ich ohnehin schon mit den Gedanken an die kurz bevorstehende Geburt beschäftigt war, entschied ich mich, genau das zu tun, was ich auch von vielen Freunden und Bekannten ähnlich überliefert bekommen habe. Ich nahm mir direkt nach der Geburt frei, und zwar zwei Wochen. Im Anschluss kam uns meine Schwiegermutter für zwei Wochen besuchen – zum Glück, denn ich musste direkt im Anschluss nach Tokyo fliegen. Das fühlte sich nicht richtig an. Anschließend hatte ich zwar nochmal vier Wochen Urlaub zum Jahreswechsel genommen, mich aber nicht getraut, in der Probezeit den Antrag für die Elternzeit einzureichen. Warum nicht? Nicht weil mich mein neuer Arbeitgeber davon abgehalten hätte oder die Signale dafür negativ waren, sondern schlichtweg, weil ich Angst hatte, es könnte alles, was ich mir bis dahin aufgebaut hatte, zerstören. Seit meiner Zeit an der Maschine in Schichtarbeit hatte ich so viel investiert, um im Management zu landen. Das wollte ich jetzt nicht leichtfertig verspielen.

KAPITEL 15
Als Vater in Elternzeit gehen?

»Kinder halten uns nicht von Wichtigerem ab.
Sie sind das Wichtigste.«
C. S. Lewis

Außerhalb der Pro-Dad-Online-Bubble ist die Meinung über Väter in Elternzeit oft alles andere als positiv. Allerdings geben das nur wenige in der Öffentlichkeit zu. Jeder Mann, der sich sechs Monate Urlaub mit seinem neugeborenen Baby nehme, sei »ein Verlierer«, lautete ein Zitat von Palantir-Mitgründer Joe Lonsdale, das in der *Frankfurter Allgemeinen Zeitung* abgedruckt wurde – und das im Jahr 2021[43]. Mit dieser Meinung ist Lonsdale leider nicht allein: 27 Prozent der Väter gaben im Update des *Väterreports* 2021 an, aufgrund von Vorbehalten gegen Elternzeit und Elterngeld auf die Zeit mit der Familie verzichtet zu haben[44].

Als ich dann allen Mut zusammengenommen und mit dem Management über meine Elternzeitpläne gesprochen hatte, war das Feedback alles andere als negativ. Sicherlich hatte ich versucht, schon im ersten Jahr den Bereich so zu verändern, dass Erfolge nicht nur von mir, meiner Kontrolle und dem Mikromanagement abhängen würden, dennoch war ich überrascht, wie positiv mein Wunsch, Zeit mit der Familie zu haben, vom Topmanagement aufgenommen wurde. Heute, vier Jahre später, leite ich den gesamten europäischen Geschäftsbereich mit knapp über 160 Mitarbeiter:innen und einem Millionenumsatz und kann sagen, dass die Elternzeit meiner Karriere auch rückblickend nicht geschadet hat. Allerdings bin ich mir sicher, dass ich es immer bereut hätte, diese Entscheidung für mich und die Familie nicht getroffen zu haben.

Mit der Angst, was mein Wunsch für meine Karriere hätte bedeuten können, bin ich jedoch nicht allein. Die Soziolog:innen Thordis Reimer und Mechthild Oechsle schreiben von Vätern, die Angst haben, als »Beschäftigte mit limitiertem beruflichem Engagement zu gelten«, was eine klare Handlungskrise der Väter bedeutet. Dafür haben die beiden Wissenschaftler:innen 102 Väter mit kleinen Kindern befragt[45].

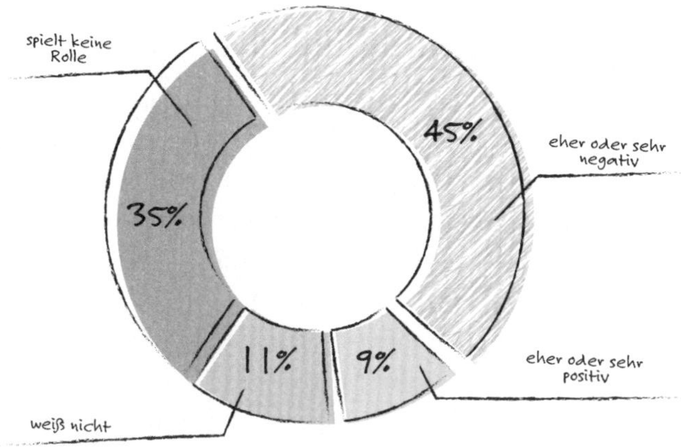

Abbildung 8: Was Väter denken, wie sich Elternzeit auf die Karriere auswirkt[46]

Der Vergleich mit Skandinavien wird hier sehr gerne herangezogen. In Schweden zum Beispiel haben Eltern Anspruch auf 480 Tage Elterngeld. Ein weiterer Grund, warum immer mehr schwedische Väter Elternzeit nehmen, ist vermutlich, dass mindestens 90 Tage von beiden Eltern genommen werden müssen, da sie ansonsten verfallen würden.

Hierzulande würden 55 Prozent der Väter laut einer repräsentativen Studie des Meinungsforschungsinstitutes Allensbach gerne mehr Zeit mit ihren Kindern verbringen und sich die Zeit jeweils zur Hälfte mit dem/r Partner:in aufteilen. Bei den befragten Vätern sei dies jedoch nur zu rund 25 Prozent auch in der Realität der Fall[47]. Wunsch und Wirklichkeit gehen hier sehr weit auseinander. Das liegt sicherlich auch daran, dass gut 92 Prozent der berufstätigen Väter in Vollzeit arbeiten, auch wenn dies nur halb so viele gut finden.

Als ich diese Studien gelesen habe, kam ich mehr und mehr zu dem Schluss, dass wir grundsätzlich alle, Väter wie Mütter, dieselben Wünsche haben und diese auch nur gemeinsam Wirklichkeit werden lassen können. Väter wünschen sich mehr Zeit mit ihren Kindern und mehr berufliche Chancen für Frauen. Mehr finanzielle Sicherheit in Familien durch eine weibliche Karriere, die nicht vom offensichtlichen Gender-Pay-Gap beeinflusst wird, schafft mehr Flexibilität und Existenzsicherung für Väter, die sich zu Hause mehr einbringen möchten. Ein häufig genannter Grund, keine Elternzeit zu nehmen, ist nämlich der gestaffelte Elterngeldsatz. So geben 51 Prozent der Väter, die auf die Elternzeit verzichtet haben, mindestens ein finanzielles Motiv dafür an.

Es gibt viele Gründe, im Job einige Zeit nicht voll da zu sein, und die meisten davon sind nicht sehr schön. Es würde dennoch niemand auf die Idee kommen, dass er seinen Job verliert, wenn er sich beim Fallschirmspringen oder Motorradfahren das Bein bricht oder aus anderen Gründen für ein paar Monate ausfällt. Aber planbare zwei bis drei oder auch sechs Monate, ein Jahr Ausfall- oder Teilzeit sollen das Karriereende bedeuten? Schicksalsschläge erfahren in diesem Fall mehr gesellschaftliche Akzeptanz als einer der schönsten Momente im Leben eines Mannes?

Die Wahrheit ist: Wir Väter werden es nie herausfinden, wenn wir es nicht wagen. Im Grunde genommen haben wir nichts zu verlieren und können dabei nur gewinnen. Wir gewinnen wundervolle Momente mit unseren Kindern, die uns niemand mehr nehmen kann, und erkennen im Zweifelsfall noch rechtzeitig, dass unser Arbeitsplatz nicht der richtige ist, um zur gleichen Zeit ein erfülltes Familienleben zu führen. Wenn wir aus der Elternzeit zurückkehren, wissen wir, ob wir eine:n wertschätzende:n Vorgesetzte:n haben oder ob wir uns besser mittelfristig umorientieren sollten. Der Luxus des Fachkräftemangels gibt uns zumindest hierzulande die Möglichkeit, uns für den/die Arbeitgeber:in zu entscheiden, der/die uns die Vereinbarkeit von Beruf und Familie ermöglicht. Die letztendliche Entscheidung nimmt uns jedoch niemand ab.

Hacks

#1 Es geht nur zusammen. Väter und Mütter wünschen sich häufig das Gleiche, nämlich dass Väter mehr Zeit mit den Kindern verbringen und berufliche gute Chancen für Mütter.

#2 Ermöglicht mein Unternehmen Vereinbarkeit? Besser, du findest es gleich zu Beginn mit dem Elternzeitantrag heraus, als wenn du die Kindheit bereits verpasst hast.

#3 Hab keine Angst. Auf eine offene Stelle kommen derzeit 0,62 Jobsuchende[48]. Arbeitgeber:innen, die Vereinbarkeit fördern, gibt es genug.

KAPITEL 16
Elternzeit-Coming-out

»Wege entstehen dadurch, dass man sie geht.«
Franz Kafka

Wir waren gerade erst nach Nordrhein-Westfalen umgezogen, und es waren noch drei Monate bis zum errechneten Geburtstermin. Der Sommer ging noch weit bis in den September, und es fühlte sich toll an, in der neuen Stadt zu sein, der Job machte Spaß, das Team nahm mich gut auf, und die Aufgabe war genau die Herausforderung, die ich gesucht hatte. Sie bestand darin, die Europa-Division eines Fortune-500-Unternehmens in die digitale Zukunft zu führen und den kulturellen Wandel in der Führung einzuleiten. Gleichzeitig machte ich mir Gedanken, wie die Zukunft mit Zwillingen wohl aussehen würde. Vorher bin ich um die Welt geflogen und hatte noch nebenher meinen MBA gemacht, wir hatten trotzdem ein tolles Beziehungsleben und pflegten unsere Freundschaften. Aber wie würde sich das alles verändern, wenn wir Eltern werden, wenn wir Zwillinge, zwei Jobs und ein Studium jonglieren müssen? Das Gefühl war erdrückend und euphorisierend gleichzeitig. Dennoch war mir auch klar, dass ich für meine Kinder und meine Frau da sein wollte. Aber würde ich dann nicht riskieren, schon in der Probezeit als jemand dazustehen, der im Job nicht alles gibt und nur halbherzig bei der Sache ist?

Ich kann verstehen, wenn sich einige dann aus Angst, alles zu verlieren, wofür sie so hart gearbeitet haben, gegen die Elternzeit entscheiden und im Job am besten gar nicht erst über das Thema Familie sprechen. Auch ich kann mich da nicht ganz rausnehmen. Aber ich habe als Mitarbeiter und Vorgesetzter gelernt, worauf es ankommt, wann der richtige Zeitpunkt ist und wie du dein Elternzeit-»Coming-out« richtig vorbereitest.

Die Recherche

Wenn du nicht schon Jahrzehnte im Unternehmen bist, hast du vermutlich noch kein Gespür dafür, wie familiäre Themen intern gehandhabt werden. Vielleicht arbeitest du auch in einem Unternehmen mit niedrigem Durchschnittsalter, und es gibt einfach noch niemanden, der vor dir Vater wurde oder ist, an dem du dich orientieren könntest. Nehmen wir an, du möchtest Vater werden oder ihr seid gerade in den ersten drei Monaten der Schwangerschaft, in denen viele das nahende Glück noch geheim halten wollen. Das ist sehr gut, denn nun hast du ein paar Monate Zeit, um zu recherchieren und dich schlauzumachen:

- Gibt es im Unternehmen andere, die schon Elternzeit genommen haben, wie hat der/die Chef:in darauf reagiert? Oder bist du der Erste?
- Mütter sind für uns Väter hier ebenfalls eine ausgezeichnete Referenz. Gibt es Mütter im Unternehmen? Wie haben die Vorgesetzten reagiert, als sie die Schwangerschaft bekannt gegeben haben?
- Gibt es andere Väter? Wie wird grundsätzlich mit dem Thema Familie im Unternehmen umgegangen? Wenn keine passenden Beispiele im Unternehmen vorhanden sind, dann schau dir die Branche an, in der deine Company unterwegs ist.
- Eine wichtige Frage ist: Hat der/die Vorgesetzte selbst Kinder, und wie geht er/sie mit dem Thema Vereinbarkeit um? Dabei sei erwähnt, dass ich schon viele Vorgesetzte kennen lernen durfte, denen das Thema Vereinbarkeit von Familie und Beruf am Herzen lag, auch ohne dass sie eigene Kinder hatten.

Die Klärung dieser Fragen wird dir helfen, besser einschätzen zu können, wie deine Vorgesetzten reagieren werden. Zudem bist du auch auf mögliche Fragen vorbereitet.

Ich weiß natürlich sehr gut, dass Vorgesetzte zur Elternzeit nicht Nein sagen dürfen. Aber mir ist auch ein gutes Verhältnis zu meiner Führungskraft wichtig, damit ich morgens gern aufstehe und zur Arbeit gehe.

Der richtige Zeitpunkt

»Wir sind schwanger.« Als ich diese Nachricht bekam, stand ich gerade auf dem Campus der RWTH in Aachen. Es war während meiner MBA-Präsenzphase. Es ist egal, ob diese Nachricht völlig unerwartet kommt oder man eine Schwangerschaft geplant hatte – in diesem Moment bleibt einem einfach die Luft weg, und die Welt scheint kurz stillzustehen. Ich habe keine Ahnung, was wir an diesem Tag in der Runde der anderen Führungskräfte besprochen hatten, ich war mit meinen Gedanken ganz woanders. Auf meiner Fahrt zurück in den Süden schossen mir Tausende Gedanken durch den Kopf. In drei Monaten würde ich in meinem neuen Job starten. Wann sollte ich am besten Elternzeit nehmen, um für meine Familie da zu sein? Würde ich im neuen Job gleich etwas darüber sagen, dass ich bald Vater werde, oder sollte ich es lieber für mich behalten?

An meinem ersten Arbeitstag im Juni 2017 entschied ich mich, bei meiner offiziellen Vorstellung Folgendes zu sagen: *»Mein Name ist Roman Gaida, ich freue mich wirklich darüber, mit euch gemeinsam den Bereich in eine digitale Zukunft zu führen. Mir ist Transparenz, Kommunikation und Klarheit wichtig. Privat bin ich sicherlich bald ebenfalls sehr eingespannt, da im November unsere Zwillinge zur Welt kommen.«* Ganz von allein waren dann gerade in den ersten Wochen neben der eigentlichen Aufgabe der Transformation auch die zwei Jungs Thema im Büro.

Schon bevor du deinen Elternzeitantrag abgibst, kannst du die Weichen stellen, ob du als Familienmensch oder als Karrierist wahrgenommen wirst. Dieses Buch soll dir zumindest Denkanstöße geben, wie du bestenfalls etwas von beidem bist.

Gibt es überhaupt den richtigen Zeitpunkt, um das Thema Elternzeit anzusprechen, oder halte ich mich damit am besten bedeckt bis zu der gesetzlichen Deadline von sieben Wochen vor Antritt? Egal, wie du dich entscheidest, Transparenz und frühzeitige Kommunikation zahlen sich am Ende für beide Seiten aus. Sechs Monate vorher das Gespräch zu suchen, langfristig zu denken und dem/r Chef:in auch Perspektiven aufzeigen, wie du vorhast, deine Arbeit bis dahin zu strukturieren und zu verteilen, geben der Abteilung und dir mehr

Planungssicherheit. Du wirst in den Monaten bis zur Geburt dadurch auch mit einem deutlich besseren Gefühl zur Arbeit gehen.

Egal, wie die Elternzeit im Unternehmen gesehen wird, ich als Vorgesetzter habe lieber ein paar Monate mehr Planungszeit, als sieben Wochen vorher vor vollendeten Tatsachen zu stehen. Ein »Nach mir die Sintflut«-Mindset wird dir weder bei den Kolleg:innen noch bei der Führung große Sympathiepunkte einbringen. Bringe daher am besten schon einen groben Plan oder konkrete Vorschläge für deine wohlverdiente Familiy Time mit zum Gespräch, anstatt nur den Antrag bei der Personalabteilung einzureichen. In der richtigen Firma wird man es dir danken, und deine Elternzeit wird sowohl privat als auch beruflich erfolgreich sein.

Hacks

#1 Das Gespräch: Je früher du das Gespräch suchst, desto besser. Mehr Zeit zum Planen bedeutet, weniger lange ein laues Gefühl im Magen zu haben.

#2 Vorbereitung: Wer könnte deine Aufgaben in dieser Zeit übernehmen, oder wie könnte man sie unter mehreren Personen splitten?

#3 Nicht verschwinden: Natürlich sollst du nicht beruflich am Handy hängen, wenn du eigentlich gerade das Fläschchen gibst – das darfst du im Übrigen auch rein rechtlich nicht. Aber alle zwei Wochen mal ein kurzes Gespräch, um am Ball zu bleiben, hilft dir dabei, später wieder schneller zu starten, und dein Team freut sich sicher über den ein oder anderen Tipp von dir.

Wie sagst du es deinem Team?

»Elternzeit für Väter – Die Zeche zahlen die Kolleg:innen.« So lautete vor einigen Jahren ein Leserbrief in einer Deutschen Ingenieurszeitschrift[49]. Der Leser regte sich in seiner Einsendung darüber auf, wie rücksichtslos es gegenüber dem Unternehmen und den Kolleg:innen sei, Elternzeit zu nehmen und einfach die Arbeit auf die Zurückgebliebenen abzuwälzen, während man selbst »Urlaub« macht. Der Leserbrief wurde in der Rubrik auch beantwortet. Zitat: »Wenn Sie mit jemandem schimpfen wollen, dann vorranging mit dem Gesetzgeber, der viele Väter überhaupt erst auf die Idee gebracht hat, Elternzeit in Anspruch nehmen zu wollen.« Unterschwellig wurde mehr oder weniger in der Antwort eines sehr renommierten Karriereberaters davor gewarnt, dass die Inanspruchnahme der Elternzeit für Väter »... bis zu einem nicht mehr zu kittenden Riss in der Abteilung führen« kann. Noch viel mehr sei der Vorgesetzte betroffen, wenn sich Väter für die Elternzeit entscheiden würden, diese müssten schließlich dieses Loch in ihrer Planung stopfen.

Wenn dies auf den Karriereseiten von großen Verbänden abgedruckt wird, muss sich niemand wundern, warum immer noch zu wenige Väter länger als zwei Monate Elternzeit nehmen. Wenn die werdenden Väter in einem solch toxischen Umfeld überhaupt Elternzeit nehmen, werden sie das sicherlich nicht sechs Monate vorher ankündigen, sondern dann kommt der Antrag vermutlich ganz kurzfristig unter Einhaltung der gesetzlichen Mindestfrist. Und dann wird es natürlich schwer, kurzfristig Projekte zu verteilen. Ein Teufelskreis.

So kannst du es besser machen:

Deine Kolleg:innen weihst du entweder schon vor deinem/deiner Vorgesetzten in deine Elternzeitpläne ein oder mindestens gleichzeitig. Planbarkeit ist nicht nur für Führungskräfte wichtig, sondern auch für deine Teammitglieder – wenn nicht sogar noch wichtiger. In einem Umfeld ohne Vorurteile und einer Abteilung, in der auch andere Väter schon Elternzeit genommen haben, kannst du dir nützliche Tipps holen, wie ihr die Zeit am besten gemeinsam strukturiert und ob eine:r alle deine Aufgaben übernimmt oder ihr deine Projekte und Kund:innen im Team aufteilt. Wenn die Zeit dazu da ist, könnte auch ein kleiner interner Workshop helfen. Vielleicht gibt es Aufgaben oder

Themen, die durchaus spannend für andere sind. »Ich wollte schon immer wissen, wie das geht« oder »Das wollte ich schon immer einmal übernehmen« –Teams sollten die Auszeit von Vätern als Chance begreifen. Die Elternzeit von Vätern schafft zudem mehr Platz für Mütter. Sie gibt anderen die Möglichkeit, etwas Neues zu lernen und mehr Vertreter:innen auszubilden, falls andere unvorhergesehene Situationen eintreffen und man sich gegenseitig einmal aushelfen muss.

Selbstverständlich wird es auch Aufgaben geben, bei denen niemand »Juhu« schreit. Hierbei kann man sich mit dem Gedanken trösten, dass der Papa, wenn er aus der Elternzeit zurückkommt, auch für andere Arbeitspakete übernehmen wird, wenn diese mal ausfallen.

Wie beim/bei der Chef:in hilft dir auch bei deinem Team offene Kommunikation und Transparenz im Vorfeld. Teile also im Team auch mal etwas Persönliches. »Wie jetzt? Der Tim wird nächste Woche Vater? Der hat doch sonst immer nur vom Job geredet.« Gerade vor der Geburt des ersten Kindes hat man Bedenken davor, zu viel über die Familie zu sprechen, da man nicht weiß, wie die Kolleg:innen wohl reagieren, wenn man auf einmal nicht mehr der Überflieger, sondern jetzt auch Papa ist. Man muss sicherlich nicht gleich jede Einzelheit von zu Hause mit ins Büro tragen, aber ein wenig Integrität hilft dabei, dass sich niemand wundert, wenn du von deiner baldigen Familienauszeit erzählst.

Auch später, wenn du Vater bist, sollten deine Kolleg:innen wissen, dass du nicht nur bis zur Office-Tür Vater bist und dein Super-Daddy-Cape erst später beim Verlassen der Tiefgarage wieder umhängst. Genauso wie eine Mutter bist du immer Vater, lass dein Team daran teilhaben. Da passt doch sicher auch die ein oder andere Wickeltisch-Anekdote zwischen die Ergebnisse des letzten Borussia-Spiels und die Monatszahlen.

Hacks

#1 Papa-Stolz: Beim Fußball schafft man es, beharrlich Fortuna zu verteidigen, und ist gegen jedes Gespött immun, aber wenn man die Kids von der Kita holen muss, überlegt man sich eine Ausrede. Steh dazu, auch Papa zu sein!

#2 Keine Angst vor Elternzeit: Wird dein Standing als Manager oder belastbares Teammitglied darunter leiden? Wenn du vorher ein geschätzter Kollege warst, dann bist du es auch mit Kindern und Elternzeit.

#3 Empathie für Elternzeitgegner:innen: Nimm es nicht so schwer, dass es Menschen gibt, die so gar nicht damit klarkommen. Du weißt nicht, was dahintersteckt. Ein ungefüllter Kinderwunsch beispielsweise tut weh und kommt häufiger vor, als du denkst.

KAPITEL 17
Wie reagierst du als Chef:in darauf?

»Things that aren't your fault can still be your responsibility.«
Terry Pratchett

Mir als Führungskraft ist natürlich bewusst, dass es nicht einfach ist, eine:n gute:n Mitarbeiter:in zeitweise zu ersetzen. Wenn ein Vater in Elternzeit geht, kann das ein Loch in die Planung und Performance einer Abteilung reißen. Die vielen offensichtlichen Vorteile sind einem als Chef:in im ersten Moment gar nicht bewusst oder werden zumindest von den Problemen überschattet, die die baldige Elternzeit verursachen könnte.

Wie reagierst du als Führungskraft? Wahrscheinlich ist das die wichtigste aller Fragen, da deine Reaktion Einfluss auf viele Väter haben wird. Wenn sich Führungskräfte beim Thema Elternzeit richtig verhalten oder im besten Fall die Väter dazu ermutigen, dann werden sich viel mehr Männer aktiv für mehr Zeit mit der Familie entscheiden. Nachdem ich mich selbst für die Elternzeit entschieden hatte, wollte ich es meinen Teams so einfach wie möglich machen, das Thema Familie und explizit die Elternzeit bei mir anzusprechen. Mir ging es darum, die teils begründeten Ängste, die ich selbst vor diesem Schritt gehabt hatte, gleich von vornherein bei den Mitarbeiter:innen zu vermeiden.

Da ich bei meinem eigenen Antrag mit viel mehr Wiederstand gerechnet hatte, habe ich mir viele positive Aspekte der Elternzeit von Mitarbeiter:innen und Führungskräften notiert. Wenn du auf Gegenwehr stoßen solltest, kannst du dir hier ein paar Argumente herausfischen.

Väter, deren Führungskraft offen mit dem Thema Elternzeit umgeht und die sogar noch bei der Planung unterstützt werden, sind nach ihrer Rückkehr weniger geneigt, ihren Job zu wechseln, und somit loyaler dem Unternehmen gegenüber. In der Trendstudie *Zukunft Ver-*

einbarkeit[50] von Conpadres aus dem Jahr 2020 ging es darum, wie die kommende Elterngeneration die Familie, Gesellschaft und Wirtschaft verändern wird. Dabei fand man heraus, dass 59 Prozent und damit die Mehrheit der kommenden Vätergeneration bei fehlenden Maßnahmen zur Vereinbarkeit von Familie und Beruf den/die Arbeitgeber:in sogar wechseln würde. Die Zahl derer, die sich eine:n andere:n Arbeitgeber:in suchen würden, hat sich im Vergleich zum Jahr 2016 verdoppelt. Als Führungskraft weiß ich nur allzu gut, wie viel Zeit und Geld es kostet, Schlüsselpositionen neu zu besetzen. Selbst wenn man der Elternzeit von Vätern nichts abgewinnen kann, sollten allein diese harten Fakten schon reichen, um jeden werdenden Papa zu unterstützen, damit dieser nicht demotiviert aus der Elternzeit zurückkommt oder schon vorher seine Kündigung einreicht.

Nicht jede Führungskraft hat eine eigene Familie und mag daher denken: »Was geht mich das Privatleben meiner Mitarbeiter:innen an? Themen wie Vereinbarkeit und Elternzeit sind in meinem Leben nicht relevant und mir daher auch egal.« Aber keine Führungskraft kann es sich heute leisten, das Thema Familie zu ignorieren, auch wenn sie es für uninteressant und unwichtig hält. Themen wie Rassismus, Homophobie und Antisemitismus können wir genauso wenig ignorieren wie Vereinbarkeit, auch wenn wir nicht davon betroffen sein sollten. Terry Pratchett hatte es mit dem einleitenden Zitat treffend beschrieben: Auch wenn es nicht unsere Schuld ist, kann es dennoch in unserer Verantwortung liegen!

Die Elternzeit eines Vaters kann, wie schon gesagt, viele positive Effekte auf das Unternehmen und die Abteilung haben. Diese betreffen nicht nur den werdenden Vater selbst. Auf ein paar dieser Vorteile möchte ich genauer eingehen.

Ein Kind ist geboren, der frisch gebackene Dad fällt aus. Aufgaben und Verantwortungsbereiche müssen deshalb neu aufgeteilt werden. Da fallen mir direkt die unentdeckten Talente der Abteilungen, Bereiche und Teams ein. Oft sind das diejenigen, die nicht direkt die Hand heben, wenn es um neue Aufgaben und Herausforderungen geht. Jeder Vater in Elternzeit schafft eine Lücke, die andere für diese Zeit füllen können. Durch die Elternzeit eines Vaters können sich andere Leistungsträger:innen hervortun, die sonst vielleicht unentdeckt geblieben wären. Nicht zuletzt ist jede Elternzeit, jeder Vater, der zu Hause die Kinder- und Care-Arbeit übernimmt, eine Chance für den/die Partner:in, mehr Zeit in die Karriere zu investieren. Väter in Elternzeit und Karrierechancen von Frauen sind zwei Seiten derselben Medaille, jeder Vater in Elternzeit unterstützt eine Frau in ihrer beruflichen Laufbahn.

Wenn es um das Thema Führung geht, ist die Elternzeit ein sehr guter Proof of Concept. Jederzeit könnte es sein, dass jemand ausfällt. Im besten Fall ist niemand in der Abteilung der Bottleneck. Ist dein Team gut gemanagt oder hat die Führungskraft alles selbst gemacht oder, noch schlimmer, alles selbst kontrolliert? Ein paar Monate ohne Leistungsträger:in oder Chef:in können hier mehr Transparenz schaffen und Entwicklungspotenziale offenlegen.

Wer Vater ist, weiß sicher, wie kostbar Zeit ist. Wo vorher reine Paar- oder Me-Time war, ist jetzt Windeln wechseln, mit dem Kinderwagen spazieren, Berge von Wäsche zusammenlegen, Brei kochen, Fläschchen sterilisieren und Planung angesagt. Die Ressource Zeit wurde zumindest von mir jahrelang unterschätzt. Wenn ich heute auf die Zeit ohne Kinder zurückblicke, überlege ich oft: »Was hätte ich nicht alles noch mit meiner Zeit tun können?« Als Vater wird man auch die Zeit anderer viel mehr wertschätzen, wenn man aus der Elternzeit zurück ins Unternehmen kommt. Man wird die Stunden und Minuten des Tages nicht mehr als unerschöpfliche Quelle betrachten, sondern auch mit der Zeit von Teams und Kund:innen viel sorgfältiger umgehen.

Im Jahr 2022 muss zudem jedem Unternehmen und jeder Führungskraft bereits bewusst geworden sein, wie wichtig ein gutes Image am Arbeitsmarkt ist. Vor allem in einem Arbeitnehmer:innen-Markt, wie wir ihn heute vorfinden, ist es immens wichtig, als nachhaltiges Unternehmen mit Purpose um potenzielle Kandidat:innen zu werben. Dazu gehört auch das Thema Vereinbarkeit. Firmen, die dieses Thema nicht berücksichtigen, werden das Ringen um Talente verlieren. Plattformen wie Kununu, LinkedIn und Xing schaffen zudem die nötige Transparenz. Manchen Firmen bleibt da nur noch, die Einstiegsgehälter in unglaubliche Höhen zu schrauben, um die schlechten Bedingungen und Bewertungen zu überspielen. In einer Studie des Boston College Center for Work & Family[51] gaben 97 Prozent der Väter an, es sei wichtig für sie, die Vereinbarkeit von Job und Familie in ihre Karriereplanung zu integrieren. In der Studie wurde Vereinbarkeit als Toppriorität angegeben, für die Mitarbeiter:innen sogar auf höhere Gehälter in anderen Unternehmen gerne verzichten würden.

Internes wie externes Marketing ist in vielen Bereichen des Unternehmens immens wichtig. Ganz egal, ob es darum geht, potenzielle Kund:innen zu begeistern oder die Unterstützung des Managements für Projekte zu bekommen. Die Fähigkeit, Ideen zu vermarkten und Motivation zu erzeugen, wird durch die Elternzeit ungemein verbessert. Wer schon einmal probiert hat, zwei Vierjährigen ein Stück Brokkoli schmackhaft zu machen, weiß, wovon ich spreche. Gerade Kleinkinder haben noch keine ausgeprägte Kompromissbereitschaft. Da müssen Eltern durchaus erfinderisch werden. Zurück im Job kann diese Fähigkeit eine Bereicherung für das Unternehmen sein.

Einer der Hauptgründe für die ablehnende Haltung gegenüber der Elternzeit von Vätern ist mitunter die siebenwöchige Frist, mit der die Väter den Antrag beim/bei der Arbeitgeber:in einreichen müssen. In sieben Wochen schafft man es doch nicht, die Kund:innen zu informieren, einen adäquaten Ersatz zu finden und gleichzeitig noch die Lücke im Projekt zu stopfen. Ich habe leider keine Argumente, um diese Tatsache zu entkräften. Aber am Ende handelt es sich um eine sich selbst erfüllende Prophezeiung. Die Führungskraft, die das Thema Elternzeit und Vereinbarkeit nicht zu einem offenen Thema macht, kann auch nicht erwarten, dass sich Väter bereits sechs Monate vor der Elternzeit »outen«. Stattdessen werden sie das Thema so lange wie möglich nach hinten schieben, um den Zorn der Vorgesetzten nicht länger als unbedingt nötig ertragen zu müssen. In der Studie *Vereinbarkeit durch eine neue Arbeitskultur erleichtern* von A.T. Kearny haben 28 Prozent der befragten Väter und 29 Prozent der kinderlosen Männer angegeben, nicht genug Vertrauen zu ihren Vorgesetzten zu haben, um über die Vereinbarkeit von Beruf und Familie zu sprechen[52]. Dazu kommt, dass 37 Prozent der Männer und 30 Prozent der befragten Frauen sagten, dass »keine Familienfreundlichkeit in der Führungskultur«[53] vorherrscht. Ein offener Austausch und Vorgesetzte, die selbst Elternzeit nehmen, haben den Vorteil einer längeren Vorbereitungszeit, und somit sind auch weniger Defizite für die Abteilung und die Kolleg:innen zu befürchten. Wenn ich als Führungskraft proaktiv den werdenden Vater gefragt habe, wann und wie lange er denn gerne in Elternzeit gehen möchte, war die Erleichterung auf der anderen Seite spürbar, ebenso der abfallende Stress und eine deutliche Steigerung der Motivation.

Im Rahmen der Studie *Elternkompetenz & Arbeit* der Forscher Lask und Junker gaben 79 Prozent der Befragten an, ihre Kompetenzen während der Elternzeit weiterentwickelt zu haben[54]. Vor allem die folgenden Bereiche hatten sich nach Ansicht der Eltern enorm verbessert:

- Organisation/Planung,
- Kommunikation/Konfliktmanagement,
- Empathie,
- Geduld/Gelassenheit,
- Resilienz,
- Flexibilität.

Das sind alles Kompetenzen, die im Berufsleben essenziell sind und nur bedingt in Workshops oder durch Coachings vermittelt werden können. Du als Führungskraft hast den größten Hebel. Deine Reaktion ist entscheidend, und zwar noch viel mehr als jedes interne Programm oder Angebot für die werdenden Väter.

Erfreulich ist zu sehen, dass es zunehmend auch erfahrene Führungskräfte, Topmanager:innen und Unternehmer:innen gibt, die zugeben, früher Vorurteile gegenüber der Elternzeit von Vätern gehabt zu haben, aber heute absolute Befürworter:innen davon sind und ihren Wert zu schätzen wissen.

Das Wirtschaftsmagazin *brand eins* hat Michael Trautmann als einen der bekanntesten Werber Deutschlands bezeichnet, und tatsächlich gibt es nur wenige, die die deutsche Marketinglandschaft der vergangenen 20 Jahre so sehr geprägt haben wie er. Im Podcast *Working Dad* hat uns Michael Trautmann erzählt, wie er damals reagiert hat, als nach der gesetzlichen Neueinführung der erste Kreativdirektor zu ihm gekommen ist, um Elternzeit zu beantragen: »Was bildet der sich eigentlich ein?!« Den genauen Wortlaut kannst du dir in der Folge #56 des Podcasts gerne nochmal anhören. Viel entscheidender ist jedoch die anschließende Erkenntnis Trautmanns, was die Elternzeit mit den Vätern gemacht hat und wie positiv sich die Zeit mit der Familie letztlich ausgewirkt hat. Mit seinem Podcast *On The Way To New Work*, den er zusammen mit Christoph Magnussen seit über fünf Jahren betreibt, liefert er heute zudem viele Lösungen dafür, Arbeit moderner zu gestalten und neu zu denken. Sein Rat an die Working Dads ist daher: »Frag dich früh genug, was dich wirklich im Innersten antreibt. Je klarer die Antwort darauf ist, desto besser die Entscheidungen, die du für dein Leben triffst.«

Hacks

#1 Zu erfahren, dass man Vater wird, ist der schönste Moment im Leben eines Mannes. Denk daran, wenn der nächste Mitarbeiter zu dir kommt und dir freudig davon erzählt, dass er Vater wird.

#2 Beziehe den werdenden Vater und die Kolleg:innen bei der Planung mit ein. Gestalte einen Workshop, um gemeinsam Ideen zu erarbeiten, anstatt allein Arbeitspakete zu verteilen.

#3 Freu dich mit dem werdenden Vater. Lade ihn zum Essen ein, ermutige ihn, möglichst lange Elternzeit zu nehmen, und nimm ihm die Angst, dass die Entscheidung seine Karriere negativ beeinflusst. Im besten Fall planst du direkt für die Zeit danach mit ihm und baust die Elternzeit in seinen individuellen Entwicklungsplan mit ein.

#4 Sei nach der Elternzeit anerkennend. Egal, ob du Führungskraft bist oder nicht, vermeide Sätze wie: »Du hattest doch Urlaub und Zeit zum Erholen« oder »Wie war der Urlaub?« In Bezug auf die Elternzeit ist dies nicht nur diskriminierend für Väter, sondern auch für Mütter.

KAPITEL 18
Väter brauchen Motivation

»Eines Tages wirst du aufwachen und keine Zeit mehr für die Dinge haben, die du immer tun wolltest. Tu sie jetzt!«
Paulo Coelho

Männer nehmen weniger Elternzeit, als sie könnten, und weniger, als sie selbst wollen. Auch wenn der Staat mit dem Elternzeitgesetz von 2007 und der Einführung des ElterngeldPlus 2015 die nötigen Grundlagen geschaffen hat, war es 2020 dennoch nur rund jeder vierte Vater, der Elterngeld bezogen hat. Die Männer könnten doch in Elternzeit gehen, was hält sie auf? Oder wollen sie nur einfach nicht? Es wäre schlichtweg zu kurz gedacht, die Schuld hierfür ausschließlich bei den Männern zu suchen. Vielmehr muss sich hierfür die gesellschaftliche Akzeptanz für Väter in Elternzeit grundsätzlich ändern, vor allem haben die Unternehmen und Führungskräfte diesbezüglich den größten Hebel. Wir brauchen also mehr proaktive Führungskräfte, die auch Väter dazu ermutigen, die gesetzlich möglichen Auszeiten und die Angebote des Unternehmens in Anspruch zu nehmen, ganz egal, ob diese selbst Familie und Kinder haben oder nicht. Sich als Unternehmen und Chef:in darauf zu berufen, dass die Väter ja könnten, wenn sie denn wollten, reicht nicht aus, um Väter zu ermutigen, die gesetzlichen und firmeninternen Möglichkeiten auch in Anspruch zu nehmen. Ich habe mich bereits mehrfach mit Vätern in meinen Teams unterhalten, die mir sagten: »Ich weiß noch nicht, ob ich wirklich Elternzeit nehmen soll.« Meine Antwort war immer: »Du wirst es bereuen, wenn nicht.« Denn so eine Zeit kommt nicht wieder, zumindest nicht in dieser Intensivität.

Nach einer Studie aus dem Jahr 2019 des Center for Work and Family des Boston College sagten 2019 rund 55 Prozent der befragten Männer, dass sie sich nicht wirklich von ihren Führungskräften bei der Entscheidung, Elternzeit zu nehmen, unterstützt fühlten[55]. Männer befürchten immer noch, dass ihre Leistungen schlechter bewertet werden oder ihnen unterstellt wird, sie hätten kein Interesse an Karriere, wenn sie familienfreundliche Angebote ihres Unternehmens annehmen.

Allein die gesetzlichen Rahmenbedingungen werden nicht reichen. Wir als Gesellschaft, Unternehmen und vor allem Führungskräfte müssen proaktiv auf die Väter zugehen und sie dazu ermutigen. In meinem Geschäftsbereich bauen wir die anstehende Elternzeit, egal, wie lange diese ist, direkt in den Entwicklungsplan der Führungskräfte mit ein, um ihnen die Angst zu nehmen, dass die genommene Elternzeit negativen Einfluss auf ihre Karriere haben könnte. Auf diese Weise bekommen wir im Anschluss an die Familienauszeit glücklichere, motiviertere und loyalere Führungskräfte zurück. Gleichzeitig fördern wird Frauen und deren Karrieren und arbeiten daran, den Gender-Pay-Gap zu schließen. Hinter vorgehaltener Hand hat mir schon so manch erfahrener Topmanager offenbart, dass er sich gewünscht hätte, vor 20 Jahren schon die Möglichkeiten wie die Väter heute gehabt zu haben.

Hacks

#1 Ermutige andere Männer dazu, Elternzeit in Anspruch zu nehmen, wenn du erfährst, dass sie Vater werden und nicht ganz sicher sind, ob sie wirklich eine Elternzeit beantragen sollen.

#2 Wenn du Führungskraft bist, sei proaktiv. Nimm die Last von den Vätern in deinem Team, indem du selbst ein Vorbild bist und aktiv auf sie zugehst. Natürlich auch, indem du selbst Elternzeit nimmst.

#3 Baue die Elternzeit direkt in den Entwicklungsplan mit ein oder sprich mit deiner Führungskraft darüber, sodass erst gar keine Unsicherheit und Ängste um die eigene berufliche Weiterentwicklung entstehen.

KAPITEL 19

Die partnerschaftliche Aufteilung – Glücklich/Glücklich statt 50/50

»Wir brauchen die Männer an Bord, die ihrer Verantwortung gerecht werden, das System zu verändern: in Richtung Vielfalt und fairer Teilhabe.«
Robert Franken

»Endlich wieder einmal Zeit zum Nachdenken«, dachte ich, fast schon ironisch mir selbst gegenüber, während ich an die weißen Wände der Notaufnahme starrte. Nach »Ich sehe was, was du nicht siehst«, »Ich hab den Fisch« und jeder Menge Arztgeschichten war es so weit, dass sogar ich als absoluter Gegner der digitalisierten Kindheit das Handy gezückt hatte und Hundewelpen mit ihren Rennwagen das Entertainment meines dreijährigen Sohnes übernahmen. Es ging ihm schon wieder gut, aber da der Kinderarzt nach der Untersuchung meinte: »Das sollte sich ein HNO-Arzt im Krankenhaus ansehen«, waren wir anschließend dorthin gefahren. Die Abklärung dauerte 15 Minuten, ein bisschen Tasten und einen Ultraschall später waren wir wieder auf dem Heimweg. Der kleine Tanzunfall hatte sich um 11 Uhr im Kindergarten ereignet, jetzt war es 20.30 Uhr.

Sicher war das kein ganz normaler Tag, aber auch kein völlig absurder als Vater von zwei wilden Jungs. Zwei Anrufe in Abwesenheit und die Nummer des Kindergartens auf dem Display ist meistens kein gutes Zeichen. An diesem Tag war ich schneller mit dem Rückruf als Laura und auch flexibler, was meine Termine anging. Mitten in einer Telko mit meinem Team musste ich dann abbrechen und bin vom Office direkt in den Kindergarten gefahren. Per Message habe ich die durchweg verständnisvollen Kolleg:innen auf dem Laufenden gehalten und mich dann irgendwann für den Tag abgemeldet, als absehbar war, dass nichts mehr aus der Rückkehr in den Arbeitstag werden würde. Wir kamen aber gerade noch rechtzeitig nach Hause, um dem Bruder stolz die Beute an Spritzen (natürlich ohne Nadeln) und Gummihandschuhen zu präsentieren. Nachdem der Tag dann vorbei war, musste ich nur noch etwas länger als eine Stunde die wichtigsten To-dos des Tages im E-Mail Postfach abarbeiten, und dann war es geschafft. An diesem Tag war meine Planung flexibler als Lauras und ich hatte den Kindergarten zuerst zurückgerufen. An anderen Tagen ist das andersherum. Aber wir haben nie angefangen, wie beim Zeitschach die Uhr zu drücken, wenn wir die Betreuung unserer Kinder untereinander organisieren mussten.

Aber wie teilt man jetzt die Care-Zeit auf? Welcher Job geht vor? Wessen Zeit ist wichtiger? Das ist die Frage aller Fragen, und wie bei so vielem gibt es dafür keine allgemeingültige Antwort. Der Schlüssel ist Kommunikation, Offenheit und Ehrlichkeit. Die klassische Aufteilung, Frau daheim bei den Kindern und Vater bei der Arbeit, ist genauso wenig richtig, wie 50/50 für jede Familie die perfekte Wahl ist. Es müssen beide das bekommen, was sie sich wünschen und was sie brauchen. Die Schnittmenge muss man mit Kompromissen lösen. Am besten spricht man darüber, bevor die Kinder auf der Welt sind. Der Vielfältigkeit der Lösungen sind keine Grenzen gesetzt.

Björn Süfke sagt in seinem Buch *Männer:* »Männer sollten alles dürfen.« Das wünsche ich mir für uns ebenfalls. Die Gesellschaft besteht zu über 50 Prozent aus Frauen, und daher wird es nur gemeinsam gehen. Ich wünsche mir, dass wir als Gesellschaft so für die Chancen von Vätern kämpfen, wie wir uns auch für Frauen in Vorständen einsetzen. Nicht weil ich denke, dass wir Männer zu kurz kommen, sondern weil ich fest daran glaube, dass dies in denselben Topf einzahlt. Mehr Väter bei ihren Kindern heißt mehr Zeit für Frauen und ihre Karriere.

Michael Fritz, Konzeptionsaktivist und Mitgründer von Viva con Agua, verriet mir, wie er und seine ebenfalls beruflich erfolgreiche Frau die Care- und Hausarbeit gleichberechtigt aufgeteilt haben. Micha, ebenfalls Vater von zwei Kindern, erzählte mir vor unserer Aufnahme zur gemeinsamen *Working Dad*-Podcastfolge, dass sich die beiden einfach mal hingesetzt haben und ihre jahrelange Projekt- und Entrepreneur-Erfahrung auf die eigene Familie angewandt haben. Das Ergebnis war eine Liste von Tätigkeiten, die im Haushalt mit Kindern anfallen. Vom Arztbesuch für die U-Untersuchung bis zur Steuererklärung bekam jeder Punkt eine Anzahl von Stunden zugeordnet. Am Ende standen die Tätigkeiten von ihm und seiner Frau in direktem Vergleich zueinander als Tabelle aufgelistet. Micha meinte, er hätte nicht gedacht, dass die Verteilung doch so ungleich zulasten seiner Partnerin ging. Sie machten sich daran, die Aufgaben gerechter zu verteilen. Die Lösung für Familie Fritz war es, die einzelnen Aufgaben in Ressorts aufzuteilen. Gesundheit: Arztbesuche, Arzneimittel, Planung, alles, was dazugehört. Finanzen: Steuererklärung und alles rund ums Geld. Auf diese Weise wurden die Expertise und zum Teil auch die Vorlieben und Talente beider Elternteile, so weit möglich, berücksichtigt.

Wenn sich ein Vater oder eine Mutter dafür entscheidet, sich mehr Zeit für die Kinder als für den Job zu nehmen und dies nicht aufgrund des höheren Verdienstes des Partners oder der zwanghaften traditionellen Rollenverteilung geschieht, ist das meiner Meinung nach völlig in Ordnung. Mir ist klar, dass dies heute häufig für Männer und Frauen noch eher eine aufgezwungene als eine freiwillige Entscheidung ist. Die Zeit mit den Kindern kann unglaublich herausfordernd sein, aber sie hat darüber hinaus den größten Purpose, den man sich vorstellen kann. Selbst der beste Job und die unglaublichste Firmenkultur ist kaum imstande, mehr Sinn im Leben eines Menschen zu stiften.

Hacks

#1 Bist du mit der derzeitigen Aufteilung glücklich? Hast du deine:n Partner:in schon einmal gefragt, ob er/sie glücklich damit ist? Nur wenn ihr ehrlich miteinander seid, könnt ihr auch »Glücklich/Glücklich« erreichen.

#2 Prioritäten festlegen. Achtet im gemeinsamen Kalender darauf, dass möglichst keine Must-have-Termine übereinanderliegen. Boardmeeting und Geschäftsreise sollten sich nicht überschneiden.

#3 Benchmark. Wie machen es andere Familien, bei denen es funktioniert oder besser klappt? Tausch dich aus oder gib dein Wissen weiter. Achte auch hier auf Ehrlichkeit.

TEIL 4

FAMILIENFREUNDLICHKEIT: WIN-WIN FÜR UNTERNEHMEN UND LEADERSHIP

Es gibt zahlreiche Storys von Männern, die wegen der Elternzeit aus der Abteilungsleiterplanung herausfielen, die offen degradiert wurden oder denen Benefits, wie ein Dienstwagen, gestrichen wurden. Und es gibt Männer, die wegen all solcher Geschichten jetzt schon wissen, dass sie sich einen anderen Job suchen werden, wenn sie Kinder haben möchten. In Branchen, in denen 80- bis 120-Stunden-Wochen zum guten Ton gehören, braucht man an Elternzeit gar nicht zu denken und schon gar nicht danach zu fragen. So ist die Kultur eben in manchen Bereichen: Es wurde in der Vergangenheit nicht gemacht, deshalb macht man es auch jetzt nicht. Aber irgendjemand muss ja damit anfangen. Man kann beruflich erfolgreich sein, auch in einer klassisch männerdominierten Branche, und die Vereinbarkeit trotzdem hinkriegen. Ich glaube, das ist in allen Bereichen möglich. Zudem schafft es sogar eine Reihe von Vorteilen – für das Unternehmen und für die eigenen Leadership-Kompetenzen.

KAPITEL 20

Attraktivere Unternehmen und stärkere Mitarbeiter:innenbindung

»Behandle die Menschen so, als wären sie, was sie sein sollten, und du hilfst ihnen zu werden, was sie sein können.«
Johann Wolfgang von Goethe

Im Ringen um Talente haben familienfreundliche Unternehmen einen entscheidenden Wettbewerbsvorteil: Gerade die nach 1980 geborenen Angehörigen der Generation Y und Z möchten ihre Karriere ganz selbstverständlich mit Kindern kombinieren. Schon 2016 gaben 64 Prozent der befragten Generation-Y-Professionals an, dass sie nicht bei einem Unternehmen anfangen würden, das keine wirkliche Vereinbarkeit von Beruf und Familie ermöglicht[56]. Sie lassen sich nicht mehr mit einem höheren Gehalt ködern: Werden ihnen woanders 10 Prozent mehr geboten, wechseln sie nicht, wenn das jetzige Unternehmen eine bessere Vereinbarkeit bietet.

Die Transferkosten, die einem Unternehmen entstehen, das durch mangelnde Familienfreundlichkeit einen Mitarbeiter verliert, sind viel höher, als wenn die Abteilung dem Wunsch eines Vaters nach mehr Zeit mit der Familie und weniger Überstunden nachkommt. Ich habe mit dem HR-Consultant Toygar Cinar darüber gesprochen, wie teuer es sein kann, gute Mitarbeiter:innen zu verlieren. Laut dem Headhunter sollten erfolgreiche Unternehmen Vereinbarkeit als Chance betrachten und diese auch nutzen. Er meint: »Loyale Mitarbeiter, gleich ob Führungskräfte oder nicht, leisten eine nachhaltige und höhere Performance, wenn sie nicht im Konflikt zwischen Familie *oder* Beruf stehen. Vielmehr suchen sie nach einem Umfeld, in der Familie *und* Beruf vereinbar sind. Wenn Unternehmen dies ermöglichen, dann werden sie sich weniger Gedanken um Recruiting und Mitarbeitergewinnung machen müssen. Employer Branding wirkt nicht mit markigen Sprüchen und bunten Bildern. Es wirkt mit Emotionen und psychologischer Sicherheit. Wenn Väter keine Angst davor haben, dass sie Performance und Familie vereinbaren dürfen, dann strahlen sie diese Sicherheit auch auf ihr Team aus und führen ganz anders.« Unternehmen, die das nicht umsetzen wollen oder können, werden Mitarbeiter:innen verlieren, dessen ist sich Cinar sicher.

Die Angst, durch die Elternzeit eines Vaters an Umsatz zu verlieren, sollte der Angst weichen, die wichtige Arbeitskraft und das Commitment der Väter zu verlieren. Was es kostet, Mitarbeitende zu verlieren und zu ersetzen, rechnet Toygar Cinar direkt vor. Dabei müssen mit betrachtet werden: das Gehalt der Position, die Rekrutierungskosten intern, die Trainingskosten, der Produktivitätsverlust und die Dauer, bis der/die Kandidat:in bei 100 Prozent ihrer/seiner Perfomance ist. Von der Idee bis zur Einstellung vergehen sehr oft drei bis sechs Monate oder sogar ein Jahr. Bis dahin sind bereits mehrere Personen wie HR, Hiring Manager und Co. eingebunden.

Ein Beispiel:

- XX XXX Euro Gehalt p. a.
- 15.000 Euro Rekrutierung
- 8.000 Euro Trainingskosten
- 4 bis 8 Monate Dauer, bis 100 Prozent Produktivität erreicht wird

Wie viel kostet es also, eine Stelle neu zu besetzen? Oft 100.000 Euro oder mehr.

Diesen Kosten gegenüber stehen ein paar Monate oder auch ein Jahr Elternzeit, weniger Überstunden und mehr flexible Arbeitszeitmodelle wie Gleitzeit.

Wenn ein Unternehmen keine Vereinbarkeit zulässt, wird es die Mitarbeiter:innen und vor allem die High Potentials nicht halten und binden können. Die Studie der Campus M University mit dem Titel *Generation Y: Warum Vereinbarkeit die neue Währung für soziale Nachhaltigkeit ist* kam im Oktober 2021 daher auch zu dem Schluss: »Vertreter:innen der Generation Y ziehen ihre Motivation vor allem aus Arbeitsbedingungen, die die Vereinbarkeit von Beruf, Familie und Privatleben ermöglichen bzw. verbessern.« Wenn ein Unternehmen solche Arbeitsbedingungen schafft, darf es sich über produktivere, motiviertere und glücklichere Mitarbeiter:innen freuen.

Eine Frage der Vorbildfunktion

Wie gelingt es, diese Arbeitsbedingungen zu schaffen und eine Unternehmenskultur hin zu mehr Vereinbarkeit zu ändern? Die einfache Antwort lautet: Es hängt von den Menschen ab – besser gesagt, von den Führungskräften. Das bestätigt auch die Vereinbarkeits-Studie der Unternehmensberatung A. T. Kearny. Gehen Führungskräfte oder direkte Vorgesetzte mit gutem Beispiel voran, glauben 79 Prozent der Eltern an eine gute Vereinbarkeit von Karriere und Familie, heißt es darin (siehe Abbildung 9). Leben Führungskräfte oder der/die direkte Vorgesetzte keine Vereinbarkeit vor, sinkt der Prozentsatz auf 12 beziehungsweise 17 Prozent[57].

Abbildung 9: Sind die Führungskräfte ein Vorbild in Sachen Vereinbarkeit?[58]

Gerade in großen Konzernen ist es interessanterweise so, dass Führungskräfte selbst entscheiden können, welchen Raum sie der Familienfreundlichkeit geben möchten. Es ist eine Einstellungsfrage. Ich arbeite in einem Konzern und würde behaupten, dass wir als Geschäftsbereich einen guten Weg gefunden haben, Vereinbarkeit als Teil der Unternehmenskultur zu betrachten und Dinge neu zu denken.

Mit Erfolg: Im vergangenen Jahr haben in meinem Geschäftsbereich mit über 160 Mitarbeiter:innen, den ich über fünf Jahre weiterentwickeln und digitalisieren durfte, vier Väter Elternzeit genommen. Alle vier haben es mir an dem Tag mitgeteilt, an dem sie es auch ihren Familien und Freund:innen gesagt haben, also etwa am Ende des dritten Schwangerschaftsmonats. So hatte ich sechs Monate Zeit, um zu planen – dann ist der Ausfall der Väter eigentlich einfach zu überbrücken. Bei Schicksalsschlägen oder Unfällen ist ein:e Mitarbeiter:in von heute auf morgen weg, und auch da müssen wir den Alltag geregelt bekommen. Deshalb können und müssen wir unsere Mitarbeiter:innen darin unterstützen, die glücklichste Zeit in ihrem Leben zu gestalten, und dürfen ihnen nicht zusätzliche Steine in den Weg legen.

Die gesetzlichen Rahmenbedingungen sind in allen Firmen dieselben. Die Frage ist allerdings: Wie geht der/die Vorgesetzte damit um? Unternehmen müssen Elternzeit ermöglichen, gleichzeitig sind es die Führungskräfte, die das Wie vorgeben. Elternzeit muss nicht nur möglich, sondern auch gewollt sein. Prahlt der Vorgesetzte etwa damit, bereits einen Tag nach der Geburt wieder im Büro gewesen zu sein, setzt er damit ein Zeichen, dass Elternzeit eben nicht gewollt ist. Viele Führungskräfte sagen ihren Mitarbeiter:innen zwar: »Ja, Elternzeit kannst du auf jeden Fall nehmen«, aber tun es selber nicht. Auch das ist ein indirektes Zeichen an die Belegschaft, das Väter abschreckt. Väter brauchen ein positives Vorbild und oftmals auch einen Schubs in die richtige Richtung.

Psychologisch einen sicheren Raum schaffen

Für familienfreundliche Führungskräfte gehört es dazu, für seine Mitarbeiter:innen einen sicheren »Raum« zu schaffen, in dem auch mal über Privates und die Familie geredet werden kann. In ihrem Buch *Die angstfreie Organisation* beschreibt Amy C. Edmondson psychologische Sicherheit als die Überzeugung, dass die Arbeitsumgebung sicher genug ist, um darin zwischenmenschliche Risiken einzugehen[59]. Als eine der weltweit einflussreichsten Denkerinnen im Management und der Personalentwicklung sieht Edmondson gerade die Führungskräfte als Gestalter:innen dieser Arbeitsatmosphäre.

Meiner Ansicht nach gelingt dies nur durch aktives Vorleben, Offenheit und echtes Interesse an seinen Mitarbeiter:innen. Für eine Führungskraft sollte es selbstverständlich sein, sich für ihre Teams aufrichtig zu interessieren. Schließlich verbringt sie im Idealfall 80 bis 90 Prozent ihres Tagesgeschäfts damit, andere zu führen. Und dazu sollte sie ihre Mitarbeiter:innen auch kennen und wissen, wer Kinder hat und wer welche Challenges gerade zu meistern hat. Wenn ich mit jemandem aus meinen Teams telefoniere, rede ich vielleicht eine Viertelstunde über die Zahlen, die ich brauche, aber davor schaffe ich auch den Raum, um über die Familie zu sprechen – wie es den Kindern geht und ob die Tochter, die das letzte Mal böse aufs Knie gefallen war, wieder fit ist. Indem ich proaktiv danach frage, schaffe ich für meine Mitarbeiter:innen einen sicheren Raum, in dem sie sich dann auch trauen, auf mich zuzukommen, wenn es Probleme daheim gibt. Die A.-T.-Kearny-Studie *Aufbegehren – Mehr Vereinbarkeit* hat herausgefunden, dass diejenigen, die sich jederzeit vertrauensvoll an ihre:n Vorgesetzte:n wenden können, um über Vereinbarkeit zu sprechen, zu 65 Prozent eine Vereinbarkeit von Karriere und Familie im Unternehmen gegeben sehen. Diejenigen, die dies nicht können, tun dies nur zu 14 Prozent[60].

Gibt es diesen sicheren Raum nicht, trauen sich Mitarbeiter:innen vielleicht nicht, frühzeitig auf das Thema Elternzeit zu sprechen zu kommen. Dann reichen sie erst sieben Wochen vor der Geburt den Antrag auf Elternzeit ein. Für die Führungskraft wird es schwierig, in dieser kurzen Zeit das Team neu zu strukturieren, und sie fühlt sich in ihrem Vorurteil bestätigt, dass Elternzeit nur Probleme macht. Der/Die nächste Mitarbeiter:in bekommt das mit, traut sich dann nicht, nach Elternzeit zu fragen, und der/die übernächste Mitarbeiter:in kündigt vorsorglich, wenn sich ein Kind ankündigt, weil er/sie sieht, dass es mit der Vereinbarkeit von Familie und Beruf bei seinem/ihrem Unternehmen nicht weit her ist. Diese Spirale schadet nicht nur den Unternehmen in ihrem Ringen um Talente, sondern auch dem Betriebsklima. Die Führungskraft ist es also, die durch ihre Einstellung darüber entscheidet, wie Elternzeit erlebt wird: planbar und freudvoll oder unvorhersehbar mit einer ordentlichen Portion Frust.

Hacks

#1 Aktives Zuhören lernen. Offene und ehrliche Gespräche kann man nicht führen, wenn man kein Interesse an Menschen und deren Leben hat.

#2 Psychologisch sichere Räumen schaffen. Feedback geben, aber auch annehmen, erfordert Übung. Learning by doing.

#3 Jede/r ist mitverantwortlich. Die Vorgesetzten haben zwar den größten Einfluss, dennoch sind alle für ein wertschätzendes, respektvolles und empathisches Miteinander verantwortlich.

KAPITEL 21
Motiviertere Mitarbeiter:innen und ein besseres Arbeitsklima

»Die Welt verändert sich durch dein Vorbild,
nicht durch deine Meinung.«
Paulo Coelho

Von allen Befragten der erwähnten A.-T.-Kearney-Studie, die angaben, dass die Führungskräfte oder die direkten Vorgesetzten in ihrem Unternehmen Vereinbarkeit vorleben, sind 89 Prozent bereit, sich über das normale Maß hinaus für die Firma zu engagieren. Von den Befragten, deren Führungskräfte ein weniger gutes Beispiel abgeben, möchte nur jede:r zweite einen Extraeinsatz leisten[61].

Genau das habe ich an mir selbst und meinen Mitarbeiter:innen ebenfalls beobachtet. Als ich bei meinem jetzigen Unternehmen anfing, war ich zurückhaltend. Denn ich wusste ja noch nicht, ob es klappen würde, beides zu haben: Erfolg in der Arbeit und ein erfülltes Familienleben. Das weiß man erst an dem Tag, an dem man sagt: »Mein Kind ist krank, ich bleib daheim« oder »Ich nehme Elternzeit.« Als ich merkte, dass sich Familie und Karriere bei meinem Unternehmen gut vereinbaren lassen, hat mich das beflügelt. Nicht nur ich kam glücklicher aus der Elternzeit zurück, sondern auch meine Mitarbeiter:innen. Sie hatten plötzlich eine viel engere Bindung an das Unternehmen und das Team – vor allem wenn sie feststellten, dass sie trotz Elternzeit aufsteigen können oder befördert worden sind. Sie freuen sich, dass ihre Kolleg:innen sie in der Zwischenzeit aufgefangen haben. Das stärkt die Motivation und das Engagement; sie möchten sich nun erst recht für ihr Unternehmen und ihr Team reinhängen. Das war bei mir genauso.

Allerdings sollte man diese Bereitschaft, die Extrameile zu gehen, nicht ausnutzen, sondern kritisch hinterfragen und es nicht selbst falsch vorleben. Ich arbeite auch hier und da mal am Wochenende, aber ich glorifiziere das nicht. Ich will, dass Überstunden als Ausnahme von der Regel gesehen werden und nicht als Voraussetzung, um

Karriere zu machen. Wir müssen weg von diesen Männerparadigmen, in denen wir oft noch feststecken: Wir prahlen damit, wie viel wir arbeiten, möchten unser Gegenüber durch die Höhe unserer Wochenarbeitszeit und unserer Boni beeindrucken und halten das Managertum hoch. Doch als Vater erkennt man (hoffentlich), was wirklich wichtig ist: unsere Kinder und unsere Familie. Sie sind das Essenzielle, das wir zum Leben brauchen. Ein paar Prozent Umsatzwachstum der Abteilung ist es nicht. Wenn das Wachstum nachhaltig ist, wir dafür aber oft noch rechtzeitig zum Abendessen daheim sind und mit unseren Kindern den Abend verbringen können, sind auch die Aktionär:innen langfristig glücklich und die Mitarbeiter:innen ebenfalls. Das ist dann ein gesundes Wachstum. »Höher, schneller, weiter« geht eben nicht immer, wenn es nachhaltig sein soll. Und Vereinbarkeit ist nun mal die »neue Währung für soziale Nachhaltigkeit«, wie es in der Studie der Campus M University so schön heißt.

Gerade wenn man kleine Kinder hat und morgens übermüdet zur Arbeit geht, pusht das nicht unbedingt die Produktivität. Aber ein großer Vorteil von Elternschaft ist: Man weiß, worauf es ankommt, und trifft daher auch im Unternehmen bessere Entscheidungen. Es geht nicht darum, möglichst viel zu tun, sondern darum, das Richtige zu tun – also den richtigen Mix aus Effizienz und Effektivität zu leben. Wer sich Vereinbarkeit auf die Fahnen schreibt, muss deshalb die immer noch weit verbreitete Präsenzkultur durch eine Performance-Kultur ersetzen: Gut bist du dann, wenn deine Performance stimmt, und nicht, wenn du der/diejenige bist, der/die am längsten im Büro bleibt.

Seit ich selbst Kinder habe und gemerkt habe, wie viel Commitment das Entgegenkommen meines Unternehmens bei mir ausgelöst hat, fördere ich die Familienfreundlichkeit in meinem Geschäftsbereich umso mehr. Ich dachte, wenn das bei mir die Bindung zum Unternehmen stärkt, wird es bei anderen möglicherweise auch so sein. Und tatsächlich verbessert sich das Arbeitsklima: Wenn ein:e Mitarbeiter:in weiß, dass er/sie seine/ihre Arbeitszeit und seine/ihre Aufgaben jederzeit so gestalten kann, wie sie sich am besten mit der Familie vereinbaren lassen, ist der psychische und soziale Stress weg. Leider ist dies natürlich nicht in allen Berufen möglich, jedoch in weitaus mehr, als es heute bereits Praxis ist. Durch diese Flexibilität können wir Entlastung schaffen.

Das bestätigt auch einer meiner langjährigen Mitarbeiter, der selbst Vater und seit vielen Jahren Führungskraft im Unternehmen ist: »Früher hatten wir eine andere, sehr konservative Kultur mit festen Arbeitszeiten. Da waren Vereinbarkeit oder Elternzeit eine Utopie. Heute ist das anders, und diese neue Flexibilität und das aktive Vorleben von Vaterschaft gibt mir eine innere Ruhe, das auch tun zu können, ohne ein schlechtes Gewissen haben zu müssen.« Das hätte das Arbeitsklima um »100 Prozent gedreht«. Heute würde in der Abteilung viel über Familie und Kinder geredet, nicht nur oberflächlich, sondern detailliert, meint er. Das kann ich bestätigen. Ich weiß von den allermeisten Mitarbeiter:innen, in welcher familiären Situation sie sich befinden, ob sie frisch verheiratet oder alleinerziehend sind und ob der 17-jährige Sohn nach seinem Praktikum nun eine Ausbildung macht. Ich finde es wichtiger, meine Mitarbeiter:innen zu kennen und darüber Bescheid zu wissen, was sie bewegt, als bis ins kleinste Detail alles über die Produkte zu wissen, die mein Geschäftsbereich vertreibt.

Ich versuche auch sehr nahbar zu sein. Mich kann jede:r anrufen, und meine Mitarbeiter:innen sprechen mich auch proaktiv an. Zur Geburt seines/ihres Kindes bekommt jede:r Mitarbeiter:in ein persönlich von mir ausgewähltes Kinderbuch – aus den Top-Five-Kinderbüchern, die meinen Kindern sehr gut gefallen haben – und eine Glückwunschkarte. In diese schreibe ich, was ich mir wünsche: dass wir immer offen reden und dass die Familie vorgeht. Natürlich ist das nice-to-have – wirklich wichtig aber ist, wie damit umgegangen wird, wenn tatsächlich einmal das Kind krank ist oder der Kindergarten anruft, weil es sofort geholt werden muss. Im täglichen Umgang zeigt sich, ob Vereinbarkeit wirklich gemeint und gewollt ist und gelebt werden darf. Das bedeutet, Vereinbarkeit aktiv vorzuleben.

Gibt es diese Offenheit, profitieren nicht nur die einzelnen Mitarbeiter:innen und Führungspersonen, sondern auch das Unternehmen. Es gibt weniger Fluktuation mit all den verbundenen finanziellen Vorteilen, die Mitarbeiter:innen sind produktiver, zufriedener und motivierter, und sie identifizieren sich stärker mit ihrem Unternehmen.

Vereinbarkeit von Familie und Beruf gehört zu einer modernen Unternehmenskultur dazu, und sie hat eine große Strahlkraft auf zukünftige Talente – vor allem die der Generation Y, denen Familie wichtiger ist als Geld und die beides möchten: Kinder und Karriere.

Hacks

#1 Vereinbarkeit ist Mitarbeiter:innenbindung. Mehr als jedes Employer-Branding-Programm und jede Tischtennisplatte.

#2 Performance statt Präsenzkultur: Eine hohe Anzahl von Stunden im Office ist kein Garant für gute Leistung.

KAPITEL 22

Effizienteres Zeitmanagement

»Do more of what makes you awesome.«

Was vielen Unternehmen und Führungskräften nicht klar ist: Eine berufliche Auszeit und eine engagierte Vaterschaft stärken ganz explizit die Leadership-Qualitäten. Die Fähigkeit, durch Talentmanagement und Empowerment sein Team so aufzubauen, dass es ein halbes oder ganzes Jahr mit einer Person weniger auskommt, hat gerade in der Elternzeit ihre Feuerprobe. Beides zusammen, der richtige Einsatz von Mitarbeiter:innen und ihr Empowern, bildet den Grundpfeiler eines effizienten Zeitmanagements. Einem/einer Vorgesetzten, der/die das Modell der transaktionalen Führung nutzt, wird das nie gelingen. Das Motto dieses in den 1980er und 1990er Jahren vorherrschenden Führungsstils ist: »Du machst das, weil ich dein:e Chef:in bin, ich bin überall dazwischengeschaltet, ohne mich geht gar nichts.« Diese Form des Mikromanagements lässt weder Vereinbarkeit noch ein effizientes Zeitmanagement zu. Anders die transformationale Führung: In ihr »empowere« ich mein Team. Meine Mitarbeiter:innen haben einen vorgegebenen Rahmen, in dem sie sich frei bewegen können, ohne ständig abgefragt zu werden. So sind sie viel autarker und selbstgesteuerter. Dadurch wird nicht mehr nur mehr Vereinbarkeit für mich und meine Familie möglich, sondern auch für mein gesamtes Führungsteam – für alle meine Mitarbeiter:innen.

Um als Führungskraft eine solche Flexibilität leben zu können, brauche ich die richtigen Rahmenbedingungen:

- ein Unternehmen, das offen für Vereinbarkeit ist;
- den richtigen Job, in dem ich gut bin, Freude empfinde und mich bestenfalls bereits bewiesen habe;
- die richtigen durch Talentmanagement aufgebauten Kolleg:innen;
- eine transparente Kommunikation – sie ist unverzichtbar.

Selbst wenn du bereits ein gutes Zeitmanagement hast, ist transparente Kommunikation unabdingbar. Denn engagiertes Vatersein heißt auch, ab und zu auch mal schnell wegzumüssen, um das Kind aus der Kita abzuholen und zum/r Arzt/Ärztin zu bringen. Wer das nicht gut kommuniziert, ist für die Kolleg:innen plötzlich nicht mehr greifbar. Das ist kontraproduktiv, denn es untergräbt ein effizienteres Zeitmanagement. Transparenz ist daher nicht nur für die Führungskraft, sondern auch für das Team die Maxime.

Vereinbarkeit kann nicht gelingen, wenn die anderen erst nach drei Jahren erfahren, dass man Kinder hat, weil man denkt: »Geschäftliches und Privates sollte man trennen.« Um Verständnis für die Situation aufzubringen und auch Meetings vereinbar zu planen, brauchen alle im Team die Information: »Ich bin Vater oder Mutter.« Das heißt allerdings nicht, dass alle wissen, was das bedeutet. Kinderlose können meist überhaupt nicht nachvollziehen, was alltägliche Kleinigkeiten nach sich ziehen, etwa der Anruf aus der Kita: »Ihr Kind fiebert«, »Ihre Tochter hat Läuse«, »Eine Erzieherin ist krank, Sie müssen Ihr Kind früher abholen« oder »Der Pooltest war positiv« oder ein unplanmäßiger Ausflug in die Klinik wegen einer Platzwunde. Sie torpedieren unseren Arbeitsablauf und unser Zeitbudget. Die Empathie für Kinder gilt es in den anderen zu schärfen.

Daher spreche ich im Team immer wieder mal über meine väterlichen Herausforderungen, ebenso wie über ganz alltägliche Dinge, etwa den Geburtstag meiner Söhne oder einen gemeinsamen Ausflug. Durch diese Offenheit und Transparenz ist es für meine Mitarbeiter:innen nicht ungewöhnlich, wenn ich in einem Meeting sage: »Tut mir leid, meine Frau hat gerade einen wichtigen Kundentermin, ich muss jetzt raus aus der Telko und die Kinder abholen.« Wichtig dabei ist: Nicht erst im Meeting mit der Tür ins Haus zu fallen, sondern – und auch das gehört zu einer transparenten Kommunikation – die Beteiligten schon vorher wissen zu lassen, dass man heute um 16.45 Uhr einen wichtigen privaten Termin hat und eventuell später nochmal etwas nacharbeitet.

Viele Väter lügen in solchen Situationen, wie eine Befragung von care.com während der Corona-Pandemie herausfand. 51 Prozent der befragten Väter verheimlichten ihre Care-Arbeit für die Familie, indem sie bei Videokonferenzen einen anderen Termin vorschoben, um ihre Kinder in den Kindergarten zu bringen oder dort abzuholen. Sie hatten Angst, ihre Chefs/Chefinnen und Kolleg:innen würden das nicht verstehen[62]. Genau das ist keine offene Kommunikation, und wenn ich für meine Familie unter dem Radar fliegen muss, dann lassen sich weder Vereinbarkeit noch ein effizientes Zeitmanagement gut leben. Kleine Krisen und gute Gründe, warum Sie ein Meeting vorzeitig verlassen müssen oder einen anderen Termin haben, erfordern einfach eine transparente Kommunikation.

Nichts ist in Stein gemeißelt

Eines meiner großen Learnings als Vater ist: Nichts ist in Stein gemeißelt. Und: Es ist so viel mehr Flexibilität möglich, als ich je dachte. Gerade hybride Arbeitsweisen mit Videokonferenzen und Homeoffice schaffen viele Freiheiten und haben unser Arbeiten seit dem Coronavirus und den Lockdowns verändert. Ohne sie hätten wir diese zeit- und kostensparende Möglichkeit zu kommunizieren wohl nicht so schnell und selbstverständlich in unser aller Leben integriert.

Gleichzeitig gibt es berufliche To-dos, die unumstößlich sind. Etwa bestimmte Reisen oder Meetings, die ich auf keinen Fall absagen oder verpassen kann, auch weil es vielleicht Menschen im Unternehmen gibt, die nicht voll und ganz verstehen, dass Familie wichtig ist. Solche Fixpunkte stehen rotmarkiert in meinem Kalender. Zusätzlich sind sie mit meiner Frau so abgestimmt, dass ich diese zwei Tage oder zwei Stunden – egal, ob ich im Homeoffice oder sonst wo bin – nicht wegkann. Umgekehrt halte ich meiner Frau den Rücken frei, wenn sie geschäftlich unterwegs sein muss oder wichtige Kundentermine hat. Dann bin ich derjenige, der bei unvorhersehbaren Anrufen aus dem Kindergarten oder anderen Notfällen einspringt. Dann bin ich es, der ein Teammeeting oder ein Meeting mit dem/der Vorgesetzten absagt oder prüft, ob nicht jemand anderes übernehmen kann, um mir so den Nachmittag freizuschaufeln. Denn das Einzige, was beispielsweise beim Warten in einer Notaufnahme geht, ist, ab und zu eine Nachricht zu schreiben oder zu beantworten – mehr ist einfach nicht möglich.

In solchen Momenten ist es gut, sein Team klug strukturiert zu haben. Gleichzeitig erkläre ich laufende Projekte immer auch einer zweiten Person und versuche, Wissen auf zwei Schultern zu verteilen. Wenn auch mal ein:e Kolleg:in einspringen kann, schafft das keine gegenseitige Austauschbarkeit, aber es hilft im Geschäftsalltag sehr, diesen am Laufen zu halten – selbst wenn Notfalltermine oder krankheitsbedingte Arbeitsausfälle den Tagesablauf torpedieren.

Talentmanagement unterstützt gutes Zeitmanagement

Talentmanagement ist in meinen Augen eine wichtige, wenn nicht die wichtigste Leadership-Aufgabe. Denn Mitarbeiter:innen aufzubauen und ihnen Chancen zu geben, sich auszuprobieren, sorgt nicht nur für ein stärkeres und motivierteres Team, sondern auch für mehr Effizienz und genügend Flexibilität für Vereinbarkeit. Dabei achte ich darauf, dass es ein, zwei Redundanzen unter den Mitarbeiter:innen gibt, damit der/die eine Aufgaben des/der anderen übernehmen kann und umgekehrt. Das gelingt durch Weiterbildung und Förderung. Oder du bewegst oder ermutigst eine:n Mitarbeitende:n, der/die perfekt in seiner/ihrer Sache ist, etwas abzugeben. Auf diese Weise können auch andere eine Chance erhalten, Neues dazulernen und sich zu beweisen.

»Nach drei Jahren hast du das Team, das du verdienst«, findet mein ehemaliger Dozent Dr. Marcus Heidbrink und spricht mir damit aus der Seele. Ich akzeptiere, wenn jemand zwei Jahre lang sagt, er/sie hätte nicht das richtige Team für Vereinbarkeit. Wenn Leute nach drei Jahren aber immer noch so argumentieren, frage ich nach, wie viele Mitarbeiter:innen mittlerweile eingestellt wurden. Zwei, drei, erhalte ich meist als Antwort. Meine nächste Frage lautet dann: »Und wie viele können einen Teil des Jobs der anderen machen und auch einen Teil deines Jobs?« »Das können die leider nicht« oder: »Das kann nur ich«, bekomme ich dann meist zu hören.

Du hast es in der Hand, Vereinbarkeit in deiner Abteilung zu schaffen – für dein Team und auch für dich. Du suchst die Mitarbeiter:innen aus, prüfst, welche Qualifikationen sie haben, und wenn du nach drei Jahren immer noch sagst: »Das kann nur ich«, dann frage ich mich: »Warum hast du keine:n in die Weiterbildung geschickt, keinen Excel-Kurs und auch kein Präsentationstraining bezahlt? Das Budget war da, du hättest nur sagen müssen: ›Kann ich das für meine Mitarbeiter:in buchen?‹« Das Gleiche gilt für Führungskräfte, die ständig im Urlaub E-Mails schreiben müssen. Auch ihr Talentmanagement ist in meinen Augen ausbaufähig.

Natürlich ist es angenehm, wenn ich weiß, dass ich diese oder jene Aufgabe immer Herrn Müller und Frau Heinrich geben kann, die machen das am besten und so, wie ich das will. Doch als Vorgesetzte:r sollte ich mich hüten, in die Bequemlichkeitsfalle zu tappen. Verteile stattdessen Aufgaben und Projekte auch auf die Gefahr hin, dass das Ergebnis bei anderen die ersten fünf Male vielleicht nicht so perfekt, aber trotzdem okay sein wird. Nur so entwickelst du ein ideales, starkes Team – das Rückgrat eines jeden guten Zeitmanagements.

Hacks

#1 Entwickle Talente: Das fördert die Vereinbarkeit und hilft dabei, die Arbeitsbelastung in Teams auszutarieren.

#2 Hab Geduld: Nach drei Jahren hast du das Team, das du verdienst.

#3 Ohne transparente Kommunikation keine Vereinbarkeit.

KAPITEL 23
Zeit – das höchste Gut

»We must use time as a tool, not as a couch.«
John F. Kennedy

Der Faktor Zeit wird nicht erst mit Kindern bedeutend, doch dann wird er zum kostbarsten Gut. Sind die Kinder klein, nimmt ihre Betreuung, ihre Erziehung und die täglichen Herausforderungen als Familie viel davon in Anspruch. Haben wir einen Arbeitsvertrag, wissen wir, dass jeden Monat Geld auf unser Konto kommt – bei Zeit ist das anders. Bei diesem Konto wissen wir nie, wann es leer ist. Deswegen sollten wir sehr gewissenhaft mit der Zeit umgehen und sie nicht einfach nur verschwenden. Das betrifft auch die Zeit anderer.

Vorgesetzte haben qua ihrer Rolle und Weisungsbefugnis die Macht, über die Zeit anderer zu verfügen. Seit ich Kinder habe, gehe ich daher noch bewusster mit dieser wertvollsten Währung um und lasse diese Erkenntnis in alle meine Überlegungen einfließen: in die Meeting-Kultur, in die Projekte, die ich beginne, und in die Entscheidungen, die ich treffe. Tippe ich nämlich eine Sache auch nur an, hat das schnell einen Dominoeffekt in alle Richtungen. Finde ich zum Beispiel einen bestimmten Markt interessant und meine, dass wir uns den doch mal angucken könnten, dann kann eine Mail dazu eine Lawine weiterer elektronischer Post auslösen. Die adressierten Mitarbeiter:innen beauftragen ihrerseits eine:n ihrer Mitarbeitenden mit der Recherche, erhalten von diesen Rückfragen, und weil sie auf Nummer sicher gehen wollen, erklären sie, dass die Recherche sehr genau sein solle. Die beteiligten Mitarbeiter:innen schreiben nun ihrerseits wieder Kolleg:innen an, die weitere kontaktieren, während ich die Idee vielleicht schon wieder verworfen habe. Damit unser aller Zeitmanagement effizient bleibt, müssen wir also gut überlegen:

- Ist das jetzt der richtige Zeitpunkt für das Projekt?
- Ist das Ganze für die Firma wirklich notwendig und überhaupt erfolgversprechend?

Antonio Nieto-Rodriguez schreibt in einem Artikel im *Harvard Business Manager*, dass 65 Prozent der Projekte in Unternehmen scheitern[63]. Dies liegt natürlich teilweise auch am Projektmanagement und der Ausführung, aber eben auch daran, dass diese Projekte vielleicht hätten niemals gestartet werden dürfen. Natürlich bin ich für eine Fehlerkultur und dafür, Sachen auszuprobieren, aber man muss nicht immer alles machen. Ich halte es hier sehr mit dem italienischen Ökonomen Vilfredo Pareto (1848–1923): 20 Prozent der eingesetzten Energie führen zu 80 Prozent des Outputs, und man muss nochmal 80 Prozent an Energie für die restlichen 20 Prozent aufwenden (siehe Abbildung 10).

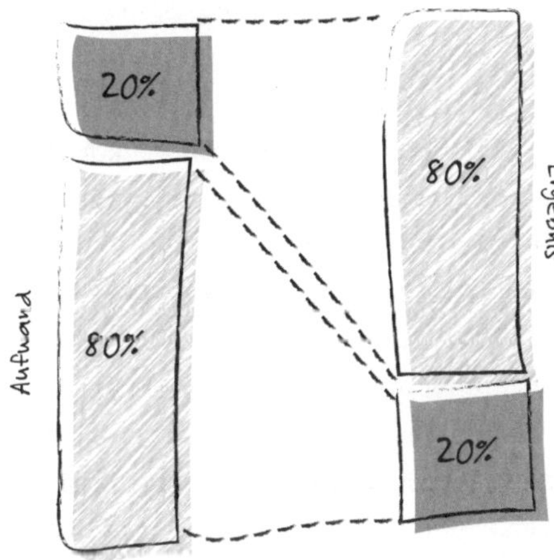

Abbildung 10: Pareto-Prinzip

Ich sollte mir also ganz genau überlegen: Wann ist der Energieaufwand sinnvoll und wann nicht? Ansonsten verschleiße ich nicht nur meine Zeit, sondern auch die des Teams und der einzelnen Mitarbeiter:innen – und zwar deren und meine Lebenszeit. Pareto ist in meinen Augen nicht das Prinzip der Faulen, sondern der Klugen, die wissen, was Effizienz bedeutet. Nämlich: Das Richtige zu tun.

EXKURS: ALTERNATIVE ARBEITSZEITMODELLE

Obwohl das Thema der Vereinbarkeit von Familie und Beruf im Trend ist und Expert:innen sich in verschiedenen Online- und TV-Formaten damit beschäftigen, bewegt sich am Ende doch eher wenig. Unsere europäischen Nachbar:innen zeigen deutlich mehr Mut und Innovationsbereitschaft beim Ausprobieren alternativer Vereinbarkeitsmodelle, als es bisher in Deutschland der Fall ist. Mir ist bewusst, dass wir mit der Finanzierung des Elterngeldes auf 67 Prozent des vorherigen Monatseinkommens und überhaupt dem Elternzeitanspruch für 36 Monate für Mütter und Väter beispielsweise Eltern in Frankreich wohl die Tränen in die Augen treiben. Trotzdem gibt es noch viel Luft nach oben:

- Schweden und Island, die alternative Arbeitszeitmodelle von einer Vier-Tage-Woche beziehungsweise sechs Stunden Arbeitszeiten pro Tag zumindest testen, gelten als hervorragende Beispiele.
- Denkbar ist ein bedingungsloses Grundeinkommen als finanzielles Netz für Familien, um auch psychisch gesünder im Arbeitsleben agieren zu können.
- Warum soll man nicht auch in Teilzeit Karriere machen können?
- Warum sind die Strukturen, die andere Formen der Arbeit ermöglichen, immer noch nicht vorhanden?
- Das Thema Homeoffice wurde beispielsweise jahrelang gerade im öffentlichen Dienst aufgrund möglicher Sicherheitslücken für unmöglich erklärt. Die Pandemie machte Homeoffice schließlich doch möglich. Warum also diese Starre?

Priorisieren

Mir geht es um den Output und die Frage: »Was ist zielführend?« Deshalb muss man auch mal Nein sagen können. Nehme ich alles an, selbst wenn ich keinen Erfolg in bestimmten Aufgaben erkenne, ist das weder für das Unternehmen noch für mich selbst zielführend. Auch Mitarbeiter:innen müssen ihrem/r Chef:in klar sagen: »Das kann ich leisten, aber jenes ist in meinen 40 Wochenstunden, ohne zehn Stunden extra zu ackern, nicht möglich.« Gleichzeitig gilt es, Vorgesetzte nach Prioritäten zu fragen. Auch ich ertappe mich gelegentlich dabei, dass ich gerne Projekte anstoße und dann zu hören bekomme: »Ich habe zehn Sachen auf dem Tisch, aber keine Ahnung, was überhaupt am wichtigsten ist und was zuerst fertig sein muss und was später.« Das heißt also für Führungskräfte: immer erst klären, wo die Prioritäten liegen, welche Deadline es gibt und ob der/die Mitarbeitende die Aufgabe wirklich verstanden hat. Dann kann er/sie loslegen und einen ersten Entwurf entwickeln.

Der erste Entwurf nach zwei, drei Tagen wird nicht zu 100 Prozent perfekt sein. Aber das muss er auch gar nicht. Aber nun können die Beteiligten über das Projekt sprechen, den Draft zusammen verfeinern und gelangen schneller und effizienter zum Ziel, als wenn jemand tagelang allein tüftelt, aus Angst, nicht alles perfekt hinzukriegen, oder die Aufgabe gar falsch verstanden hat. Wenn das passiert, hat man als Führungskraft das Ganze nicht gut kommuniziert und vom/von der Mitarbeitenden nicht nochmal Feedback eingefordert, ob er/sie alles verstanden hat. Hakt das Zeitmanagement an der Stelle, gilt es, den Fehler bei sich selbst zu suchen. Auch als Chef:in ist man nicht perfekt. Daher versuche ich meinen Mitarbeiter:innen zu vermitteln: Fordert beides von mir ein – Zielvorgaben und Prioritäten, welche Aufgaben als Erstes anzupacken sind.

Fokus-Zeit ergründen

Fokus-Zeit heißt für mich, zur richtigen Zeit zu arbeiten. Daher ist es für ein effizienteres Zeitmanagement sehr wichtig herauszufinden: Wann bin ich am produktivsten, wann habe ich die besten Ideen? Wer nach dem Mittagessen zum Beispiel immer einen Hänger hat, sollte in dieser Zeit nicht an Präsentationen oder einem Projektablauf arbeiten, was einen blitzscharfen Geist voraussetzt. Ich weiß zum Beispiel, dass meine frischesten zwei Stunden von 9 bis 11 Uhr sind. In diese

Zeit lege ich Aufgaben, die meinen gesamten Fokus und meine Innovationskraft benötigen, und beantworte nicht etwa E-Mails. Damit ihr Eingang mich nicht aus der Konzentration reißt, schließe ich mein E-Mail-Postfach und schalte mich zu bestimmten Zeiten, etwa in Teammeetings, auf nicht erreichbar.

Um deine Fokus-Zeit herauszufinden, halte zwei Wochen am besten schriftlich fest, wann du am produktivsten bist, und denk darüber nach, wann du in der Vergangenheit die besten Ideen hattest. Mir fallen manchmal auch die besten Ideen auf dem Kinderspielplatz ein oder beim Joggen – und eben zwischen 9 und 11 Uhr morgens. Diese wichtigen Erkenntnisse werden dir dabei helfen, deine kostbare Zeit effizient einzusetzen.

Meeting-Kultur

Da Meetings regelrechte Zeitfresser sein können, haben wir, wie schon in Kapitel 11 beschrieben, eine Meeting-Kultur mit einer klaren Agenda und einem festen Zeitrahmen von 20 oder 50 Minuten eingeführt. Dieses sogenannte Timeboxing steigert die Effizienz enorm. Gleichzeitig bleibt durch die Transferzeit von zehn Minuten zur halben oder vollen Stunde den Mitarbeiter:innen Zeit, sich Notizen zu machen und sich auf das anschließende Gespräch vorzubereiten. Arabesken und Abschweifungen gehören damit der Vergangenheit an – auch in bereichsinternen Managementmeetings. Selbst in diesen monatlichen Meetings hat jede:r zehn Minuten Sprechzeit. Wenn jemand überzieht, dann erinnere ich daran mit den Worten: »Okay, lass uns das nach dem Meeting zu zweit besprechen«, sonst driftet der Fokus schnell ab. Denn ganz ehrlich: Wie ist es ohne Limit? Da reden oftmals nur die Gleichen und statt zehn Minuten gerne eine Stunde. Wenn das dann jede:r macht, wird aus einer Besprechung, für die eine Stunde angesetzt war, ein Fünf-Stunden-Meeting.

Auch hierbei ist eine offene Unternehmenskultur als Korrektiv gefragt. Selbst wenn ich als Chef mal zu weit aushole, ist es mir wichtig, dass mich ein/e Mitarbeiter:in unterbricht und sagt: »Hey, Roman, du überziehst gerade fünf Minuten« oder »Sorry, aber passt jetzt eigentlich nicht zum Thema.« Ein Meeting-Guidebook hilft, solche Signale auch in Richtung Chef:in leichter zu kommunizieren. Darin steht unter anderem, dass Mitarbeiter:innen das Einhalten des Zeitlimits einfordern können. Oder dass bei gegenseitigen Updates zu Projekten kein Raum für Nichtagenda-Themen wie das Lösen von Problemen ist. Solche Inhalte müssen separat geklärt werden. Es sei denn, das Meeting war dafür angesetzt.

Small Talk in Meetings ist auch passé. Wem trotzdem nach ein bisschen Beziehungspflege ist, der/die kann kurz vor dem verabredeten Zeitpunkt in die Telko gehen. Oftmals sind da schon erste Teilnehmer:innen vor Ort. Oder man trifft sich privat an der Kaffeemaschine oder ruft sich an. Small Talk sollte separat, abgekoppelt vom Meeting stattfinden, denn in Besprechungen kostet er unnötig Zeit.

Auch die Tendenz, dreistündige Meetings einzustellen – sicherheitshalber, damit am Ende alles geklärt ist –, kostet Zeit. Oftmals ist man nach 20 Minuten fertig, doch im Kalender sind bei allen Teilnehmer:innen die restlichen zwei Stunden und 40 Minuten geblockt. Die Zeit im Büro wird dadurch immer länger, da auch andere sich mit mir austauschen müssen und ich mich mit ihnen – das hebelt jegliche Vereinbarkeit aus.

Ich habe eine Bekannte in der Politik, die klagt über Meetings um 19 oder 20 Uhr. Das ist schrecklich, wenn man kleine Kinder hat, die man ins Bett bringen möchte. Und es gibt auch Firmen, bei denen starten Meetings um 5 Uhr morgens. Einfach nur, weil es die Leute halt können oder die Chefs/Chefinnen sagen: »Das will ich so.« Doch damit schaffen sie weder Motivation noch Vereinbarkeit. Es liegt also sehr in der Verantwortung des/der Vorgesetzten, auf die Zeiten zu achten, wann und wie Meetings angesetzt sind.

Empowerment fördern

Durch meine Vaterschaft kann ich andere heute sehr gut darin unterstützen, Kind und Karriere unter einen Hut zu bekommen. Wenn ich merke, dass sie sich ein partnerschaftlich ausgeglichenes Leben wünschen, aber dennoch bis 19 Uhr arbeiten, versuche ich mit ihnen zusammen zu ergründen, ob es an zu vielen Aufgaben liegt, ob der Job, den sie ausüben, nicht der richtige ist, oder ihnen Nein zu sagen schwerfällt. Auch eine solche Schieflage sollte man als Führungskraft erkennen und Hilfe anbieten beziehungsweise mit klaren Regeln die Vereinbarkeit stärken. Ich weise beispielsweise meine Teams darauf hin, dass am Wochenende keine E-Mails geschrieben werden sollen. Oder ich als Vorgesetzter sage, wenn ein Notfall mit meinen Kindern eintritt, nicht: »Ich kann mich aufgrund meiner Führungsrolle nicht darum kümmern«, sondern nehme mir den Nachmittag frei und setze so ein Zeichen. Dabei vertraue ich meinen Mitarbeiter:innen an, warum ich wegmuss, obwohl ich es nicht müsste. »Ich muss in den Kindergarten, einen meiner Söhne abholen und mit ihm ins Krankenhaus oder nach Hause wegen einer Magen-Darm-Geschichte.« Nur so kann ich den Raum für meine Mitarbeiter:innen öffnen, damit sie Vereinbarkeit ohne Druck wirklich leben und umsetzen können. Die Vorbildfunktion, die eine Führungskraft per Definition innehat, muss sie auch beim Thema Vereinbarkeit wahrnehmen.

Grundsätzlich ist es beim Empowern der Mitarbeiter:innen wichtig, sein Mikromanagement über Bord zu werfen. Stattdessen gilt es, sich als Führungskraft immer zu fragen: »Habe ich es richtig erklärt?« Aber auch: »Habe ich meine Teams richtig weitergebildet, und können sie eine Aufgabe, die ich delegiert habe, überhaupt übernehmen? Habe ich das richtige Umfeld dafür geschaffen, und habe ich ihnen die richtigen Tools bereitgestellt? Habe ich eine Sicht von außen darauf, ob und wie das Ganze funktionieren könnte, und bin ich wirklich weit entfernt von der transaktionalen Führung und bei der transformationalen Führung angekommen?« In ihrem Wirkungsbereich lasse ich meinen Mitarbeiter:innen ihre Freiheiten. Ich gebe nur noch den Rahmen vor, in dem sie sich bewegen können.

Das bedeutet auch, auf die eigene Perfektion zu verzichten und zu sagen: »Ich hätte das vielleicht anders gemacht, aber es ist trotzdem gut.« Ich kenne hingegen viele Führungskräfte, die sagen: »Das mache ich lieber selber.« Warum? »Weil es keine:r so gut kann wie ich.« Darauf antworte ich gerne: »Möchtest du den anderen nicht zeigen, wie das geht?« Viele verstehen nämlich Empowern falsch. Es heißt nicht, eine Aufgabe weiterzuschieben oder zu delegieren, sondern jemanden zu befähigen, etwas selbst zu tun. Ich muss mir die Frage stellen: »Kann die Person das, habe ich ihr das gezeigt, ist sie an der richtigen Position, ist genügend Zeit für die Umsetzung vorhanden …?« Und statt ihren Fortschritt zu kontrollieren, gebe ich ihr Hilfestellungen und bin für Rücksprache da.

Empowern ist ein Sparring, und der Grat, wieder ins Mikromanagement abzurutschen, ist schmal. Die Gefahr besteht zum Beispiel, wenn Mitarbeitende sagen: »Soll ich das so machen, oder ist das okay, wenn ich es so mache?« In solchen Fällen erwidert man idealerweise: »Das musst du selber herausfinden. Mach mal. Wir schauen uns das Ergebnis dann zusammen an und sprechen darüber. Wenn ich dir sage, wie's geht, kommst du nicht auf eigene Ideen, dann sind es meine Ideen.« Ganz wichtig bei diesem Prozess ist zu wissen, dass auch andere Meinungen und Wege zum Erfolg führen.

Hacks

#1 Keine Mails am Wochenende. Weder schreiben noch beantworten. Wie so oft im Leben bestätigen Ausnahmen die Regel.

#2 Empowern ist nicht delegieren. Befähigen, statt nur Aufgaben zu verteilen.

#3 Wenn du keine Vorbilder hast, dann sei selbst eines.

KAPITEL 24
Kranke Kinder – Krisenmanagement für alle Beteiligten

»Auch aus Steinen, die einem in den Weg gelegt werden, kann man Schönes bauen.«
Lebensweisheit

Wenn die Kinder krank sind, ist das ein Stresstest für alle Beteiligten – die Kinder, die Eltern, die Führungskraft und das Team. Nun zeigt sich, wie gut das Krisenmanagement innerhalb der Abteilung funktioniert. Meine Erwartungshaltung an meine Mitarbeiter:innen ist grundsätzlich: Wer krank ist, muss wirklich zur Ruhe kommen und neue Kräfte tanken. Denn sonst ist die Stressresistenz schnell im Keller, und wir brauchen sie in der heutigen VUCA-Welt mit Corona-Krise, Chipmangel, Rohstoffengpässen und der Inflation mehr als je zuvor.

Wichtig ist auch, dass das Back-up zu Hause stimmt, schließlich sind Kinderkrankheiten auch und gerade für die Paarbeziehung eine besondere Herausforderung. Hier zeigt sich, ob man diese Aufgabe der Kinderbetreuung wirklich partnerschaftlich trägt und nicht kategorisch nach der Wichtigkeit der Termine des Partners/der Partnerin, der/die am meisten Geld nach Hause bringt. Oft ist das ein schlagkräftiges Argument in Beziehungen: »Ich verdiene mehr Geld, deswegen ist mein Termin wichtiger.« Darum geht es aber nicht. Denn Termine wie zum Beispiel für Weiterbildung, wie meine Frau sie gerade macht, würden damit durch das Raster fallen. Gleichzeitig kann sie diese nicht nachholen, ich aber kann meine zeitgleichen Meetings zum Teil nachholen. Es geht also nicht immer nur darum, wer mit seinem Job mehr Geld verdient, sondern wessen Termin vielleicht nicht nachholbar ist.

Fieber, Mittelohrentzündung, Hand-Mund-Fuß-Krankheit – die Liste möglicher Kinderkrankheiten ist lang. Vor allem wenn du wie ich Zwillinge hast, die oft beide gleichzeitig krank werden oder nacheinander und man selber dann auch noch. Da wird man zwangsweise gelassener, weil man erkennt: Ich kann es sowieso nicht ändern. Selbst wenn ich mich aufrege und leichte Panik verspüre, gibt es Situationen, die lassen sich nicht ändern. Und wenn ich die Situation nicht ändern kann, bleibt mir nur, sie beziehungsweise die Krankheit auszusitzen – bei mir selber und bei den Kindern. Das schafft Resilienz.

Natürlich könnte ich mich in der Zeit an den Laptop setzen und versuchen, irgendwas hinzukriegen. Aber komplexe Themen, die besondere Aufmerksamkeit benötigen, lassen sich in solchen Situationen nicht bearbeiten. In diesem Fall gilt es, auch mal fünfe gerade sein zu lassen und sich zu erholen.

Hacks

#1 Gleichberechtigung in der Beziehung ist keine Frage des Gehalts. Es geht also nicht immer nur darum, wer mit seinem Job mehr Geld verdient, sondern wessen Termin vielleicht nicht nachholbar ist.

#2 Acht bis zwölf Infektionen pro Jahr sind bei Kleinkindern normal. Finde dich damit ab und verbessere dein Krisenmanagement.

KAPITEL 25

Die Frage nach dem Purpose

»Questions are really powerful in creating safety – they indicate to someone that you actually want to hear their voice.«
Amy Edmondson

Mein Job ist ein spannendes Aufgabengebiet, meine Leidenschaft, aber auch meine Einkommensquelle. Gleichzeitig ist meine Familie ein starker Anker für mich. Unternehmen, Marken, Real- und Internetwelt sind Variablen, die sich jederzeit ändern können. Sie entspringen unserer Vorstellungskraft und der kollektiven Fantasie. Die Familie zu Hause hingegen ist das einzige wirklich Reale in unserer Welt. Vater wirst du immer sein, das ändert sich nicht, egal, wo die Kinder nach dem Studium oder der Ausbildung leben. Und auch wenn wir sie verlieren, werden wir immer Vater sein – diese Gefühle verschwinden nicht. Ein Unternehmen jedoch kann morgen von einem anderen gekauft, dein Geschäftsbereich ausgegliedert werden, das Geschäftsmodell und die Produktpalette können sich ändern.

Manche Menschen haben zu ihrem Unternehmen, für das sie tätig sind, fast schon ein menschliches Verhältnis. Sie sagen: »Ich lebe für meinen Job« oder »Ich bin für das Unternehmen da.« Doch was, wenn das Familienunternehmen, für das ich lebe und für das ich brenne, morgen von einem Großunternehmen gekauft wird und auf einmal alle Strukturen aufgebrochen und alles wird verändert? Wofür habe ich dann gelebt? Adam Grant, Bestsellerautor und Professor an der Wharton School der University of Pennsylvania, schrieb einmal in den sozialen Netzwerken treffend: »A company isn't a family. Parents don't fire their kids for low performance or furlough them in hard times. A better version of workplace is community – a place where people bond around shared values, feel valued as human beings, and have a voice in decisions that affect them.«[64]

Der Purpose – zu Deutsch: der Daseinszweck – ist im Moment in aller Munde. Er soll den Gesellschaftsbeitrag eines Unternehmens zeigen und für mehr Sinn und Bedeutung bei den Mitarbeiter:innen einer Firma und für mehr Akzeptanz bei den Kund:innen sorgen. An Bedeutung gewann der Begriff durch die Generation Y, die mehr als jede Generation zuvor Fragen stellt und sich selbst verwirklichen möchte. Sie hat in der Hierarchie der menschlichen Bedürfnisse eine Stufe erreicht, die höher liegt als die aller Generationen zuvor. Nach dem US-amerikanischen Psychologen Abraham Maslow (1908–1970) stehen nach der Befriedigung physiologischer Bedürfnisse wie Hunger, Durst, Schlaf und Sexualität als nächste Stufe Sicherheitsbedürfnisse an, wie ein Arbeitsvertrag und ein sicheres Einkommen. Hat man die Sicherheitsbedürfnisse befriedigt, wie die Väter und Mütter der Generation Y, von denen sich viele ein finanzielles Polster geschaffen haben, will man sich zugehörig fühlen und Teil eines Teams sein. Ist das gegeben, folgt das Bedürfnis nach Wertschätzung in Form von Anerkennung für seine Arbeit, und auf der letzten Hierarchieebene steht das Bedürfnis nach Selbstverwirklichung.

Das bedeutet: Erst wenn es uns richtig gut geht, fragen wir überhaupt danach, ob unser Tun Bedeutung hat. Es ist sozusagen die Kirsche auf der Torte des Schaffens. Doch ein Purpose unterstützt nicht unbedingt die Vereinbarkeit von Karriere und Familie. Die mit ihm verbundene, oftmals übertriebene Suche nach Sinn im Job verhindert möglicherweise den Blick auf das, was der eigentliche Sinn im Leben ist – nämlich das Zuhause, die Familie.

Gerade Menschen, die besonders viel Sinn in ihrer Arbeit empfinden, vernachlässigen die Familie zu Hause am stärksten. Vor meinem jetzigen Beruf habe ich ein halbes Berufsleben vor einer Maschine verbracht, Bauteile programmiert und Daten eingetippt. Ich würde nicht sagen, dass ich da einen Purpose hatte, zumindest wurde er mir nicht vermittelt. Aber ich hatte ein gutes Gehalt und konnte mir davon ein gutes Privatleben leisten. Und ich glaube, man tut besser daran, sich im Privatleben einen Purpose zu schaffen, der über ein ganzes Leben hinweg bestehen bleibt, als sich einen Purpose aufzuerlegen, der ausschließlich mit dem Unternehmen verknüpft ist. Die Firma kann verkauft werden, außerdem geht man irgendwann in den Ruhestand oder wird vielleicht berufsunfähig. Was dann?

Das *Handelsblatt* spricht in diesem Zusammenhang von der »Purpose-Falle«[65]. Laut einer Studie der Unternehmensberatung Kienbaum können 59 Prozent der Fach- und Führungskräfte den Purpose der eigenen Firma nicht benennen. »Vielen Menschen ist die Frage nach dem Sinn von Arbeit schlicht zu groß«, weiß Personalexperte Carlos Frischmuth. »Der Großteil der Beschäftigten geht arbeiten, um Geld zu verdienen und den Kredit abbezahlen zu können.« Spaß und Sinn sind im Job natürlich hilfreich und etwas Tolles, wenn Beschäftigte ihn empfinden. Doch sollte Freude an der Arbeit nicht zur inoffiziellen Pflicht werden, gerade auch weil der Sinn der meisten Unternehmen – immerhin 90 Prozent der DAX-Konzerne – mit nur wenigen Worten benannt werden kann: Nachhaltigkeit, Harmonie und noch ein, zwei weitere Purpose-Begriffe.

Natürlich engagieren wir uns als Unternehmen auch gesellschaftlich – das ist keine Frage. In unserem Geschäftsbereich zum Beispiel unterstützen wir die »ReDI School of Digital Integration«. Diese Non-Profit-Organisation bietet Menschen aus verschiedensten Ländern Zugang zu Bildung. Ab 2022 wird es einen Kurs zum Thema »IoT« (Internet of Things) geben, daneben referieren unsere Teams über SPS- und CNC-Steuerungen, Daten-Security und zum Beispiel Robotik. Ich selbst hielt an der Schule bereits Vorträge zur Karriereplanung und zu meinem Weg vom Arbeiterkind zur Führungskraft in einem international tätigen Elektronikkonzern, vor allem den damit verbundenen Hürden. Außerdem machen wir mit der Organisation Viva Con Agua, die sich weltweit für sauberes Trinkwasser einsetzt, in diesem Jahr erstmals einen Spendenlauf. Nicht nur ich, sondern auch unser Topmanagement findet es wichtig, als Unternehmen dem Gemeinwohl etwas zurückzugeben.

Gleichzeitig denke ich, dass man als Maschinenbauer:in nicht sagen muss: »Wir machen Steuerungen für Maschinen und – da quetsche ich noch einen Purpose rein.« Besser, als einem Unternehmen Purpose einzuhauchen, ist es, für Menschen einen tollen Arbeitsplatz zu schaffen. Einen, der divers ist, der nachhaltig ist und an den die Mitarbeiter:innen gerne kommen; dass sie einen Job haben, den sie gerne ausüben. Darauf konzentriere ich mich lieber und versuche meinen Mitarbeiter:innen die Möglichkeit zu geben, genug Zeit für Vereinbarkeit zu haben, um sich ihren Purpose selber suchen zu können.

Die Leute sollten nicht ausschließlich mit einem Purpose ans Unternehmen gebunden werden, sondern man sollte ihnen sagen: »Vergesst das Leben nach dem Job nicht, auch nicht und gerade dann nicht, wenn ihr euren Job liebt.«

Hacks

#1 Purpose ist toll, Familie ist besser. Schaffe dir einen Purpose fürs Leben und nicht nur fürs Berufsleben.

#2 Kein Purpose im Job ist keine Schande. Einfach nur für sein Gehalt zu arbeiten, ist völlig in Ordnung.

#3 Schaffe Purpose, ohne ihn frei zu erfinden.

KAPITEL 26
Resilienz und der Umgang mit Stress

»Fall seven times, stand up eight.«
Japanisches Sprichwort

Im Job schaffen für mich ein gutes Talentmanagement, ein effizientes Zeitmanagement und Transparenz Widerstandkraft, also Resilienz.

Gerade Transparenz in der Kommunikation entlasten mich und meine Mitarbeiter:innen. Denn wenn etwas mit meinen Kindern passiert und ich schnell darauf reagieren muss, schafft die Frage: »Wie erkläre ich das jetzt meinem/r Chef:in oder meinem Team?« zusätzlichen Stress. Weiß ich aber, dass es okay ist, in einer solchen Situation zu gehen und mich um meine Kinder zu kümmern, reduziert das für mich wie für alle anderen die Anspannung. So können alle resilienter mit dieser Situation umgehen. Schließlich ist das Stresslevel in unserer VUCA-Welt auch so schon hoch genug. Allein die Tatsache, dass sich Dinge schnell ändern können, wie wir das mit der Coronakrise erlebt haben und erleben und wie sich das aktuell auf die Supply Chain auswirkt, sorgt gerade im Vertrieb und der dazugehörigen Administration für ein erhöhtes Stresslevel. Und darauf müssen wir natürlich auch reagieren. Das kann nicht mit einer Schulung abgefedert werden, sondern es müssen Auswege und Tools vermittelt werden. Selbst wenn das besonders bei männlichen Führungskräften ein Tabuthema ist: Resilienz und die Fähigkeit, mit Rückschlägen umgehen zu können, ist für mich eine der wichtigsten Leadership Skills. Deswegen coache ich meine Teams auch entsprechend, gerade wenn es schwierig ist.

Seit 2020 habe ich als Führungskraft einen kompletten Geschäftsbereich mit weit mehr als 100 Menschen zu managen – und zwar vom ersten Tag der Corona-Krise an bis heute. Wenn ich da bei jeder kleinen Eruption den Halt verlieren würde, würde ich das zum einen nicht lange durchhalten, und zum anderen könnte ich meinen Teams keine

Sicherheit und Beständigkeit vermitteln. Da sich jeden Tag und jeden Moment etwas ändern kann, ist Resilienz so existenziell.

Vatersein ist dafür eine gute Schule – sei es, wenn es darum geht, Krankheitszeiten zu managen, die Kinder morgens in den Kindergarten zu bringen, obwohl sie sich weigern, oder an der Kasse im Supermarkt eine Entscheidung zu treffen, wenn das Kind wegen einem Schoko-Ei den Aufstand probt. Jeder Tag als Vater ist irgendwie bunt und anders. Natürlich ist es auch eine individuelle Frage, ob man durch diese elterlichen Herausforderungen resilienter wird. Gleichzeitig kann man dem fast nicht entkommen. Mit kleinen Kindern ist man ständig mit Druck konfrontiert, und der Umgang damit lässt sich positiv fürs Unternehmen einsetzen. Beispielsweise weiß ich, wie wichtig es ist, darüber zu sprechen – und hier sind wir wieder bei der Transparenz. Fühlen sich Mitarbeiter:innen frei zu sagen: »Bei mir geht es gerade daheim echt drunter und drüber, mir steht es bis hier«, kann ich als Arbeitgeber:in oder als Führungskraft ganz anders auf solche Belastungsspitzen einwirken und vielleicht sogar den Druck reduzieren. Ganz anders verhält es sich, wenn ich darauf sage: »Interessiert mich nicht, ist dein Privatvergnügen.« Dann kann der/die Mitarbeiter:in auch nicht darüber reden, und das schafft zusätzliche Überforderung.

Vereinbarkeit bedeutet für mich als Chef daher auch, die private Welt meiner Mitarbeiter:innen zu kennen. Denn den häuslichen Stress nehmen wir mit zur Arbeit – und umgekehrt. Deswegen muss ich als Führungskraft theoretisch beides managen und sollte Einblick in die private Welt der Mitarbeiter:innen haben, indem ich offen darüber spreche. Tatsächlich beschäftige ich mich sehr stark mit zwischenmenschlichen Themen. Bei Mitarbeiter:innengesprächen geht es meist nur sekundär um fachliche Dinge – die Kompetenzen liegen hier ohnehin meist eher bei den Teams –, es geht vor allem um den Menschen und seine täglichen Challenges. Beruflich wie privat. So kann ich einschätzen, wo die Mitarbeiter:innen stehen oder auch, wie das Gesamtempfinden im Team ist. Würden mir zehn Personen berichten, dass es gerade echt schwer ist, wäre das ein deutliches Signal für mich, genauer hinzusehen, woran das liegt. Anders ist es, wenn ich merke, dass 90 Prozent meines Teams gerade sehr zufrieden und im Flow sind. Mit solchen Rückmeldungen kann ich einschätzen, wie belastbar meine

Organisation ist. Vor diesem Hintergrund kann ich unsere Aufgaben viel besser in die Teams verteilen.

Eine weitere Erkenntnis im Umgang mit Stress ist, den Pegelstand der eigenen Akkus einschätzen zu können. Als Vater und Mutter trägt man große Verantwortung und muss praktisch rund um die Uhr für seine Kinder da sein. Das zwingt einen, sich genauer mit Stress zu beschäftigen. Das Ziel dabei sollte es sein, seine eigenen Grenzen zu kennen und Antistressmaßnahmen für sich zu finden. Wenn ich überlastet bin, hilft es mir, joggen zu gehen. Damit bekomme ich ganz schnell wieder einen klaren Kopf. Und so entwickelt jede:r seine/ihre eigene Toolbox, um mit Stress umzugehen. Doch nicht alle Maßnahmen sind gut. Jedes Mal zum Beispiel ein Glas Rotwein zu trinken, um abends runterzukommen, ist auf Dauer kein ideales Antistressmittel. Bewegung und frische Luft sind in jedem Fall empfehlenswert. Damit wirkt man dem Steinzeitprogramm »Stress« am besten entgegen. Es springt an, wenn es eng wird, und hilft uns, gedopt mit Stresshormonen, stark und wieselflink angreifen oder fliehen zu können. Doch als Kopfarbeiter:in am Schreibtisch passiert nichts dergleichen: Wir lassen den Stress einfach in unseren Körper fahren und verteidigen uns höchstens verbal. Doch weil die körpereigenen Starkmacher nach der Stressattacke nicht aufgebraucht sind, sammeln sie sich an und schädigen langfristig unsere Gesundheit. »Wer sich regelmäßig bewegt, durchbricht diesen Kreislauf. Er baut Stresshormone ab, und der Körper bedankt sich, indem er Glückshormone ausschüttet«, schreibt Dr. Michael Spitzbart in seinem Buch *Erschöpfung und Depression: Wenn die Hormone verrückt spielen*[66]. Er meint, dass dieses Antistressmittel Überlastung und sogar Burnout vorbeuge.

Um den Kopf frei zu bekommen, ist es auch hilfreich, abends zu notieren, was an diesem Tag gut war und was schlecht. Wir neigen nämlich dazu zu sagen: »Heute war alles Mist!« Doch wenn man jeden Tag gute und weniger gute Momente aufgeschrieben hat, waren es rückblickend vielleicht doch nur 10 Prozent negative Erlebnisse. Auch diese Erkenntnis stärkt einen.

Hacks

#1 Finde dein Ventil. Egal, ob durch Lesen, Laufen oder Meditieren. Lass den Stress nicht in deinen Körper. Das schadet dir und deinem Umfeld.

#2 Key-Skill-Resilienz. Wenn es dir hilft, sieh es als Quality Management fürs Gehirn.

#3 Rede auch über privaten Stress. Es braucht zwar viel Vertrauen, mit Vorgesetzten und Kolleg:innen über Privates zu sprechen, aber der Stress bleibt nun mal nicht daheim, wenn man sich auf den Weg zur Arbeit macht.

KAPITEL 27
Empathische Zuhörer:innen

»Solange man selbst redet, erfährt man nichts.«
Marie von Ebner-Eschenbach

Weinende Babys lassen sich nur dann beruhigen, wenn man sich situationsadäquat verhält und die richtigen Handlungen ausführt: Fläschchen geben, wenn sie hungrig sind, Mützchen abnehmen, wenn es ihnen zu warm ist, oder die Kleinen trösten, wenn sie sich erschrocken haben. Empathie heißt hier das Zauberwort. Sich in ein kleines Wesen, das noch nicht sprechen kann, einzufühlen, lernt man als Eltern unweigerlich und am besten so schnell wie möglich.

Dieser Crashkurs »Empathie« ist für das Berufsleben äußerst hilfreich. Ich weiß daher auch, wie entlastend es ist, offen über Stresssituationen innerhalb und außerhalb der Firma reden zu können. Das hilft mir als Chef – wie bereits erwähnt –, Druck aus dem Ganzen zu nehmen, aber auch gezielt auf Projekte einzuwirken und Aufgaben besser verteilen zu können. Dazu gilt es, ein guter aktiver Zuhörer zu sein – eine Fähigkeit, die sich durch die Vaterrolle verfeinert. Denn du wirst merken, dass du nur eine Verbindung schaffst, wenn du wirklich auf dein Kind, seine Erlebenswelt und seine Gefühle eingehst. Erst dann hörst du, was dein Kind meint, und kannst zum Beispiel erkennen, warum es nicht mehr weitermalen möchte oder sich über die fünf Nüsse im Nikolaussäckchen grämt, und für Abhilfe sorgen. Durch Nachfragen findest du etwa heraus, dass der blaue Stift fehlt oder der Bruder zwei Nüsse mehr im Säckchen aus dem Kindergarten hatte, weil man sich dort verzählt hatte. Gehst du nicht auf die Situation ein und willst vielleicht dein eigenes Thema anbringen, spiegeln Kinder dir dieses Verhalten kompromisslos: Sie verstricken sich noch mehr in ihrer Emotion, verstummen oder wenden ihre Aufmerksamkeit einer anderen Sache zu.

Natürlich kann ich mit Mitarbeiter:innen ganz anders sprechen und ihnen sagen, welche Punkte mir wichtig sind und was ich erwarte.

Doch erst wenn ich ihre Wahrnehmungswelt kenne, ihre Bedürfnisse, ihre Wünsche, ihre aktuellen Sorgen und Nöte, kann ich sie wirklich verstehen. Dazu musst du unvoreingenommen zuhören. Topergebnisse erzielst du nämlich nicht, indem du deine eigene Welt verstehst und zum Ausdruck bringst, sondern indem du auch die Welt deines Gegenübers kennst und miteinbeziehst. Das ist bei allen Menschen so – bei Erwachsenen wie bei Kindern. Bei Kindern ist es nur krasser, weil bei ihnen die Gefühle stärkere Kapriolen schlagen. Kinder sind nun mal keine kleinen Erwachsenen.

Was für dich im allgemeinen Unternehmensalltag – egal, ob berechtigt oder nicht – vielleicht eine Lappalie ist, kann bei jemand anderem Existenzängste auslösen, wie beispielsweise das Thema Corona-Pandemie. Einfühlungsvermögen war und ist bei diesem Thema sehr wichtig, weil es unterschiedliche Risikoaversionen gibt und manche gar eine teils berechtigte, panische Angst um ihre Familie oder um sich selbst hatten. Umso notwendiger war es zu signalisieren: »Ich versuche nachzuvollziehen, wie es dir gerade geht.« Das macht den Unterschied aus.

Krisen stellen immer auch eine Chance dar, neue Stärke zu erlangen. In solchen Situationen zeigt sich einem, wie andere die Welt sehen. Und daraus kann man viel lernen, wenn man möchte.

Hacks

#1 Wir sind nicht alle gleich. Was für dich vielleicht eine Lappalie ist, kann bei jemand anderem Existenzängste auslösen.

#2 Bedürfnisse des Gegenübers verstehen lernen. Lass dich auf die Gefühle anderer ein, ohne sie zu werten.

KAPITEL 28
Kinder fördern Offenheit und kreatives Denken

»Probleme kann man niemals mit derselben Denkweise lösen, durch die sie entstanden sind.«
Lebensweisheit

Dinge einfach machen und spielerisch neue Lösungen finden, diese Kompetenz kann man von Kindern lernen. Geht man offen auf sie und ihre Denkweise ein, erkennt man, dass es viele andere Wege als die eigenen gibt, um Gedanken anzustoßen. Gleichzeitig kann die kindliche Naivität, die nicht in Barrieren denkt, beim thinking-out-of-the-box sehr hilfreich sein. »Das geht nicht, weil …« – typische Denkmuster von Erwachsenen wie dieses kennen Kinder nicht. Mit Fantasie geht alles: Autos, Kühe, Puppen, alles kann beispielsweise fliegen. Kindliche Fantasie löst Schranken auf und findet ungewöhnliche Lösungsansätze. Natürlich ist nicht alles umsetzbar, doch du bekommst ein wahres Feuerwerk an Ideen, wenn du dich auf ihr Spiel einlässt.

Mit dieser Offenheit gelingt es dir im beruflichen Kontext leichter, dich auf die Ideen und Sichtweisen anderer im Team einzulassen. Und das wiederum erweitert den Innovationsprozess. Eine Möglichkeit ist es auch, das Spielen darin zu integrieren, um auf neue Lösungen zu kommen. Beim sogenannten Design Thinking gehören Bauklötze wie Lego Serious Play ganz selbstverständlich dazu. Auch das Erstellen von Personas, bei dem man imaginäre Kund:innenprofile anlegt, ist nichts anderes, als spielerisch zu einer breiteren Erkenntnis über avisierte Kundengruppen zu gelangen. Das kannst du vermutlich auch mit Vierjährigen durchführen. Damit möchte ich das kreative Potenzial dieser Methode nicht schmälern, sondern zeigen, welche Hilfsmittel es braucht, um im Businessumfeld die kreative Kraft des Spielens zu integrieren. Aus einem ähnlichen Grund wurde wohl Design Thinking entwickelt. In den Design Labs der Tech- und Internet-Giganten sowie der Topunis werden die wildesten Experimente gemacht, um Kreativität zu fördern. Da wird alles ausprobiert, um das Finden neuer Ideen zu beflügeln. Zum Teil sieht es mit all den Bausteinen und dem anderen bunten Spielzeug da aus wie in einem Kindergarten.

Beim Thema Innovation sind Kinder Vorreiter:innen. Sich auf eine andere Welt einzulassen und neugierig, fantasievoll und offen zu denken, das konnte jede:r von uns einmal als Kind. Nur ist es bei den meisten in Vergessenheit geraten. Gerade an das Alter von null bis sieben Jahren haben die wenigsten von uns eine konkrete Erinnerung. Kinder können diese verschütteten Blickwinkel wieder in uns wachrufen. Das fördert neues Potenzial und neue Gedankenwege zutage. Außerdem hilft es, ein Stück weit die alte Steifigkeit abzulegen, die wir uns im Business über die Jahre hinweg oftmals angeeignet haben. Mit einer zu stark ausgeprägten Ernsthaftigkeit verbauen wir uns das unvoreingenommene Herangehen an Probleme und an neue Geschäftsmodelle. Dabei haben wir alle einen Kreativschatz in uns, den wir nutzen sollten.

Schon bevor ich Kinder hatte, habe ich versucht, mir diese Offenheit und dieses Ausprobieren zu bewahren. Doch seit ich Vater bin, merke ich, wie wichtig es ist, auch Mitarbeiter:innen und Kolleg:innen für diese Herangehensweise zu begeistern. Wie das geht, habe ich durch meine Kinder gelernt. Sage ich zum Beispiel zu meinem Sohn: »Wir wandern jetzt drei Kilometer den Berg hoch und runter«, findet er das alles andere als toll. Doch wenn ich auf dem Weg Geschichten erfinde und versuche, den Weg interessant zu machen, ist das etwas anderes. Übersetzt in die Businesswelt heißt das, den gemeinsamen Weg als Team zu illustrieren und Begeisterung für ein gemeinsames Ziel zu erzeugen. Wenn ich als Führungskraft mein Team beispielsweise für eine Veränderung begeistern will, beschreibe ich ihm, wie wir das erreichen werden oder wie toll es auf der Spitze sein wird.

Hacks

#1 Bleib neugierig. Deine Kinder zeigen dir, wie es geht. Fang wieder an, Fragen zu stellen, und hab Interesse an Neuem.

#2 Mach dich auch mal zum Affen. Manchmal darf man sich selbst nicht so ernst nehmen. Sei mal wieder Kind.

TEIL 5

FAMILIE

Der Spielplatz mit der kleinen Wasserpumpe ist im Sommer der absolute Magnet. Kein Kind kann sich davon fernhalten – und schon gar nicht meine Jungs. Egal, wie kalt es ist oder ob es gerade erst wieder ein schönes neues Sea-Shepherd-Shirt gab – nichts wie rein in den Matsch. Ich habe mir über die Jahre angewöhnt, mein Handy nicht mitzunehmen, wenn ich mit den Kids nach draußen gehe. Aber natürlich bilde ich mir manchmal ein, ich müsste es doch dabeihaben. Ein Kuchen aus Matsch hier und da ein kleines Rennauto aus kleinen klebrigen Klumpen, da kann ich doch mal kurz dazwischen nachsehen, ob sich etwas bei den E-Mails tut. Ich pack das Gerät ja auch gleich wieder weg. Der Ton ist auch aus, also bin ich doch voll bei der Sache und mit all meiner Achtsamkeit bei den Jungs. Jemand hatte mir eine E-Mail geschrieben und dann, ja stimmt, die Nachricht bei LinkedIn wollte ich auch noch beantworten. Wenn ich schon mal da bin, kann ich ja auch kurz mal nachsehen, was der Status so macht, und da sind ja auch die tollen Kommentare der Community. Wie wird eigentlich das Wetter morgen?

Mattis hat in der Zeit einen meiner Schuhe zur Ritterburg mit Wassergraben umgebaut, und Niklas war auf halbem Weg zur Hauptstraße. Ich war nicht da, nicht mal halbwegs. Ich war mit dem Kopf bei der Arbeit, bei den Nachrichten und tausend anderen Dingen, aber nicht da, wo ich eigentlich sein sollte, und zwar ganz bei meinen Kindern. Ich fühlte mich an diesem Abend wirklich schlecht, nicht nur, weil vieles hätte passieren können, sondern auch, weil ich ein paar Stunden mit meinen Jungs, die ich mir genommen hatte, unwiderruflich vergangen waren, ohne dass ich sie erlebt habe.

Niemand, der sich bewusst dazu entschieden hat, Vater zu sein, hört auf, ein Dad zu sein, wenn er das Unternehmen betritt, und nur wenige

Menschen schaffen es, die Arbeit im Office oder wo auch immer zu lassen, wenn sie die eigenen vier Wände wieder betreten. Beide Welten gehören zu unserem Leben. Die 24 Stunden des Tages sind das, was wir an Ressourcen haben, ganz egal, wie wir sie aufteilen. Jede einzelne Sekunde ist Teil unseres Lebens.

Um sich eine nachhaltige Karriere aufzubauen, bei der weder der/die Partner:in noch die Kinder, aber auch nicht man selbst leidet, ist es wichtig zu wissen, dass eine strikte Trennung in unserer heutigen Welt kaum noch möglich ist.

KAPITEL 29
Die idyllische Idee vom Vatersein und die Realität

»Vater werden ist nicht schwer, Vater sein dagegen sehr.«
Wilhelm Busch

Mein erstes Wochenende ganz allein mit den Jungs stand bevor, und ich dachte mir: »Warum denn nicht mal jemanden einladen?« Das erste Jahr als Eltern in der neuen Stadt, dazu noch fast ohne Schlaf und mit meiner neuen Aufgabe als Papa in Kombination mit dem kürzlich angetretenen neuen Job haben meine sozialen Kontakte fast gegen null dezimiert. Es ist schon schwer genug, bereits existierende Freundschaften zu pflegen, wenn man frisch gebackener Daddy ist, neue aufzubauen, ist wirklich Champions League. Also lud ich Tom (Name geändert) vom Sport zum Frühstücken ein. Er hatte mir mal erzählt, dass er und seine Freundin sich auch Kinder wünschen. Wir hatten uns schon öfter nach dem Training ganz gut unterhalten, da dachte ich mir, es sei eine gute Idee, eine neue Freundschaft aufzubauen.

Ich hatte mich wirklich auf das Wochenende mit den Kids gefreut. Die Vorbereitungen dazu sahen auch ganz vielversprechend aus. Es war genug abgepumpte Milch im Eisfach, Windeln und Strampler lagen bereit. Doch da die Jungs bisher fast ausschließlich ohne Fläschchen aufgewachsen waren, war es doch etwas herausfordernder, und ich hatte gehörigen Respekt davor. In der ersten Nacht lief alles nach Plan. Natürlich schliefen am Ende beide bei mir, aber das war mit knapp unter einem Jahr auch eher die Regel als die Ausnahme. Auch dass Mama nicht da war, schien okay zu sein. Da wir bis dahin viele Aufgaben geteilt hatten und auch darauf geachtet hatten, dass wir uns jeden Tag mit dem Ins-Bett-Bringen abwechselten, war bis zum zweiten Vorabend alles kein Problem. Es schien, als würde ich ganz locker durch die drei Nächte kommen.

Am Sonntagmorgen stand Tom vor der Tür. Die Nacht war etwas anders verlaufen als gedacht. Gefühlt hatte ich keine Minute geschlafen. Das war zwar nicht das erste Mal so, aber sonst konnte man sich immerhin gegenseitig abwechseln oder wahlweise auch bemitleiden, wenn man eine solche Nacht hinter sich hatte. Ich hatte die weltbesten Pancakes versprochen und wollte mein Versprechen einhalten. Allerdings war ich, als Tom um 9.30 Uhr kam, schon seit vier Stunden wach und musste zwei genauso wenig ausgeschlafene und dazu noch hungrige Babys zähmen. Keines der beiden hatte mehr Lust auf eine Flasche, und mit Pancakes war an diesem Morgen auch keines der beiden happy. Zwischen den Pancakes, den abwechselnd schreienden Jungs und dem drum herum entstandenen Chaos versuchte ich, mit Tom eine Konversation aufzubauen. Ich weiß heute nicht mehr genau, wie viele Sätze ich überhaupt beenden konnte oder worüber wir »versucht« hatten zu sprechen, aber jede Mutter/jeder Vater, die/der solche Situationen kennt, kann sich vorstellen, wie viel Spaß das am Ende gemacht hat. Irgendwann waren beide Jungs, besänftigt vom Singen, ein paar Gabeln Pancake und der zum Glück doch noch angenommenen Muttermilch eingeschlafen.

Aber anstatt nun losgelöst über Sport, das Leben und Reisen zu sprechen, war ich eher verzweifelt, ermüdet, erschöpft und so gar nicht dazu imstande, den Morgen zu genießen. Mein Thema war hauptsächlich, dass ich mir vieles anders vorgestellt hatte. Als werdender Vater hatte ich mir das Leben mit Kindern harmonischer und idyllischer vorgestellt. Diese romantisch verklärte Sicht prallte auf die harte Realität eines solchen Tages. Es handelt sich hierbei natürlich um eine Momentaufnahme, in der Summe wird die Bilanz am Ende des Lebens positiv sein. Da bin ich mir sicher.

Ich merkte, dass Tom, der zwar noch nicht im Begriff war, Vater zu werden, es aber auf der Agenda hatte, dachte: »So wird das bei uns nicht – wir machen das alles anders« (siehe Abbildung 11).

Natürlich haben wir vieles selbst in der Hand, aber wenn wir es richtig anpacken wollen und genauso viel Verantwortung übernehmen wollen wie unser:e Partner:in, dann kommen wir an unsere Grenzen. Ich habe in den ersten Monaten der Vaterschaft viele Momente der Verzweiflung erlebt. Das Gute daran ist, dass es vorbeigeht. Und damit meine ich nicht die anstrengenden Nächte und Tage, sondern vielmehr die Verzweiflung. Man wächst in die Elternrolle hinein

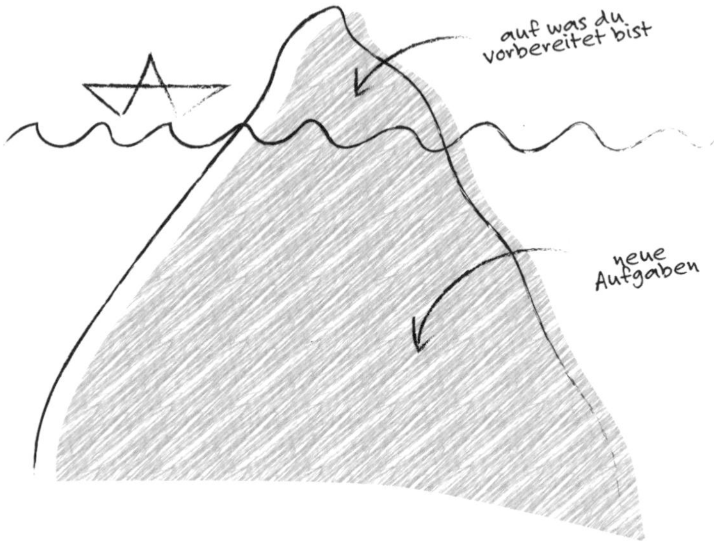

Abbildung 11: Neue Aufgaben als Working Dad

und wird resilienter. Es bleibt einem auch nichts anderes übrig. Das Erfolgserlebnis nach einem solchen Wochenende ist mit nichts zu vergleichen. Man kommt sich vor wie Tom Hanks in seinem Kinohit *Cast Away* und möchte »Ich habe Feuer gemacht« schreiend ums Lagerfeuer tanzen. Beim nächsten Mal war ich absolut souverän – es schockiert einen dann auch so schnell nichts mehr.

Am Ende möchte ich keinen Tag mit meinen Kindern missen, aber ich will auch nichts schönreden. Ich hätte mir damals mehr Väter in ähnlichen Positionen gewünscht, die über ihre Challenges sprechen. Dann wäre es mir vermutlich viel früher gelungen, mein Leben mit Kindern nicht mit meinem Leben ohne Kinder zu vergleichen.

Tom kam erstmal nicht mehr zum Pancake-Essen. Aber als er selbst Vater wurde, war er, wie er sagte, wirklich glücklich über unsere Gespräche und meine Offenheit.

Hacks

#1 Übernimm so früh wie möglich Verantwortung als Vater. Mütter brauchen ab und zu mal Ermutigung, um etwas Me-Time zu verbringen. Schick deine Partnerin in ein Wellnesswochenende und »mach Feuer«.

#2 Sprich mit aktiven Vätern. Mach dir ein Bild davon, was auf dich zukommt, und damit meine ich nicht den Geburtsvorbereitungskurs, sondern auch den ganz normalen täglichen Struggle als Working Dad.

#3 Viel wichtiger als die Elternzeit ist jeder Tag danach oder davor. Die anstrengenden Phasen gehören auch dazu. Aber sie sind es wert.

KAPITEL 30
Das erste Jahr als Working Dad

»Leben wird nicht gemessen an der Zahl von Atemzügen,
die wir nehmen; sondern an den Momenten,
die uns den Atem rauben.«
Maya Angelou

Irgendwie war ich fest davon überzeugt, dass alles so bleiben würde, wie es vorher war, wenn ich bald Vater sein würde. Es war ein naiver Tagtraum, in dem ich einfach genau das gleiche Leben führen würde, nur eben mit Kindern. Wir hatten ja schließlich seit ein paar Jahren einen Hund und waren es gewohnt, für ein Lebewesen Verantwortung zu übernehmen. Warum sollten Kinder auch eine große Veränderung darstellen? Na gut, ganz so auf die leichte Schulter genommen habe ich es nicht, aber ich war relativ selbstsicher, schließlich bekommen das ja viele Millionen andere Menschen auch hin.

Niemand bereitet einen auf das unbeschreiblich schöne Gefühl vor, das einen durchströmt, wenn man zum ersten Mal sein eigenes Kind im Arm hält. Andererseits sagt einem auch niemand, dass man von heute auf morgen alles neu durchdenken muss. Vieles, was man früher gerne gemacht hat, ist mit Kindern einfach anders. Ein Einkaufsbummel in der Stadt, ein Wanderwochenende in den Bergen, der Besuch in einem schönen Restaurant oder Museum – das kann alles immer noch schön sein, aber mit Kindern ist es einfach ganz anders. Vieles entdeckt man mit Kindern aber auch ganz neu. Es fühlt sich ein wenig an wie ein anderes Leben, ein sehr erfülltes, aber eben ein ganz anderes. Jedes Jahr an den gleichen Ort in den Urlaub fahren, komplette Ruhe und Stille zu Hause genießen, anstatt eine Party mit Freund:innen zu besuchen – vieles davon ist heute einfach schön und fühlt sich richtig an. Im ersten Jahr als Vater hatte ich das Gefühl, mich teilweise noch an mein früheres Leben klammern zu müssen. Kurze Nächte, Blähungen, Wachstumsschübe und die ersten Zähne machen einem jedoch unmissverständlich klar, dass es einen auf Dauer unglücklich machen wird, zwanghaft an alten Gewohnheiten und Vorlieben festzuhalten.

Im ersten Jahr hat es mir sehr geholfen, loszulassen und mich voll und ganz darauf einzulassen, jetzt Vater zu sein. Gerade in diesem ersten Jahr als Vater sind strenge Morgenroutinen, stringente Karrierepläne und andere Ausprägungen extremer Selbstoptimierung nur schwer aufrechtzuerhalten, ohne dass man selbst, der/die Partner:in und natürlich auch die Kinder darunter leiden.

Um 5.45 Uhr aufzustehen, um Windeln zu wechseln, ist realistischer, als um diese Zeit die asiatischen und europäischen Märkte zu checken wie Kevin O'Leary von Shark Tank. »Kluge Investor:innen liegen nicht in Nordamerika im Bett ohne eine Verbindung nach Übersee. Denn wenn in London oder Tokyo etwas passiert, während sie schlafen, kann sich alles ändern«, schrieb er in einem Blogpost auf *Business Insider*[67].

Wenn du es unbedingt möchtest, ist das in ein paar Jahren sicher wieder möglich. Routinen wie diese oder auch die des Adidas CEO, der um 6 Uhr bereits auf dem Rennrad ins Office fährt[68], um dort eine zweite Sporteinheit zu absolvieren, sind auch für mich beeindruckend, dennoch möchte ich zu Hause genauso involviert sein und die Hausarbeit mit erledigen. Das heißt, manchmal klappt es mit Sport am Morgen, manchmal ist es aber auch die Spülmaschine, die ausgeräumt werden muss, oder die Kinder, die nicht mehr schlafen können und gerne ein Buch vorgelesen bekommen wollen. Routinen sind wichtig und berechtigt. Auch ich versuche, so weit es geht, einige Rituale beizubehalten.

Aber gerade im ersten Jahr als Papa, wenn sich alles neu justiert und einspielt, ist es mehr Selbstgeißelung und allzu engstirnig, daran festzuhalten. Es ist besser damit zu warten, bis sich daheim alles eingespielt hat.

Hacks

#1 Nimm dir in deinem ersten Jahr als Dad nicht so viel vor. Routinen gehen, neue werden kommen. Andere kannst du irgendwann wieder einführen.

#2 Vergiss deine Partnerin nicht. Das ist auch ihr erstes Jahr als Mutter. Zudem hat sie durch das Wochenbett eine enorme Hormonumstellung hinter sich. Sei für sie da, bis sich auch bei ihr wieder alles eingespielt hat.

#3 Sag auch mal Nein. Als Vater von Zwillingen weiß ich nur zu gut, wie es sich anfühlt, nach nur zwei Stunden Schlaf ins Office zu gehen. An manchen Tagen geht einfach nicht alles.

#4 Genieß die Zeit, sie kommt nicht wieder. Manchmal habe ich mir auch gewünscht, dass die Kinder schnell groß werden und durchschlafen. Ich habe aber schnell gemerkt, wie viel Magisches in den ersten Jahren der Kindheit passiert. Das möchte ich nicht missen.

#5 Genießt die Zeit zu zweit. Du hast noch keine Kinder, oder es ist bereits eines unterwegs? Geht ins Kino, trefft euch mit Freund:innen und geht lecker essen. Das könnt ihr zwar später auch noch, aber es ist eben einfach anders.

KAPITEL 31
Geteilte Elternschaft

»Mut steht am Anfang des Handelns, Glück am Ende.«
Demokrit

Laufräder sind super, denn die Kids lernen dann später ganz schnell Fahrrad fahren. Das kleine blaue Laufrad flog aber auch schon ohne Pedale durch die Kurve, als ob Valentino Rossi höchstpersönlich darauf sitzen würde. Einmal kurz nicht aufgepasst, und schon kippte es zur Seite, und das Kinn war offen. Weil ich nur in kurzer Entfernung hinter dem Rennfahrer herlief, konnte ich direkt zu trösten beginnen. Ich nahm meinen Sohn hoch und wog ihn in Sicherheit. So etwas passiert einfach, wenn man etwas Neues lernt, aller Anfang ist schwer. Solche Situationen ist man als Vater und Mutter gewohnt. Der Schock bei meinem Sohn saß tief, und die Tränen liefen auch nach einer Minute noch. Der Schreck von dem plötzlichen Sturz war größer als die Verletzung selbst. Aber man steckt nicht drin und sollte die Situation nicht herunterspielen, sondern einfach abwarten und es in den Arm nehmen. Wie von einem instinktiven Reflex gesteuert, kam meine Frau auf mich zu und wollte mir mitten beim In-Sicherheit-Wiegen den Kleinen aus den Armen nehmen. Ich ließ sie gewähren, aber machte mir im Laufe des Tages immer wieder Gedanken über die Situation. Ich stellte mir die Frage, ob Mütter grundsätzlich die besseren Trösterinnen, Füttererinnen, Ins-Bett-Bringerinnen, Windelwechslerinnen sind. Schließlich wäre das ja fair, wenn dafür Väter die besseren Fahrradfahrlehrer, Boxhandschuhschwinger und Klettertrainer sind, oder? Ich war nicht ganz zufrieden mit der Situation und habe mich mal mit ein paar dieser stereotypischen Merkmale auseinandergesetzt. Ich wollte mich nicht damit abfinden, mich nur als der zweitbeste Elternteil zu fühlen.

In ähnlichen Situationen fiel mir ein vergleichbares Verhalten auf. Als die Kinder mit knapp einem Jahr in ihrem eigenen Zimmer schlafen sollten, wurde die Aufgabe des Ins-Bett-Bringens etwas spannender und auch langwieriger. Die ungewohnte Umgebung, in der vorher nur gespielt wurde, machte das Schlafengehen anfangs zu einer Prozedur, die etwa eine Stunde dauerte. Manchmal war das sehr schön, aber nach langen Tagen auch sehr kräftezehrend. Ich brachte die Kinder ins Bett, und die ersten Minuten liefen ganz gut. Die selbsterfundenen Geschichten, die irgendwie von Fabelwesen handelten, die ganz zufällig die gleichen Namen wie die Jungs hatten, waren am beliebtesten. Kurz vorm Einschlafen bemerkte einer der beiden dann doch, dass er lieber Mama an der Bettseite hätte als mich, und vorbei war es mit der Ruhe. »Niiiiiicht Papa, Mamaaaaaa«, schallte es durch die Wohnung, und Zwilling zwei stimmte mit ein. Nach etwa zehn Minuten kam meine Frau ins Kinderzimmer und bat mich, zur Seite zu gehen. Sie meinte es nur gut. Einerseits konnte sie es nicht ertragen, wie verzweifelt die Jungs nach ihr riefen, und andererseits wollte sie mich nur unterstützen. Ehrlich gesagt, war ich auch ganz froh und erleichtert. Aber auch nach diesem Erlebnis hatte ich das ungute Gefühl, meiner Vaterrolle nicht gerecht zu werden.

Diese Thematik griff der *Spiegel* in seiner Titelstory »Papa kann das schon alleine« auf. Väter würden von Müttern ausgebremst, die nicht loslassen können. Ich empfand die Situation keineswegs so, wie sie der Artikel sehr überspitzt beschreibt, dennoch führte das Ganze zu einer sehr hitzigen Debatte[69]. Ein Vorteil als Zwillingsvater ist sicherlich, dass immer ein Kind übrig ist, für das ich da sein kann und darf. Aber als Vater von nur einem Kind hätte ich mich sicher an manchen Tagen degradiert gefühlt. Wir sprachen länger darüber und kamen beide zu der Einsicht, dass wir uns abwechseln müssen, um auch die Kinder viel mehr daran zu gewöhnen. Wir schafften es recht schnell, uns darauf zu einigen, dass selbst wenn die Kinder beim Ins-Bett-Gehen nach der Mama rufen, der Papa einfach bleibt und die Mama auch nicht zur vermeintlichen Rettung eilt. Zugegebenermaßen waren ein paar Tage nicht gerade einfach, aber nach einer Woche genossen unsere Jungs die Abwechslung, und heute, ein paar Jahre später, wissen sie beide, dass Mama und Papa sich abwechseln und jeder seine Art des Geschichtenerzählens entwickelt hat. Wenn jedoch einer von uns einmal beruflich oder privat ein paar Tage unterwegs ist, kommt die Tendenz zu einem Elternteil auch schnell wieder.

Für Väter bedeutet das: Sprecht mit euren Partner:innen darüber, dass ihr eine aktive Rolle in der geteilten Elternschaft übernehmen wollt. Ihr wollt nicht gerettet werden, auch wenn es mal schwerer ist und länger dauert. Zwingt euch dazu, die Rolle auch anzunehmen. An manchen Tagen ist es nämlich bequem, die Mama machen zu lassen: »Sie will ja nie zu mir, da kann ich nichts machen.« Das ändert sich, wenn ihr es wollt und genug Geduld und Einfühlungsvermögen an den Tag legt. Redet miteinander und auch mit euren Kindern.

Für Mütter bedeutet das: Der Druck, eine gute Mutter zu sein, ist groß, vor allem wenn man selbst voll berufstätig ist. Versagensängste und Schuldgefühle begleiten berufstätige Mütter und belasten Frauen viel mehr als Männer. Aber lasst euren Männern die Chance auf eine aktive Vaterrolle. Auch wenn Papa alles anders macht, er macht es gut so. Neue Väter brauchen auch neue Mütter.

Um das Vertrauen der Mütter in die Väter zu stärken und das Selbstvertrauen der Papas in Sachen Kinder aufzubauen, helfen kleine Feuertaufen. So war das Abstillen meine ganz persönliche. Nach zwei fast komplett schlaflosen Nächten konnte mich nur noch wenig erschüttern, und meine Frau hatte vollstes Vertrauen in mich, jede Situation mit den zwei Jungs allein meistern zu können. Rückblickend fühlte sich das vom Grad der Herausforderung an wie bei *The Revenant*, als Leonardo DiCaprio in der Haut eines Pferdes schläft, um nicht zu erfrieren – eben wie richtiges Survival Bootcamp. Aber danach bist du unerschütterlich im Glauben an dich als Vater.

Bei der geteilten Elternschaft geht es für mich nicht nur darum, den/die Partner:in in der Karriere und der Care-Arbeit gleichzustellen, sondern auch als Elternteil. Wir verfallen allzu schnell in traditionelle Rollen, die uns teilweise vorgelebt wurden. Dies ist nur durch eine offene Kommunikation in der Beziehung zu klären. Es spricht auch überhaupt nichts gegen klassische Strukturen in der Familie, wenn beide wirklich glücklich damit sind. Das herauszufinden, bedarf einer großen Portion Offenheit auf beiden Seiten.

Hacks

#1 Verbrenne deine Schiffe. Hernán Cortez ließ eine spanische Siedlung in Mexico errichten, nicht gerade zur Begeisterung seiner ganzen Mannschaft. Damit niemand wieder nach Kuba zurückkonnte, ließ Cortez die Schiffe verbrennen. Für Papas heißt das: Abgepumpte Milch im Kühlschrank bevorraten, der Mama ein langes Wellnesswochenende buchen und es gleich vorab bezahlen.

#2 Bleib hartnäckig. »Morgen bringe ich die Kinder ins Bett, auch wenn sie rebellieren.« Überleg dir eine tolle Geschichte, und schick Mama auf einen Sparziergang oder zum Yoga. Dann ist es leichter für sie. Nach ein paar Tagen werdet ihr feststellen, dass es keine Rolle mehr spielt, wer von euch beiden die Kinder ins Bett bringt.

#3 Hilfsmittel sind erlaubt. Es gibt unglaublich viele tolle Kinderbücher, die helfen, die Kids zu überzeugen, dass du heute Abend die beste Wahl bist oder zumindest eine sehr gute, wenn auch keine gleichwertige Alternative zu Mama (eine kleine persönliche Auswahl: *Das NEINhorn; Hier sind wir: Anleitung zum Leben auf der Erde; Ein Tag im Leben von Marlon Bundo*).

KAPITEL 32
Familienurlaub

»Kinder erinnern sich später nicht an ihren
besten Tag vor dem Fernseher.«
Unbekannt

Pana, unser Guide, hatte noch gesagt: »Am besten knöchelhohe Schuhe und eine lange Hose anziehen.« Auf der zwei Stunden langen Fahrt mit dem Longboat über den dunkelbraunen Mekong war es aber eigentlich ganz angenehm, nicht so dick eingepackt zu sein. Als mir dann wenig später im Dschungel erklärt wurde, wie ich mit Zitronensaft und einem Messer die an meinem Fuß klebenden Blutegel wieder loswerde, wusste ich, dass ich auf Pana hätte hören sollen. Selbstverständlich hatten wir auf solchen Backpacker:innen-Trips damals noch keine Kinder dabei. Wir schlossen aber nie aus, so eine Reise auch mit Kindern zu machen, wenn wir einmal welche haben sollten.

Heute wissen wir, dass Reisen mit Kindern ganz neue Herausforderungen mit sich bringen. Ein Familienurlaub im Hotel kann genauso anstrengend sein wie ein Dschungeltrip mit Blutegeln. So mancher All-inclusive-Urlaub kann auch ganz anders laufen als gedacht, zum Beispiel wenn der Nachwuchs so gar nicht verstehen will, dass man keine Tomaten auf Nachbartische wirft, wenn sich alle für das Abendessen fein herausgeputzt und die beste Robe übergeworfen haben.

Wie soll man denn dann seinen Urlaub verbringen, wenn man kleine Kinder hat? Zu Hause bleiben? Das geht natürlich, war für uns auf Dauer aber auch keine Option. Wichtig zu wissen ist, und das können sicher alle Eltern bestätigen: Urlaub, wie er früher einmal war, gibt es nicht mehr. Urlaub mit Kindern kann wunderschön sein, aber auf eine völlig andere Art und Weise – außer man gibt die Kleinen den kompletten Tag in die Kinderbetreuung.

Ich schreibe hier keinen Kinderreiseführer, sondern über die Möglichkeit, eine Karriere mit der aktiven Vaterrolle zu vereinbaren. Da Erholung genauso zur Karriere gehört wie die Extrameile, ist es wichtig, nach dem lang ersehnten Urlaub nicht komplett gestresst wieder im Büro, an der Werkbank, im Cockpit oder hinter dem Lenkrad zu erscheinen. Nachdem wir mit den Zwillingen in Costa Rica und auf Campingplätzen in den Niederlanden waren, ist meine ganz subjektive Meinung zum Thema Urlaub: Kindern ist es völlig egal, wo der Sand liegt. Es ist wunderschön, solche Reisen zu machen, aber ich habe mir eingestanden, dass wir diese zu Beginn hauptsächlich für uns gemacht haben. Reisen sind Erholungsinseln für die ganze Familie, in der im Idealfall jede:r auf seine Kosten kommt. Im Mittelpunkt sollte dabei die gemeinsame Zeit und die Zeit für sich allein stehen. Wenn gemeinsame Urlaube nicht die Energiereserven wieder auffüllen, wie soll man dann die Herausforderung von Beruf und Familie im Alltag meistern?

Hacks

#1 Macht alles, was ihr euch wünscht. Aber wenn die Kinder noch klein sind, haben sie vermutlich keine Erinnerung daran, ob der Strand an der Nordsee oder am Pazifik lag. Ob Papa bei der Sandburg mitgebaut hat, eventuell schon.

#2 Wenn die Laune der Kinder gut ist, ist der Urlaub schön. Schönes Wetter wird zur Nebensache, wenn der Nachwuchs unglücklich ist.

#3 Warum in die Ferne schweifen? Einen Sonnenuntergang am Wasser mit tieffliegenden grünen Papageien wäre toll? Gibt's auch in Düsseldorf.

#4 Schau dich in der Nähe um. Ein liebevoll restaurierter Bauwagen kann genauso viel Abenteuer bieten wie der Dschungel von Borneo. Im Kunsthof Westerholt von Monika Knoop-Tausch fühlt man sich zum Beispiel fast wie in der Toskana. Der Vorteil ist eine kurze Anreise und dadurch weniger Stress in der Familie.

KAPITEL 33
Familie braucht Zeit – Karriere als Working Dad auch

»Die Zeit verweilt lange genug für diejenigen, die sie nutzen wollen.«
Leonardo da Vinci

Der Tag hat nur 24 Stunden und die Woche nur sieben Tage. Mein Leben war unglaublich stressig, denn was musste ich nicht alles tun: Arbeiten, Lernen, zum Sport gehen, Freund:innen treffen, selbst einkaufen und zu allem Überfluss noch selbst kochen. Es war ein anstrengendes Leben, und ich hatte nie Zeit. Und dann wurde ich Vater.

Ja, du ahnst es bereits. Mir fiel in diesem Moment erst auf, wie unglaublich viel Zeit ich hatte, bevor ich Papa wurde. Wenn ich heute daran denke, wie gestresst und überarbeitet ich war, aber auch wie verschwenderisch ich früher mit Zeit umging, muss ich heute oft schmunzeln. Ich würde nicht vieles anders machen, da auch diese unbeschwerte Zeit mich zu dem gemacht hat, was ich heute bin. Dennoch weiß ich Zeit heute viel mehr zu schätzen.

Warum verschwende ich sie dann noch viel mehr als früher? Vermutlich, weil die Hürde ins Metaverse einfach sehr gering ist und das Smartphone immer in der Nähe ist. Die rasante Entwicklung der vielen Möglichkeiten, der Realität zu entfließen, führt häufig dazu, dass wir reale Lebenszeit für das Internet opfern. Und wir opfern nicht nur unsere Zeit, sondern auch die Aufmerksamkeit für wichtige Dinge und die Familie. Das ist kein Aufruf zur Selbstoptimierung, sondern ein Aufruf für mehr Achtsamkeit. Denn wir wissen nicht, wie viel Zeit uns noch bleibt.

Einfach mal die Seele baumeln zu lassen und unbeschwert zu sein, sehe ich nicht als Verschwendung an, sondern als Teil der eigenen Regeneration. Aber hast du schon mal zwei Stunden auf deinem Smartphone in Social-Media-Apps den Newsfeed durchgescrollt oder dir Videos von Skateboard fahrenden Katzen oder Mentos in Colaflaschen angesehen? Zugegebenermaßen sind das extreme Beispiele, die aber fast jede:r von uns kennt. Es gibt eine Vielzahl von Zeitdieben im Privatleben, aber wenn es dir geht wie mir, dann ist das Handy die absolute Nummer eins. Wenn ich mich dabei ertappe, wie ich einen meiner Söhne mit »Ja, ich komme gleich« vertröste, während ich auf dem Handy unwichtige Kommentare lese, wird mir anschließend erst bewusst, was für ein schreckliches Bild ich ihm da vermittle und wie fahrlässig ich mit meiner Aufmerksamkeit umgehe. Ich versuche mir dann immer vorzustellen, wie ich in einem Rollstuhl im Altersheim sitze und einen meiner Söhne frage, wie seine Woche war, und er mir mit Blick auf sein Smartphone antwortet: »Toll.«

Eine Möglichkeit, dem Zeitdieb Smartphone zu entfliehen, ist sicherlich, es auszuschalten. Aber so einfach ist es nicht. Wir müssen ja auch damit arbeiten und möglichst gut erreichbar sein. Daher folgen hier meine Top-Ten-Strategien in umgekehrter Reihenfolge:

10. Nutze zwei Smartphones. Ja genau, noch mehr Smartphones, um sie weniger zu nutzen. Nutze ein privates Telefon und eines für den Job. Manche Menschen tun sich mit dieser Trennung leichter und können somit besser Arbeits- und Familienzeit trennen.

9. Nutze den Schwarz-Weiß-Modus auf deinem Smartphone. Es ist deutlich unattraktiver, ein Smartphone zu nutzen, wenn die vielen bunten Farben fehlen. Keine Farbe kann also mehr Zeit für dich und deine Lieben bedeuten.

8. Wenn du im Urlaub bist und dein Smartphone dennoch mitnimmst, dann lösche die Social-Media- und News-Apps von deinem Handy. Die Hürde, auf den Browser zu gehen und dein Passwort einzutippen, stoppt meistens den kurzfristigen Impuls, die Zeit am Strand mit Insta statt mit der Sandburg zu verbringen.

7. Lass dein Handy einfach zu Hause, wenn du auf den Spielplatz gehst. Aber wie rufe ich denn dann Hilfe, wenn etwas passiert? Oder was ist, wenn mein:e Partner:in etwas von mir möchte? Meist bist du nicht allein auf dem Spielplatz und mit deinem/r Partner:in kannst du auch einfach ganz oldschool eine Uhrzeit vereinbaren.

6. Lösche unwichtige Apps von deinem Handy. Fang mit den News-Apps an. Laut Theodore Sturgeon (1918–1985), einem US-amerikanischen Science-Fiction-Autor, ist ohnehin 90 Prozent von allem, was publiziert wird, Mist[70]. Wenn du dir über die Dinge, die du liest und deren Relevanz für dein Leben Gedanken machst, wird dir »Sturgeons Gesetz« sicher wieder in den Sinn kommen.

5. Schalte die Benachrichtigungen aus. Die kleinen roten Zahlen an jeder App, die dir sagen: »Du verpasst gerade etwas«, sind Gift für dein Zeitmanagement. Ich habe seit Jahren keine einzige Benachrichtigung mehr auf meinem Handy. Dadurch habe ich weder Freund:innen noch meinen Job verloren. Wenn es wichtig ist, kann man anrufen.
4. Leg bestimmte bildschirmfreie Zeiten fest und halte dich daran. Fang klein an und steigere die Zeit. Ein Monat Digital Detox schadet sicher niemandem. Ich habe das bisher leider auch noch nicht geschafft, aber im Urlaub klappt es sehr gut. Du kannst Freund:innen und Familie gerne vorab informieren, damit sich niemand Sorgen macht.
3. Wenn du Ablenkung brauchst, treib Sport. 15 Minuten Workout sind befreiender als zwei Stunden Social Media und Co.
2. Sag deiner Familie, dass sie dich daran erinnern soll, das Smartphone beiseitezulegen. Es nervt zwar, aber es hilft, wenn dein Kind sagt: »Papa, leg das Handy weg und spiel mit mir!«
1. »Ich brauche mein Handy doch als Wecker und als Uhr!« Eine Garantie für schlechten und, vor allem, zu wenig Schlaf ist das Smartphone am Bett. Eine alternative Möglichkeit ist der klassische Wecker oder eine Armbanduhr. »Aber dann wachen doch alles auf, wenn ich früher aufstehen möchte.« Ich habe mir ein analoges, nicht mit dem Smartphone koppelbares Armband gekauft, das nichts kann, außer zu fünf verschiedenen Uhrzeiten zu vibrieren. Ich schlafe jetzt länger und besser.

Auch ich schaffe es nicht, alle guten Tipps jeden Tag zu beachten und immer nur aufmerksam zu sein. Ich wage zu behaupten, dass dies fast niemand schafft. Wie bei so vielen schlechten Angewohnheiten ist es beim Smartphone nicht anders, man muss sich reflektieren und daran arbeiten, es Stück für Stück besser zu machen. Im Rückblick will wohl jeder von uns Papas lieber die Erinnerung an das Leuchten in den Augen unserer Kinder haben anstatt an das Food Picture irgendeines B-Promis.

KAPITEL 34

Social Media – was brauchst du als Dad wirklich?

»Bei YouTube gibt es Videos, in denen rennen erwachsene Menschen in Superheldenkostümen durch den Wald – und verzeichnen dann pro Tag fünf Millionen Abrufe.«
Christoph Burseg im OMR Podcast

Noch während des Studiums von einem Headhunter abgeworben zu werden, fühlte sich nach knapp sieben Jahren Schichtarbeit natürlich an wie ein riesiger Erfolg. Das war es auch, all die Selbstzweifel, ob ein Studium mit Ende 20 noch sinnvoll sei, waren auf einen Schlag aus dem Weg geräumt. Eine unglaublich tolle Aufgabe erwartete mich, bereits im ersten Jahr führte mich die Suche nach neuen Technologien und Anwendungsgebieten nach Japan, China, Korea und in die USA. Es war fast schon surreal, unter der Woche in Tokyo, Busan oder Las Vegas auf einer Messe zu sein, um mit potenziellen Kund:innen zu sprechen, und am Wochenende wieder daheim mit Freund:innen zu grillen.

Facebook erfreute sich im Jahr 2014 noch großer Beliebtheit, um wahlweise sein Mittagessen oder auch den vergangenen Urlaub zu dokumentieren und diesen mit Freund:innen und Follower:innen zu teilen. Natürlich war auch mein Newsfeed nach einigen Geschäftsreisen voll von Food-Fotos und Golden Gate Bridges. Anfangs war das irgendwie schön, und ich empfand es als wahnsinniges Privileg, derartige Reisen beruflich machen zu können, unabhängig davon, dass ich mich heute bemühe, aus Gründen wie Zeit und Nachhaltigkeit eher weniger zu fliegen.

Die Zeit verging, und nach einem halben Jahr und etlichen Flugmeilen kamen kritischere Kommentare aus meinem Freundeskreis, die mich zum Nachdenken brachten: »Arbeitest du auch mal was? Ich sehe immer nur Essen und Sehenswürdigkeiten auf deinen Bildern!« Das war zwar eher humorvoll gemeint, aber es brachte mich dennoch sehr zum Nachdenken. Ich scrollte meine Timeline nach unten, und mir fiel auf, dass wirklich nur Dumplings, Tempel und berühmte Gebäude zu sehen waren. Ob vor dem Geburtshaus von Martin Luther King oder dem Tokyo Tower, immer sah ich so aus, als sei ich im Urlaub. Die Realität war jedoch eine ganz andere. Ein Foto vor der Golden Gate Bridge entstand, weil ich den Taxifahrer bat, einen Umweg zu fahren, damit ich auf dem Weg zum Flughafen ein Bild von mir und der Brücke machen könne. Ansonsten gab es auf vielen Reisen neben dem Jetlag nur Hotelzimmer, wunde Füße vom Abklappern der Messestände und Meetingräume. All das waren natürlich keine tollen Motive. Deshalb machte ich halt von den zehn Minuten zwischendrin oder dem Abendessen mit Kolleg:innen ein Foto. Am Ende führte das in meinem Freundes-, Bekannten- und Verwandtenkreis sehr schnell dazu, mich nicht mehr wirklich ernst zu nehmen. Eine Woche später meldete ich mich bei Facebook komplett ab und war außer auf beruflichen Plattformen nicht mehr im Internet zu finden. Diese Momentaufnahmen waren einfach nicht die Realität, sondern nur ein winzig kleiner Ausschnitt des Ganzen. Ungewollt war ein völlig falsches Bild entstanden, das ich nicht mit meiner Selbstwahrnehmung in Einklang bringen konnte und wollte.

Die heutige Social-Media-Welt spielt bewusst genau mit diesen Momentaufnahmen, und es ist auf vielen Influencer-Profilen explizit gewollt, ein Image aufzubauen, das als real wahrgenommen werden soll.

Als ich für eine Titelstory des *Harvard Business Managers* zum Thema Narzissmus[71] interviewt wurde, lernte ich den Konzeptkünstler Andy Kassier kennen. Er hatte das provokante Titelfoto zur Ausgabe und die abgebildete Fotostrecke zum Artikel beigesteuert. Oben ohne auf einem weißen Pferd, mit dem Pelzmantel auf dem verschneiten Berggipfel oder im Hawaiihemd vor einem Helikopter posierend, so ist er auch bei Instagram zu finden. Was nicht jede:r weiß: Das ist alles nicht echt. Der sehr selbstreflektierte Künstler hat dieses Alter Ego erschaffen, um, wie er sagt, Erfolg und Kälte der Leistungsgesellschaft zu kritisieren[72].

Dieser Hang zur scheinbaren Perfektion macht auch vor dem Thema Eltern und Vatersein nicht halt. Influencer und Stars, die mit ihren fünf bis sieben Kindern um die Welt jetten und scheinbar fünf Firmen aufbauen und nebenher Windeln wechseln, vermitteln uns unweigerlich das Gefühl, nichts auf die Reihe zu bekommen. Sein eigenes Leben mit den Highlights der Stars und Influencer:innen zu vergleichen, macht dich als Vater oder Mutter genauso unglücklich wie Teenager, die nur schlanke oder muskulöse Altersgenoss:innen auf TikTok sehen. In unserem Podcast *Working Dad* versuchen wir, das Gespräch auch gezielt auf die Herausforderungen einer aktiven Vaterschaft zu lenken, ohne nur die schönen Momente zu teilen.

Überleg dir genau, ob du deine wertvolle Zeit darauf verwenden möchtest, dich mit dem sehr fraglichen Familienleben der Väter in der Social-Media-Welt zu vergleichen.

Hacks

#1 Account löschen. Es gibt es nicht vieles, was du anschließend wirklich verpassen würdest. Die wirklich wichtigen News erfährst du auch ohne Social Media.

#2 Einfach mal die App löschen. Wenn du aber auf Social Media nicht ganz verzichten möchtest, dann mach es dir ein bisschen schwerer. Frei nach dem Motto: »Der beste Platz, um Schokolade zu lagern, ist die Tankstelle.«

#3 Sei selektiv. Folge Menschen, die nicht perfekt sind. Es gibt viele Menschen, die auch online authentisch sind und dir mit Erfahrungen aus ihrem Leben helfen können.

KAPITEL 35
Vergiss Perfektion

»Der Punk in mir, versteckt hinter Nadelstreifen.
Der Tisch gedeckt, mit Porzellan aus Meißen.
Vater auf dem Königsstuhl und Mutter am Serviettenfalten.«
Marteria, Songtext Verstrahlt

Campingplätze sind ein wundervoller Ort, um alles von seinen Mitmenschen mitzubekommen – meistens und vor allem dann, wenn man es gar nicht möchte. Vermutlich denken viele Menschen in etwa so, wenn sie neben uns campen. In diesem Jahr zur Urlaubszeit waren unsere Kinder gerade vor ihrem vierten Geburtstag. Mit zwei kleinen Jungs – oder Piraten, Polizisten, Feuerwehrmännern, Balletttänzern, Malern oder Einhörnern, je nachdem, wonach den beiden gerade der Sinn stand – ist es meistens wild, laut und farbenfroh, selten ruhig und friedlich. An einem Tag kam die neun Jahre alte Tochter der Nachbarsfamilie das erste Mal zu unseren Jungs und sagte: »Meine Mama sagt, ihr seid zu laut.« Es war mitten am Tag, wenn niemand schläft, aber ich versuchte trotzdem, die Kinder etwas zu bändigen und mit ihnen auf den Spielplatz zu wechseln. Dieses Szenario wiederholte sich alle paar Tage. Die beiden Nachbarskinder waren perfekt erzogen, und ihre Eltern gaben sich die allergrößte Mühe, jede noch so kleine Woge der Freude oder Trauer zu glätten. Wenn die beiden wirklich freundlichen Kinder sich mal dazu herabließen, mit unseren beiden Piraten zu spielen, holten ihre Eltern sie sofort wieder zurück, sobald sie es bemerkten.

Auch wenn es in der Erzählung anders klingt, wir hatten in dieser Woche das Gefühl, als Eltern zu versagen und alles falsch zu machen. An den Abenden waren wir damit beschäftigt zu analysieren, was wir besser machen konnten, wie wir uns als Eltern verhalten könnten, um auch so gut erzogene, ruhige Kinder zu haben, die immer auf das hören, was man sagt. Wie konnten wir es schaffen, irgendwann auch so ein Ideal zu leben?

Kurz bevor die Kinder zur Welt kamen, hatten wir bereits alle Bereiche des Starterpakets für werdende Eltern auf Nachhaltigkeit getrimmt. Wir hatten bereits Naturkautschuk-Schnuller und wiederverwendbare Stoffwindeln besorgt, die Schlaf-App installiert, mit der wir die Schlafrhythmen der Kinder, ihr großes und kleines Geschäft und alles, was sie sonst noch machen, tracken konnten. Wir wollten zu 100 Prozent alles perfekt machen. Mit Willenskraft und der passenden Einstellung ist schließlich alles möglich. Ich möchte doch, dass die beiden lernen, mit den Ressourcen unserer Erde verantwortungsvoll umzugehen.

Ich war immer interessiert daran, was andere Väter machten, um wirklich gute Dads zu sein. An eine Unterhaltung mit einem Manager auf einer Branchenveranstaltung kann ich mich noch sehr gut erinnern. Er und seine Frau hatten neben der Haushaltshilfe eine Nanny engagiert, deren Auftrag es war, nur Mandarin mit den zweijährigen Kindern zu sprechen, damit sie möglichst schnell Chinesisch lernen, bevor sie mit drei mit dem Geigen- und Klavierspiel beginnen. Das Erlernen von Sprachen halte ich für sehr wichtig, hatte ich doch selbst bereits Chinesisch- und Japanischunterricht – zwar mit mäßigem Erfolg, aber interkulturell sehr wertvollen Ergebnissen. Ich wünsche mir ebenfalls für meine Kinder, dass sie früh und mit Leichtigkeit neue Sprachen lernen. Hatte ich womöglich schon den Einstieg verpasst und die Chancen meiner Kinder auf eine erfolgreiche Karriere vertan?

Ich bin mir sehr sicher, dass wir Eltern alle durch diese Phasen gehen. Ich bewundere die Familien, in denen Perfektion zu gelingen scheint. Dazu gehören wir einfach nicht. Den eigenen Druck, unter dem man steht, gibt man unweigerlich auch an seine Kinder weiter. Häufig hört man auch Dinge wie: »Unser Kind macht das ganz freiwillig.« Das will ich gar nicht bestreiten, aber es ist Vorsicht geboten, wenn der eigene Hang zu Perfektion an die nächste Generation weitergegeben wird.

Die Diplom-Psychologin und Familientherapeutin Sandra Konrad beschreibt in ihrem Buch *Das bleibt in der Familie*[73], dass Kinder, die die elterlichen Anforderungen nicht mehr erfüllen können oder wollen, sich überfordert und beschämt fühlen. Wenn es den ehrgeizigen und perfektionistischen Eltern dann nicht gelingt, von der eigenen Weltanschauung Abstand zu nehmen und ihr Kind mit all seinen Stärken und Schwächen anzunehmen, fügen sie ihm seelische Verletzungen zu. In diesem Fall lernen die Kinder, dass die väterliche oder mütterlich Liebe an Bedingungen und Erwartungen geknüpft ist. Wenn wir das nun auf die Karriere übertragen, stellen wir fest, dass Menschen, die in ein solches Leistungskorsett gezwängt wurden, wiederum auch andere Menschen nur nach Leistung bewerten werden. »Ich leiste, also bin ich.«

Den Zeltplatz haben wir gewechselt, und nun toben die Kinder inmitten vieler anderer Pirat:innen, Einhörner und Feuerwehrkinder. Wenn die Stimmung bei den Zwillingen kippte und einer warten musste, bis das Fläschchen warm war, dann war jeder Schnuller gerade recht. Je nach Tagesform verbrauchte eines der Babys im ersten Jahr fünf bis acht Windeln pro Tag. Das Ganze mal zwei bedeutete 16 schmutzige Windeln am Tag. Es dauerte nicht lange, bis wir uns von den wiederverwendbaren Windeln verabschiedet hatten. Vermutlich hätten wir ansonsten einer Großwäscherei Konkurrenz machen können. Unsere Kinder sprechen bis heute kein Mandarin, aber sie gehen zumindest in die Musikschule, in der man so wild trommeln und singen darf, wie man möchte, und sie haben Spaß daran.

Es spricht nichts dagegen, dass wir uns bemühen, unseren Kindern möglichst viel mit auf den Weg zu geben. Dennoch bin ich der Meinung, dass der Stress und der Druck, den wir uns dabei machen, weder uns noch unseren Kindern guttun. Wie so oft im Leben verharren wir unter Umständen viel zu lange in einem geistigen Korsett, wie die Welt zu sein hat.

Gerade wenn beide Eltern berufstätig sind, keine Verwandten in der Nähe leben oder in einer ohnehin schon teuren Stadt kein extra Geld mehr für Haushaltshilfe und Nanny da ist, kann das Leben mit der Maxime »Perfektion« zu einer selbstauferlegten endlosen Schleife von Selbstzweifeln, Enttäuschungen und täglichem Scheitern werden. Manchmal ist es egal, ob der Geschirrspüler akkurat eingeräumt ist, noch Krümel auf dem Boden liegen, das Kinderzimmer aufgeräumt ist, Malstift-Kunstwerke an Tapete und Scheiben zu sehen sind, Spielzeug auf der Terrasse herumliegt, der Rasen gemäht und der Pudel frisiert ist. Stattdessen hast du den Kindern vielleicht ein Buch vorgelesen, mal wieder Zeit mit Freund:innen verbracht oder auch die Zeit, wenn die Kids abends im Bett sind, mit dem/der Partner:in, für dich allein oder auch für Ehrenamt, Job und Karriere genutzt. In manchen Situationen im Leben möchten wir richtig gut sein, und bei manchen denken wir nur, es sein zu müssen.

Hacks

#1 Vergiss, was die anderen sagen, und glaub nicht alles, was du siehst. Perfektion ist eine Illusion.

#2 Setz dir Reminder für die wirklich wichtigen Dinge, in denen du gut sein möchtest. Priorisiere: Die wichtige Präsentation oder das Kindertheater geht vor Rasenmähen.

#3 Lass mal fünfe gerade sein. Es sieht schrecklich aus in der Wohnung. *So what?* Leg dich hin und ruh dich einfach mal wieder aus, oder mach etwas für dich. Das gilt jedoch nur, wenn du nicht alles den/die Partner:in machen lässt.

KAPITEL 36
Moderne Männer

»Trotz langsamen Wandlungsprozessen zementiert die klassische Rollenverteilung noch immer den Mann als den Beschützer seiner Familie.«
Joshua Amissah (Vogue Okt. 2020)

»Sie machen das ja wirklich toll mit den Kleinen, und dann auch noch Zwillinge! Da kann Ihre Frau ja wirklich stolz sein, so einen modernen Mann zu haben.« Anfangs war ich von Komplimenten wie diesem noch irgendwie angetan, wenn ich sie auf dem Spielplatz beim Wechseln der Windeln und Bändigen von Zwilling zwei zu hören bekam. Aber bereits nach kurzer Zeit fing ich an darüber nachzudenken, was die Bezeichnung »moderner Mann/Vater« denn bedeuten sollte und welche Assoziationen damit einhergehen.

Bei Google findet man zu diesem Begriff 58 Millionen deutschsprachige Einträge, und viele davon handeln vom Wandel der Rollenbilder der Geschlechter. Der Mann als fürsorglicher Vater und empathischer Zuhörer, der sich den Haushalt und die Kinderbetreuung paritätisch mit seiner/seinem Partner:in aufteilt. Wenn wir uns aber jenseits der Internet-Informations-Bubble umsehen und uns rein auf die Fakten konzentrieren, landen wir schnell wieder auf dem Boden der Tatsachen. Im Jahr 2019 waren in Deutschland 92,9 Prozent der Väter mit mindestens einem Kind unter 18 erwerbstätig, dem gegenüber stehen nur 74,7 Prozent der Mütter. Davon jedoch 66,2 Prozent in Teilzeit, bei den Vätern hingegen waren nur 6,4 Prozent nicht vollerwerbstätig[74]. Die Bezugsdauer des Elterngeldes hingegen lag 2020 bei den Müttern im Durchschnitt bei 15 Monaten und die von Vätern bei immerhin vier Monaten.

Die Medien und die Fakten erhöhen also stetig den Druck des gesellschaftlichen Wandels, vor allem auf die Väter. Und die Forderungen sind dementsprechend hoch. Laut einer Umfrage aus dem Jahr 2019[75] hat die Gesellschaft und somit die deutsche Bevölkerung, bestehend aus 50,7 Prozent Frauen und 49,3 Prozent Männern, eine ganz andere Erwartungshaltung an die Väter von heute. So erwarten 84 Prozent der befragten Personen, dass die Väter so viel Zeit wie möglich mit den Kindern verbringen sollten. Selbstredend schließt dies auch das Wechseln der Windeln mit ein, was 75 Prozent für selbstverständlich halten. Jede dieser Erwartungen gehört bereits heute zum festen Selbstverständnis vieler Väter im Jahr 2021. Genauso wünschen sich 72 Prozent, dass sich auch die Väter um die Kinder kümmern, wenn sie mal krank sind oder zum/zur Arzt/Ärztin müssen. Dazu kann es teilweise auch nötig sein, im Job kürzerzutreten und zumindest als Vollzeiterwerbstätiger die ein oder andere Überstunde wegzulassen, was sich noch 38 Prozent von den heutigen Papas wünschen. All diesen Erwartungen und Wünschen möchte ich als Vater heute auch nachkommen, so weit und so gut es mir möglich ist.

In der gleichen Umfrage hatten sich dennoch 67 Prozent der Befragten dafür ausgesprochen, dass der Mann für den Unterhalt der Familie sorgt. Und da liegt für mich noch der größte Weg vor uns. Unumstritten ist, dass Mütter viele Jahre für ihre Gleichstellung kämpfen mussten und noch müssen. Dennoch schaffen wir mit dem Leitbild der »modernen Väter« eher ein Leidbild, welches zu Überforderung und einem Gefühl des ständigen Versagens führt. Es ist ähnlich des Leidbilds der idealen Mutter, die Haushalt und Kids schmeißt und dann am besten noch Vollzeit arbeiten geht. Natürlich beobachten wir derzeit viele positive Tendenzen, sowohl bei Müttern als auch bei Vätern, aber viel weiter sind wir, zumindest wenn man die Datenlage ansieht, nicht gekommen.

Was also tun, wenn uns die Lobeshymnen auf dem Spielplatz entgegenhallen oder uns die Social-Media-Gemeinschaft auf den Thron der Super-Papas hievt? Am besten nichts. Ähnlich wie auch bei Frauen in Vorständen wird es hoffentlich eine Zeit geben, in der ein Papa, der sich um seine Kinder kümmert, einfach normal ist und keines Extralobes oder Ikonisierung bedarf. Bis es so weit ist, können wir uns mit dem Gedanken trösten, etwas Gutes für unsere Kinder und uns selbst zu tun. Darüber hinaus können wir die öffentliche Diskussion zum Thema auch als Führungskräfte mitführen und zeigen, dass es zwischen dem Vollzeit-Papa und dem abwesenden Vater noch eine Vielzahl von Vätern gibt, die all die Erwartungen, die an sie gestellt werden, nur zu gerne erfüllen würden.

In unserem Podcast *Working Dad*[76] treffen wir eine Menge dieser Väter. Wir sprechen genau über die Themen zwischen Wickeltisch und Office, über die Höhen und Tiefen des Vaterseins und darüber, wie wir unsere Partner:innen unterstützen können, ihre beruflichen Wünsche genauso zu erreichen, wie wir es für uns wünschen. Es gibt also kein richtig oder falsch, keine Schublade, in die man passen muss. Am wichtigsten ist, dass du die Art von Vater bist, die du sein möchtest und die gut für deine Familie ist – und nicht die Art, die die Gesellschaft von dir erwartet.

Hacks

#1 Bleib dir selbst treu, anstatt einem Ideal entsprechen zu wollen. Wie du siehst, ist es ohnehin aussichtslos, alle Erwartungen zu erfüllen. Finde deinen ganz eigenen Weg.

#2 Glaub nicht alles, was du liest. Das Gras auf der anderen Seite des Zauns ist immer grüner. Wenn es sich für dich und deine Familie gut anfühlt, dann bist du auch ein toller Papa.

#3 Es ist noch kein Meister vom Himmel gefallen. Im besten Fall hast du noch viel Zeit, um an dir zu arbeiten. Reflexion ist der erste Schritt.

KAPITEL 37
Wo ist der beste Standort für Karriere und Familie?

»Home is any four walls that enclose the right person.«
Helen Rowland

»Ihr wollt doch sicher auch bald ein Haus kaufen, oder? Ein Garten wäre doch auch schön für die Kinder, und in der Stadt ist es doch immer laut und gefährlich.« Dieses Gesprächsthema kommt dir sicher bekannt vor, fast keine Männerrunde hat 2021 das Thema Eigenheim auf dem Land ausgelassen. Zu wenig Platz zu Hause während des Lockdowns hat den Wunsch nach Haus und Garten noch mehr befeuert. Auch ich konnte mich dem ganzen »Raus aufs Land«-Hype nicht entziehen und bin, wenn wir mal einen Babysitter gefunden hatten, mit meiner Frau durch die Vororte getingelt, um Häuser anzusehen. Dagegen spricht rein gar nichts. Eine Immobilie ist immer noch eine der beliebtesten Arten der Altersvorsorge. Auch ein Leben auf dem Land ist wunderschön. Als Dorfkind habe ich beide Welten bereits erlebt, und heute stellt sich mir als Vater natürlich die Frage, ob die Großstadt der richtige Ort ist, um Kinder großzuziehen. Aber was hält mich noch in der Stadt, und was treibt andere aufs Land? Meine subjektive Meinung dazu kann ja nicht repräsentativ sein. Das BUCERIUS LAB der ZEIT-Stiftung hat gemeinsam mit dem Meinungsforschungsinstitut Civey zu dem Thema eine Umfrage gemacht[77]. Demnach zieht es gut ein Drittel von der Großstadt aufs Land. Die anderen zwei Drittel wollen da bleiben, wo sie sind. Ein Blick auf die Motive macht klar, dass die meisten Gründe sich um Familie und Karriere drehen.

Mich hat vor allem interessiert, warum die zwei Drittel in der Stadt bleiben wollen. Laut der Stichprobe vom August 2020 waren es vor allem die beruflichen Vorteile wie Karrierechancen und Bildungsangebote, die den Städter im Block hielten. Die gute medizinische Versorgung und das reichhaltige kulturelle Angebot in der urbanisierten Welt machen es fast 50 Prozent der Menschen schwer, aufs Land zu ziehen. Aber allen Gründen voran steht mit fast 60 Prozent die Infrastruktur und Mobilität. Als wir im Jahr 2017 kurz vor der Geburt unserer Zwillinge vom schwäbischen Dorf in die NRW-Metropole gezogen sind, waren dies auch genau die Beweggründe, den Start in ein neues Leben in der Stadt zu begehen. Es war kein Auto nötig, und wenn, dann nur eines. Mit dem Fahrrad war man in jeder Ecke der Stadt schneller als mit dem Auto, und wenn es mal regnete, gab es genügend öffentliche Verkehrsmittel, um nicht nass zu werden. Eine große Auswahl an Kindergärten und eine Vielzahl von Schulen waren ausschlaggebend dafür, zentrumsnah unsere Zelte aufzuschlagen. Dennoch kommt auch bei uns immer wieder der Wunsch nach etwas mehr Natur auf. Und da sich mit der Modernisierung der Arbeitswelt auch bei einigen Firmen die Sicht auf das Thema Homeoffice und mobiles Arbeiten verändert hat, kommt natürlich der Gedanke auf: »Ich könnte doch einen etwas längeren Weg zur Arbeit auf mich nehmen und im Hybrid-Work-Zeitalter nur ein bis zweimal die Woche ins Office fahren.«

Als Dorfkind kann ich die Gründe dafür sehr gut nachvollziehen. Im 3.000-Seelen-Dorf habe ich auf dem Weg zum Bäcker mindestens zwei Jugendfreunde und fünf Mannschaftskamerad:innen aus dem Fußballverein gegrüßt, bevor ich meine Tüte Brötchen in der Hand hatte. Man grüßte aber auch Fremde freundlich auf dem Gehweg und erkannte jedes zugezogene Gesicht sofort. Man war einfach nicht anonym, sondern kannte einander. Zweimal stolpern, und man stand zwischen Weizenfeldern und Sonnenblumen. Der nächste Wald war auch nicht weit weg, wenn man einmal fernab von der Straße einen Spaziergang machen wollte. Die Lebenshaltungs- und Mietkosten waren vergleichsweise günstig. Als Kinder waren wir in sämtlichen Bauernhöfen der Umgebung unterwegs und konnten Milch noch direkt vom Bauern holen. Sicherlich schwingt da etwas verklärte Nostalgie in der Erzählung mit, aber ich kann dem Landleben durchaus viel Gutes abgewinnen. Glückliche Kinder sehe ich in der Stadt wie auf dem Land, aber was bedeutet die Entscheidung Stadt oder Land für die Karriere?

Ein Vorteil der Großstadt ist sicherlich die Dichte an möglichen Arbeitgeber:innen, was im Fall einer Kündigung oder bei Unzufriedenheit im Job von Vorteil ist. Was aber noch viel wichtiger ist, beschreiben Wolfgang Schur und Günter Weick in ihrer, etwas satirischen, Karrierebibel *Die Wahnsinnskarriere*[78]: »Bewege dich im Zentrum der Macht – sei dort, wo die Musik spielt.« Ganz so dramatisch würde ich es nicht beschreiben, aber etwas Wahres ist schon dran. Der Kontakt zur Führungskraft und den Kolleg:innen ist essenziell für die berufliche Entwicklung. Informale Gespräche auf dem Flur und Veränderungen im Unternehmen, die nicht am schwarzen Brett oder im Intranet stehen, bekommt man im Homeoffice nicht unbedingt mit. Auch wenn uns das Jahr 2020 gezeigt hat, dass es auch anders geht, so bleibt der persönliche Kontakt sicher immer noch ein wichtiger, nicht zu unterschätzender Faktor in der Arbeitswelt. Ganz risikolos für die Karriere ist der Schritt aus dem Ballungsgebiet also nicht. Am Ende des Tages gibt es aber kein richtig oder falsch. Eine passende Lösung kann ich ebenfalls nicht anbieten, lediglich Denkanstöße liefern, die über den Wunsch nach einem Garten hinausgehen.

Es gibt jedoch einen unumstrittenen Faktor, der für die Vereinbarkeit von Beruf und Familie entscheidender ist als jeder andere: Zeit. Aufgrund meiner technischen Ausbildung durfte ich um die Jahrtausendwende auch lernen, was eine REFA-Zeitaufnahme ist. Ohne weiter darauf einzugehen, wird hierbei haargenau gestoppt, für welchen Arbeitsschritt ich an der Maschine wie lange gebraucht hatte, um herauszufinden, wo noch Optimierungspotenziale zu finden sind. Man stelle sich also einen achtstündigen Arbeitszeittag vor, an dem jemand mit einer Stoppuhr neben einem steht. Nur die Biopausen wurden nicht miteingerechnet. Dazu kam noch ein Spaghetti-Diagramm, das jeden meiner Wege in Form einer Linie nachzeichnete. Von der Maschine zum Drucker, vom Drucker zum Messraum, von dort zur Maschine.

Bevor du mit deiner Familie zusammen die Entscheidung triffst, wo ihr am besten alles unter einen Hut bekommt, zeichne dir ein Spaghetti-Diagramm (wie in Abbildung 12) und rechne dir aus, wo dir für deine Kinder am meisten Zeit bleibt und wie viel du von dieser Zeit bereit bist, im Auto, im Zug oder im Flugzeug zu verbringen.

Um ein Spaghetti-Diagramm zu erstellen, gehst du folgendermaßen vor:

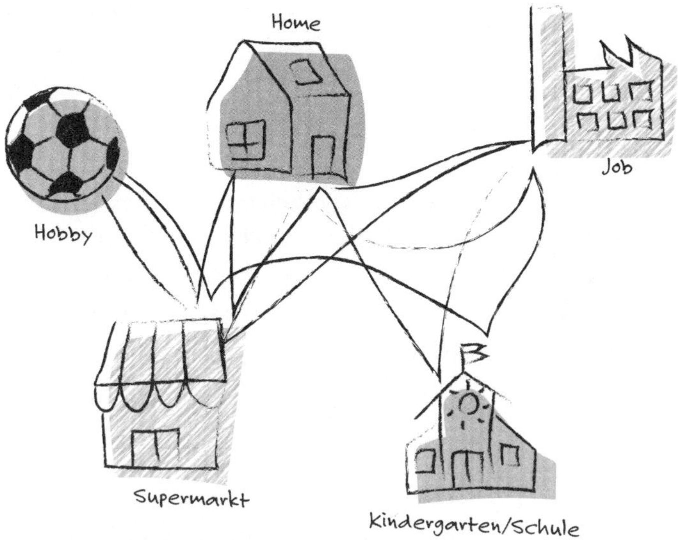

Abbildung 12: Beispiel für ein Spaghetti-Diagramm

Layout: Wenn du ganz genau sein willst, dann versuche ungefähr maßstabsgetreu zu bleiben beziehungsweise dir bei einigen Fahrten zu merken, wie lange du gebraucht hast oder brauchen würdest. Am Ende erleichterst du dir damit die Auswertung deines Diagramms.

Beobachtungszeitraum: Überlege dir, welchen Beobachtungszeitraum du dir ansehen möchtest. Da du nicht jeden Weg jeden Tag zurücklegen wirst, kann es durchaus sinnvoll sein, in etwa einen Monat zu betrachten und zu simulieren.

Linien einzeichnen: Für jeden zurückgelegten Weg zeichnest du eine Linie ein. Damit kannst du zum einen deinen Weg optimieren und so vielleicht doch noch Argumente für den Umzug finden, aber auch sehr gut visualisieren, wie du dich im Laufe eines Monats von A nach B bewegen würdest.

Auswertung: Eine quantitative Auswertung ist am Ende ziemlich einfach, du siehst auf einen Blick, welche Wege häufiger beziehungsweise mit mehr Aufwand verbunden wären. Bei der quantitativen Auswertung rechnest du die vorher für die Strecken geschätzten oder gemessenen Zeiten zusammen und hast direkt eine Antwort auf die Fragen, was dir an Zeit für deine Familie und deine Karriere bleibt.

Die Wohnortentscheidung ist sehr individuell. Bedenke aber unbedingt: Mehr als einen Garten zum Spielen oder ein großes kulturelles Angebot wünschen sich Kinder aber vor allem eines: einen Papa, der auch mal daheim ist und Zeit für sie hat. Der Satz »Ich habe das doch alles nur für euch getan« wird wahrscheinlich nicht die verlorene Zeit auf der Straße wiedergutmachen.

Hacks

#1 Wie schon Flavor Flav sagte: »Don't believe the hype.« Triff die Wohnortentscheidung nur gemeinsam mit deiner Familie.

#2 Zahlen, Daten, Fakten. Rechne dir grob aus, wie viel mehr oder weniger Zeit du benötigst, um alles Private und Berufliche zu erledigen.

#3 Selbstversuch. Wenn du wirklich in die Stadt oder aufs Land willst, dir aber noch unsicher bist, nehmt euch ein Zimmer und testet den Wohnort für ein paar Tage.

TEIL 6
ME-TIME

Abbildung 13: Die fünf Bereiche deines Lebens

Eine Geschichte, die bereits von vielen CEOs (Coca-Cola: Brian Dyson, Google: Sundar Pichai) erzählt wurde und deren Herkunft nicht eindeutig geklärt ist, veranschaulicht sehr gut, welche Bereiche unseres Lebens einen hohen Stellenwert haben sollten:

Stell dir vor, das Leben sei ein Spiel mit fünf Bällen, die du in der Luft jonglierst. Du musst versuchen, diese Bälle nicht fallen zu lassen. Einer von ihnen ist aus Gummi, die anderen sind aus Glas. Die fünf Bälle sind: Arbeit, Familie, Gesundheit, Freund:innen und deine Seele.

Es wird nicht lange dauern, bis du merkst, dass die »Arbeit« der Gummiball ist. Wann immer er fällt, springt er wieder auf. Die anderen Bälle sind aus Glas. Wenn einer von ihnen fällt, kehrt er nicht wieder in seine vorherige Form zurück. Er wird entweder beschädigt, gequetscht, er zerbricht oder zersplittert sogar. Werde dir dessen bewusst.

Auch wenn diese Zeilen viel Anlass zur Diskussion bieten, waren sie für mich immer eine gute Metapher für die wirklich wichtigen Bereiche in meinem Leben. Selbstverständlich lässt sich vieles im Leben auch wiedergutmachen, aber einiges kann für immer verloren gehen, wenn man nicht darauf achtet. Woher wir unsere Energie nehmen und die Kraft, jeden Tag wieder aufzustehen, um uns den alltäglichen, wunderschönen, aber auch manchmal schier unlösbaren Aufgaben einer Familie mit Kindern zu stellen, kann so vielfältig sein wie das Leben selbst. Für die einen ist es Meditation, für die anderen Sport, für manche ist es ein Tag in einer Stadt mit Freund:innen oder in der Natur, allein mit sich selbst.

Ich habe für mich in den vergangenen Jahren festgestellt, dass es wirkliche Balance nur selten gibt. Das Pendel schlägt immer in die eine oder andere Richtung aus und steht nie still. Am Ende eines jeden Tages, jeden Monats und jeden Jahres wünsche ich mir jedoch, dass es sich wenigstens einigermaßen die Waage hält. Diese Erkenntnis war ein großer Schritt für mich. Was tust du, um in Balance zu bleiben? Erkennst du, in welche Richtung das Pendel gerade schwingt und wann es Zeit ist, sich zu erholen?

KAPITEL 38
Family First?

»If you don't love yourself, nobody will.
Not only that, you won't be good at loving anyone else.
Loving starts with the self.«
Wayne Dyer

Jeder Mensch braucht mal eine Auszeit, Zeit ohne die Familie, um mal völlig abschalten zu können. Meine Frau war also für ein verlängertes Wellnesswochenende verreist und ich vier Tage allein mit den Kids. Mittlerweile ist das für mich ganz normal und nicht mehr so herausfordernd wie am Anfang. Aber dieses Mal war es anders. Ich hatte mir den Freitag freigenommen, um ganz für die Kinder da zu sein. Wir hatten einen wirklich schönen Nachmittag im Wald. Danach hieß es, Abendessen machen, Gemüse und Nudeln, die Kids zu Bett bringen, eine Geschichte erzählen und leise aus dem Zimmer schleichen. Danach war Me-Time angesagt. Ich würde ja gerne sagen, dass ich dann gemütlich ein Buch in die Hand genommen habe und mal wieder gelesen hätte. Aber manchmal, nach einer langen Geschichte über Krokodile, Vögel oder Hunde in Uniformen ist mir eher nach so wenig geistiger Leistung wie möglich zumute, und so gewann die Schwerkraft, das Sofa und Denzel Washington. Ich ging etwas zu spät ins Bett, bin aber glücklich eingeschlafen.

Mitten in der Nacht kam einer der beiden Jungs ins Elternschlafzimmer gewackelt und legte sich neben mich. Das Nächste, was ich spürte, war eine lauwarme Dusche – die Erbsen und der Blumenkohl waren noch sehr gut zu erkennen. Magen-Darm-Krankheiten sind so etwas wie der Endgegner, nun war es wieder einmal so weit. Nach einer Stunde waren wir beide wieder trocken und sind auf das Sofa gewechselt, nachdem ich die üblichen Sicherheitsvorkehrungen getroffen hatte. Die Nacht hatten wir irgendwann überstanden, doch die folgenden Tage waren nicht weniger spannend, denn Mattis und ich kamen auch in den Genuss des Infekts. Viele Väter und Mütter wissen, wie kräftezehrend ein krankes Kind ist, wenn man selbst krank ist.

Nachdem alles überstanden war, hatte ich das wundervolle Gefühl, für die Kinder da gewesen zu sein und meine Partnerin unterstützt zu haben. Aber man darf bei allem nicht sich selbst und seine eigenen Bedürfnisse vergessen[79]. Nur wenn es dir gut geht, geht es auch anderen in deinem Umfeld gut, und du kannst in solchen Situationen wieder für deine Familie da sein.

»Me First – Family Second«, so brachte es Jörg Kundrath, Co-Gründer von Mindset Movers und Host des Podcasts *Familienmensch* in einem LinkedIn-Beitrag 2020 auf den Punkt. Er sorgte damit für heftige Reaktionen und eine hitzige Diskussion, was seine Absicht war. Jörg führte aus, dass wir alles wollen, ein liebevoller, aktiver Vater sein und gleichzeitig noch erfolgreich im Job. Beides ist nur zu erreichen, wenn wir auch in der mentalen und körperlichen Verfassung dazu sind. Es ist wie im Flugzeug: »Im unwahrscheinlichen Falle eines Druckabfalls in der Kabine legen Sie die Sauerstoffmaske erst sich selbst und dann anderen an.«

Hacks

#1 Finde heraus, was dir guttut. Sei einfach mal wieder allein mit dir selbst, für mindestens 24 Stunden.

#2 Me First – Family Second. Nur wenn es dir gut geht, kannst du auch für deine Familie da sein.

KAPITEL 39
Mentale Bedürfnisse ernst nehmen

»Wahrnehmen und annehmen, was da ist,
ohne sich im Strudel der Gedanken zu verlieren.«
Laura I. Gaida

Nicht nur als Väter, sondern als Menschen haben wir neurobiologisch nachgewiesene und kulturübergreifende psychologische Bedürfnisse[80]. Wenn es uns gelingt, diese wahrzunehmen und darauf zu achten, dass sie möglichst gut befriedigt sind, dann geht es uns gut. Menschen mit einer Depression oder einer psychischen Erkrankung gelingt das häufig nicht mehr.

Aussagen wie: »Ach komm schon, nur ein bisschen noch, halte durch, beiß die Zähne zusammen, stell dich nicht so an …« verstärken dieses Problem noch. Wenn sich Menschen dir gegenüber äußern, dass sie nicht mehr können, dass sie erschöpft sind, dass sie sich kraftlos und ausgebrannt fühlen, dann hör ihnen einfach mal nur zu, stell vorsichtig Rückfragen und sei einfach nur da, ohne zu werten, gut gemeinte Ratschläge zu verteilen oder sie doch noch ermutigen zu wollen. Häufig wünschen sich Menschen, egal, ob (noch) gesund oder psychisch bereits erkrankt, jemanden, dem/der sie sich öffnen können, der/die ihnen einfach nur zuhört. Ob es sich dabei um dich selbst handelt, eine:n gute:n Freund:in, eine:n Kolleg:in oder andere Menschen in deinem sozialen Umfeld, stell dir oder ihnen Rückfragen, um das eigentliche Problem tiefer zu ergründen und besser verstehen zu können.

Vergiss nicht: *Selfcare isn't selfish* – Selbstfürsorge ist nicht selbstsüchtig. Sie stellt einen elementaren Bestandteil zur Pflege deiner mentalen Gesundheit dar und stärkt dein mentales Immunsystem. Achte also auf deine Bedürfnisse. Nach Klaus Grawe sind dies die folgenden:[81]

Das Bedürfnis nach Lustgewinn und Unlustvermeidung: Menschen neigen dazu, angenehme Dinge zu bevorzugen und unangenehme abzulehnen. Zu erkennen, welche Situationen oder Aufgaben Gefühle der

Ablehnung oder auch der Vorfreude in uns auslösen, hilft uns, besser zu erkennen, wie wir ticken und, sofern möglich, aktiv darauf einzugehen. Ich weiß beispielsweise, dass große Joggingrunden oder die Zeit mit meinen Kindern/meiner Familie draußen in der Natur dazu führen, dass ich mich wohler fühle. Im Job sind es häufig Situationen, in denen ich mit meinem Team gemeinsam erreichte Ziele feiere, auch wenn sie noch so klein sind, oder auch, wenn ich es geschafft habe, meinen Mitarbeiter:innen die Unterstützung zu bieten, damit sie erfolgreich sein können. In diesen Momenten nehme ich einfach Freude in mir wahr.

Das Bindungsbedürfnis: Das häufig recht stark ausgeprägte, psychologische Bindungsbedürfnis zeigt, wie wichtig andere Menschen für uns sind und wie sehr wir sie brauchen. Der Mensch ist kein Einzelgänger, sondern ein soziales Wesen. Sicher hast du auch schon mal Gefühle wie Sehnsucht oder Traurigkeit, aber auch Liebe und Geborgenheit empfunden. Diese Emotionen und viele weitere zeigen sich meistens (sichtbar nach außen oder intensiv im Inneren), wenn wir mit anderen zusammenleben oder -arbeiten. Wenn uns diese Menschen dann auch noch wichtig sind, gewinnen die Gefühle meist deutlich an Intensität. Es ist hilfreich, sich hin und wieder zu fragen, ob das am Anfang dieses Teils schon erwähnte Pendel relativ ruhig und ausbalanciert ist oder ob wir den Drang verspüren, die zwischenmenschliche Situation zu bestimmten Personen zu verändern – also zu intensivieren oder zu reduzieren –, und sich dann zu fragen, warum das so ist.

Das Bedürfnis nach Selbstwerterhöhung und Selbstwertschutz: Wir alle streben danach, das Bild, das wir von uns haben, zu schützen und uns stetig weiterzuentwickeln. Spürbar wird dies in Momenten, in denen wir fast platzen vor Stolz, weil wir etwas Großartiges erreicht haben, oder wenn wir uns innerlich verletzt fühlen, weil beispielsweise unsere Leistungen nicht anerkannt wurden. Zu bemerken, wann wir wie reagieren, also unsere Gedanken und aufkommenden Gefühle bewusst wahrzunehmen, hilft uns herauszufinden, wie stark dieses psychologische Grundbedürfnis bei uns ausgeprägt ist und durch welche konkreten Handlungen wir darauf eingehen können.

Das Bedürfnis nach Orientierung und Kontrolle: Dieses Bedürfnis wird angesprochen, wenn Handlungen anderer unsere Umgebung beeinflussen und auch, wenn wir durch unser Handeln die Möglichkeit haben, in bestimmten Situationen die Kontrolle zu übernehmen. In welchen Situationen oder Momenten ein vielleicht ganz angenehmes Sicherheitsgefühl oder aber auch ein vollkommen beängstigendes Gefühl von Kontrollverlust in uns aufkommt, ist nicht nur extrem unterschiedlich von Mensch zu Mensch, sondern auch im Hinblick auf die verschiedenen Situationen in unserem Leben. Wir können es lediglich bemerken und uns hier fragen, unter welchen Bedingungen und mit welchem Maß an Kontrolle wir uns besonders wohl fühlen und welche Gegebenheiten bei uns Unruhe und Nervosität auslösen. Sich hier zu fragen, ob die Ängste im Verhältnis zum möglichen Risiko oder Schaden stehen, hilft ungemein.

Das Bedürfnis nach Kohärenz: Menschen streben nach Stimmigkeit. Wir lieben es, wenn die Dinge so laufen wie erwartet, also wenn unsere inneren Einstellungen mit den Gegebenheiten im Außen übereinkommen. Daher steht dieses Bedürfnis und dessen Erfüllung auch in engem Zusammenhang mit den anderen Bedürfnissen und ist daher übergeordnet zu sehen. Wenn eines unserer Bedürfnisse nur unzureichend oder über längere Zeit nicht ausreichend erfüllt ist, dann haben wir das Gefühl: »Irgendetwas stimmt hier für mich gerade einfach nicht« oder »Ich kann nicht so sein, wie ich normalerweise bin, nicht der Vater, nicht der Ehemann oder nicht der Topperformer.«

Abschließend ist es wichtig zu wissen, dass die Ausprägung der mentalen Bedürfnisse stark von unserer Persönlichkeit und der jeweiligen Lebenslage abhängen.

Das klingt dir irgendwie viel zu kompliziert? Ja, das kann ich nachvollziehen. Deswegen jetzt nochmal in einfach: Schreib einmal auf, was dir guttut in deinem Leben, und dann schreib all die Dinge auf, die dir nicht guttun. Sortiere deine Antworten gerne direkt in zwei Spalten – links alles Positive und rechts alles Negative. Und dann schau mal, auf welcher Seite sich dein Leben gerade mehr befindet. Ich hoffe und wünsche dir sehr, dass die linke Seite mit den positiven Aktivitäten und Dingen überwiegt. Sieh dir aber auch die rechte Seite mit den negativen Dingen in deinem Leben an.

Zieh nun ein erstes Fazit für dich. Bist du so zufrieden? Oder möchtest du etwas verändern? Wenn ja, dann empfehle ich dir, einfach mal in Episode #19 des *Happy Voices*-Podcasts reinzuhören. Hier erzählt dir die Podcast-Moderatorin und Mental-Health-Expertin Laura etwas zum Thema Veränderungen in unserer immer komplexer werdenden Welt und wie du deinen Weg finden kannst, besser und vor allem gelassener durch unruhige Zeiten zu steuern. Vielleicht passt auch Folge #23 gut zu dir, in der sie übers Neinsagen spricht und darüber, wie du lernen kannst, immer mehr zu dir zu stehen. Denn jedes Nein zu anderen ist ein Ja zu dir und deinen Bedürfnissen. Und die sind doch mindestens genauso wichtig wie die anderer, oder?

Das Gefühl der Überforderung und der Eindruck, dass man selbst immer zu kurz kommt, ist Müttern wie Vätern sehr gut bekannt und in Maßen wahrscheinlich auch völlig normal. Wenn du allerdings merkst, dass alle deine Bedürfnisse zu kurz kommen, dann warte nicht zu lange und rede mit deiner Familie.

Hacks

#1 Signale erkennen. Hör auf dich und auch auf andere. Manchmal ist es nur eine Phase, manchmal aber auch mehr.

#2 Im Austausch bleiben. Mach nicht alles allein mit dir aus. Andere Väter haben auch Sorgen und Ängste. Teile deine Gedanken mit anderen.

#3 Merk dir: Du bist nicht allein.

KAPITEL 40

Achte darauf, dich zu mögen

»Nichts hat einen stärkeren psychischen Einfluss auf die Kinder als das ungelebte Leben der Eltern.«
C. G. Jung

Man solle nicht lange darüber nachdenken, wie man die 251 Fragen des Persönlichkeitstests beantwortet. Die Gefahr dabei wäre, zu sehr zu versuchen, ein gewisses Bild von sich selbst zu erzeugen. Da es sowieso kein richtig oder falsch gäbe, würde es den Test nur unnötig in die Länge ziehen. Man erklärte allen Personen, die mit mir im Raum saßen, dass wir die Fragen im Hinblick auf ihr Zutreffen bewerten sollten. Wenn wir uns in einer Aussage voll und ganz wiederfinden, sollten wir »1 – trifft voll zu« ankreuzen, wenn die Schilderung gar nicht zutrifft, dann solle man die »6 – trifft überhaupt nicht zu« ausstreichen[82]. Also einfach drauflos:

156. Verantwortung für wichtige Entscheidungen zu tragen, macht mir nichts aus.
1 (trifft voll zu) – 2 – 3 – 4 – 5 – 6 (trifft überhaupt nicht zu)

157. Mit meinen Entscheidungen jemandem wehzutun, fällt mir schwer.
1 (trifft voll zu) – 2 – 3 – 4 – 5 – 6 (trifft überhaupt nicht zu)

158. Ich bemerke sehr genau, wie sich mein Gegenüber fühlt.
1 (trifft voll zu) – 2 – 3 – 4 – 5 – 6 (trifft überhaupt nicht zu)

159. Kolleg:innen mögen mich wegen meiner kontaktfreudigen Art.
1 (trifft voll zu) – 2 – 3 – 4 – 5 – 6 (trifft überhaupt nicht zu)

160. Auch wenn ich hart und unter Stress arbeiten muss, bleibe ich gelassen.
1 (trifft voll zu) – 2 – 3 – 4 – 5 – 6 (trifft überhaupt nicht zu)

161. Ich bleibe ruhig und gelassen, auch wenn viel gleichzeitig auf mich einströmt.
1 (trifft voll zu) – 2 – 3 – 4 – 5 – 6 (trifft überhaupt nicht zu)

162. … und so weiter.

Am Ende des BIP[83]-Tests war ich sehr gespannt, was mich wohl bei der Auswertung erwarten würde. Bei einem berufsbezogenen Persönlichkeitstest wie dem Bochumer Inventar werden 17 Schlüsselkompetenzen aus vier Bereichen analysiert: Soziale Kompetenzen, Arbeitsverhalten, Berufliche Orientierung und Psychische Konstitution. Letztlich fand ich mich in der Ausprägung der einzelnen Persönlichkeitsmerkmale durchaus wieder. Viel erstaunlicher war es, dass mein Testergebnis 15 Jahre später fast deckungsgleich war. Im Laufe meiner Karriere gab es eine Vielzahl dieser Tests, und das Ergebnis war immer ähnlich.

Erfreulicherweise gab es die Persönlichkeitstests sehr bald online, was die Auswertung beschleunigt hat. So auch bei meinem vorerst letzten Zugangstest für die Zulassung zum Executive MBA an der RWTH und der HSG. Neben Empfehlungsschreiben von Professor:innen, Vorgesetzten, einem Motivationsschreiben und weiteren Eintrittshürden gab es hier noch ein psychologisches Gespräch im Anschluss an den MBTI-Test (Myers-Briggs-Typenindikator)[84].

Der von Carl Gustav Jung im Jahr 1944 veröffentlichte Ansatz, dass Menschen in vier psychologische Kategorien eingeteilt werden können, war die Grundlage für das heutige Testverfahren, das von den US-Amerikanerinnen Katharine Cook Briggs und ihrer Tochter Isabel Briggs Myers entwickelt wurde. Laut den Briggs gab es folgende Dimensionen zu beurteilen: Extraversion – Intraversion, Sensitivität – Intuition, Denken – Fühlen und Beurteilen – Wahrnehmen. Am Ende des Tests erhält man eine vierstellige Buchstabenkombination. Je nach Ausprägung ergeben sich bis zu 16 verschiedene Persönlichkeitstypen.[85] Kritisiert wird an diesem Test, dass er je nach Tagesform anders ausfallen kann. Mich hatte das Ergebnis aber nochmal bestärkt und nicht wirklich überrascht. Das Spannende war jedoch das Gespräch mit einer promovierten Psychologin im Anschluss an den zu Hause am Laptop absolvierten Test.

Nach der für mich vorhersehbaren Bestätigung vieler meiner persönlichen Ausprägungen, wie hoher Extraversion und meiner Durchsetzungsfähigkeit, gab es einen Satz, der mich noch länger beschäftigt hat. »Sie müssen sich nicht immer selbst etwas beweisen, Herr Gaida«, sagte die Psychologin nicht in einem mahnenden Ton, sondern eher in einem beruhigenden. »Sie sitzen hier, das bedeutet, Sie sind sehr gut in dem, was Sie tun.« Weiter versicherte sie mir: »Sie werden an diesen Universitäten studieren.«

Viele Jahre an der Maschine in Schichtarbeit und die fehlenden Vorbilder hatten mein Selbstvertrauen nicht immer gepusht, dennoch war mir nicht bewusst, dass ich, selbst als meine Karriere bereits weiter erfolgreich fortgeschritten war, immer noch versuchte, mir zu zeigen, was ich kann. Ich war mit meinen 33 Jahren eher einer der jüngeren EMBA-Studenten des Jahrgangs und schloss als einer der besten 10 Prozent der Fakultät ab. Ich bin mit den Jahren deutlich ruhiger geworden und habe gelernt, mich selbst zu akzeptieren, so wie ich bin.

Es ist jedoch ein Unterschied, ob man sich akzeptiert oder ob man sich mag, so wie man ist. Der innere Dialog, den man pausenlos mit sich selbst führt, sagt viel darüber aus, wie man mit seiner eigenen Persönlichkeit umgeht. Lausche öfter in dich hinein, um dich selbst besser kennen zu lernen. Wenn du Vater bist, ist es umso wichtiger, dass du dich mit dir selbst auseinandersetzt, auch wenn oft nur wenig Zeit dazu bleibt.

Das ist leichter gesagt als getan, ich weiß. Ein Anreiz, nicht alles mit sich selbst auszumachen und sich mit der eigenen Persönlichkeit und seiner Gefühlswelt auseinanderzusetzen, sind die eigenen Kinder. Deine Kinder lernen sozial und explorativ. Sie sehen, hören und merken alles, auch das Unausgesprochene, was nicht auf den Tisch kommt. Wir erinnern uns oft nur schemenhaft an unsere Zeit als Kleinkind, dennoch weiß jede:r, der/die ein vierjähriges Kind hat, welch feine Antennen so ein kleiner Mensch hat. Ähnlich wie beim Thema Perfektion sind wir auch hier die Vorlage für unsere Kinder.

Die Familientherapeutin Sandra Konrad beschreibt in ihrem Buch *Das bleibt in der Familie*[86], wie sehr uns das emotionale Erbe der Generation vor uns beeinflusst und wie wichtig die bewusste Auseinandersetzung in Bezug auf die Familie und sich selbst ist. Viele Menschen würden alles dafür tun, ihre Kinder nicht mit einem familiären Erbe zu belasten. Der liebevolle, reflektierte Blick auf sich selbst, die Selbstfürsorge, die Selbstannahme und Wertschätzung ist der Königsweg dahin. Denn unsere Kinder lernen von uns, wir sind ihr Modell für den Umgang mit sich selbst. Wenn wir uns nicht mit uns selbst auseinandersetzen und uns so mögen, wie wir sind, dann werden womöglich unsere Kinder noch darunter leiden. Oder wie es Friedrich Nietzsche ausdrückt: »Was der Vater schwieg, das kommt im Sohne zum Reden; und oft fand ich den Sohn als des Vaters entblößtes Geheimnis.«[87]

Nun gehört die Reise zu sich selbst nicht gerade zu den größten Stärken von uns Männern. Falls nötig, hol dir Hilfe, um besser mit dir klarzukommen und zu lernen, dich zu mögen. In anderen Ländern ist das ganz normal, doch hierzulande ist es noch ein Novum. Auch hier sind Vorbilder nötig, die dieser Stigmatisierung von Verwundbarkeit ein Ende bereiten. Max Eberl ist mit seinem öffentlichen Rücktritt nach 23 Jahren bei Borussia Mönchengladbach im Jahr 2022 ein solches Vorbild. Es braucht unglaublich viel Courage, sich um sich selbst zu kümmern. In seinem sehr emotionalen Abschied sagte er: »Ich muss auf den Menschen aufpassen, das ist die höchste Verantwortung, die ich habe, auf meine Gesundheit, auf mich zu achten.« Damit hat er uns als Männer und Väter gezeigt, dass es wichtig ist, sich zu mögen. Und noch mehr, die Verantwortung für sich selbst zu übernehmen, auch wenn dies heißt, schwierige Entscheidungen zu treffen, die nicht jede:r toll findet.

Ich habe nach einem Schicksalsschlag selbst schon Gesprächstherapiestunden genommen, um Geschehenes zu verarbeiten. Das ist kein Makel, keine Schwäche, sondern Stärke. Verantwortung für sich selbst zu übernehmen und sich helfen lassen, ist richtig und wichtig. Ein Auto, das quietscht, wird repariert, ein gebrochenes Bein bekommt einen Gips. Aber wenn die Seele Risse hat, schauen wir Männer weg? Vieles lässt sich reparieren, und Lasten lassen sich ablegen. Es reist sich dann auch als Papa viel leichter durchs Leben. Warum sollen deine Kinder dich mögen, wenn du dich selbst nicht magst?

Tool

ME FIRST – REFLEXION ZU DEINEN PRIORITÄTEN

Du hast keine Zeit für die unwichtigen Dinge. Für die wichtigen Dinge findet sich immer irgendwie Zeit. Also frag dich doch mal: »Wie wichtig bin ich mir selbst überhaupt?« Alles, was uns wichtig ist, bedeutet uns meistens auch recht viel. Wie viel bedeutest du dir – könntest du ohne dich leben? Wenn nein, was magst du besonders an dir?

Es ist gar nicht so leicht, sich selbst ein Kompliment zu machen. Komisch, oder? Bei anderen fällt uns das deutlich leichter. Aber versuch's mal! Damit beginnt »Me First«. Die Basis ist, dass du dich selbst magst und für dich sorgst, sodass es dir gut geht. Und das tust du nur, wenn du dir oder es dir auch wichtig ist. Das ist Selfcare!

Hacks

#1 Was magst du an dir? Nimm dir ein Blatt Papier zur Hand und schreib es auf. Mach ein Spiel daraus und frag deine Kinder, was sie an dir mögen. Vielleicht kann dein Sohn oder deine Tochter ja auch gleich für sich selbst etwas aufschreiben, oder du schreibst für alle.

#2 Reagiere mit Verständnis, wenn andere Männer Schwäche oder Verletzlichkeit zeigen. Als Mensch, gerade als Führungskraft, sollte man diese Courage wertschätzen – und sich selbst ein Beispiel daran nehmen.

#3 Reflektiere dich selbst. Oder sprich mit deinen Eltern, wenn du nicht weißt, woher manche deiner Verhaltensweisen, Glaubenssätze, Einstellungen und Überzeugungen kommen, um dich besser zu verstehen. Dann ist es auch leichter, sie zu akzeptieren.

KAPITEL 41
Erholung und Pausen

> »Nimm dir jeden Tag eine halbe Stunde Zeit für dich, außer wenn du viel zu tun hast, dann nimm dir eine Stunde Zeit.«
> *Franz von Sales*

Schwangerschaft, Umzug, neuer Job und der MBA – diese Zeit war wirklich kein Spaß. Für meine Frau war sie das auch nicht, aber im Mutterschutz hatte sie zum Glück eine gewisse Vorlaufzeit und konnte sich trotz einer nie ganz leichten Zwillingsschwangerschaft auf den neuen Lebensabschnitt vorbereiten und freuen. Für mich war es bis zum Tag der Entbindung »Business as usual« beziehungsweise gar nicht ganz so »usual« im neuen Job. Ich war mitten in den Vorbereitungen für mein erstes Budgetmeeting mit dem japanischen Unternehmenspräsidenten, dem Management der Bereiche für Finance, Human Resources und Legal sowie allen anderen Stakeholdern. Das Meeting war für Freitag, den 24. November, 9 Uhr angesetzt. Ich war sehr gut vorbereitet, hatte alle Zahlen im Kopf und die wichtigsten Projekte bereits in die Wege geleitet. In den ersten sechs Monaten im neuen Job hatte ich gute Arbeit geleistet und mich langsam etabliert. Der 24. November wurde einer der schönsten Tage in meinem Leben, aber bei meinem ersten Budgetmeeting war ich nicht. Um 8 Uhr und um 8.15 Uhr wurde ich zum ersten und zweiten Mal Vater.

Im ersten Jahr nach der Geburt hatte ich jeden Tag das Gefühl, an meine Grenzen zu gehen, zumindest in der Retrospektive. Natürlich war die Zeit gespickt mit wunderschönen Momenten, die ich niemals missen möchte und für die ich bereit war, meinen Schlaf und jede mögliche Sekunde des Tages zu opfern. Dennoch nagten die ersten beiden Jahre an meiner Frau und mir. Die Schwiegereltern wohnten 500 Kilometer weit entfernt und waren keine weitere Unterstützung in unserer neuen Heimat. Ich schaffte es ab und an zum Sport, was mich auch gerade so über Wasser hielt. Meditation und Yoga waren mir damals noch suspekt und viel zu esoterisch angehaucht. Ich konnte mich nicht darauf einlassen, auch wenn der Nutzen unumstritten ist und ich es heute besser weiß.

»Eine Pause wäre toll, ein Tag für mich. Ein Tag, an dem ich einfach nur egoistisch an mich denken kann.« Nicht, dass mir das verwehrt gewesen wäre, aber ich hatte keine Minute darüber nachgedacht, auch nur einen Tag ohne meine Familie irgendwo anders zu verbringen, wenn ich es nicht beruflich musste. Manchmal hatte ich mich irgendwohin geträumt, das Buch *Waverider* studiert, um zumindest von den schönen Swells und den Reefbreaks zu lesen, wenn ich schon nicht dort sein konnte. Als meine Frau merkte, dass ich mal eine Pause brauchte, hatte sie mich erst auf die Idee gebracht, mir ein paar Tage ganz für mich selbst zu nehmen. Es war zuerst ein absurder Gedanke, ganz allein irgendwohin zu gehen und mich nur um mich zu kümmern. Wenn ich beruflich ein paar Tage nach Japan musste, war ich ja ohnehin schon immer mal wieder weg. Warum sollte ich die Last, die in diesen Tagen immer allein auf meiner Frau lag, ihr auch noch zu rein egoistischen Zwecken aufladen? Wir hatten viel darüber gesprochen, und an einem Abend hatte ich dann einfach mein schlechtes Gewissen zur Seite gelegt und mir einen fünftägigen Surftrip gebucht. Ich ganz allein, ein kleines Hostel und die Wellen. Natürlich hatte ich mich auch am ersten Tag dort noch schrecklich gefühlt, aber je mehr Salzwasser mir von der Lippe der Welle ins Gesicht flog, umso voller wurden meine über die Monate ausgebrannten Energiereserven. Als ich nach Hause kam, war ich sehr glücklich.

Aber es sind nicht nur die großen Pausen, die helfen können, wieder zu sich zu finden. Es sind vor allem die kleinen täglichen Pausen. Jede Mutter und jeder Vater kennt das: Morgens verleibt man sich so schnell wie möglich irgendetwas Essbares ein, um alles hinzubekommen. Allein das langsame, achtsame Essen einer Mahlzeit kann schon eine Pause sein. Wenn du, so wie ich, noch kein Meditationsgroßmeister bist und keine drei Stunden ruhig dasitzen oder auch »nur« 45 Minuten im Bodyscan verbringen kannst, dann fang klein an. Schon fünf bewusste Atemzüge oder eine fünfminütige geführte Meditation können dir helfen, ein paar ruhige Momente zu genießen.

Wie du dir deine Pausen nimmst, hängt natürlich auch maßgeblich vom Alter deines Kindes oder der Kinder ab. Wenn die Kinder noch sehr klein sind und häufiger, aber kürzer schlafen, ist eine erhöhte Spontaneität gefragt. Schlüpf einfach schnell in die Laufschuhe und geh raus, wenn du den Kopf frei bekommen möchtest.

Im Alter von drei bis vier Jahren, wenn die Schlafphasen nachts länger werden, kannst du die Abendstunden nutzen, wenn die Kinder im Bett sind. Ein paar Jahre später sind die Stunden am Morgen ideal, wenn alle noch schlafen.

Das Wichtigste ist Kommunikation in der Beziehung. Dir Pausen und Auszeiten zu nehmen, ist richtig und wichtig. Es darf nur nicht ausschließlich zulasten des/der Partners/Partnerin passieren. Genauso wenig sollte man sich selbst Privilegien zugestehen, die man dem anderen nicht gönnt. Miteinander im Austausch zu bleiben und auch eine Wahrnehmung dafür zu entwickeln, wann die eigene und die Belastung des anderen zu viel wird, ist sehr wichtig für eine gleichberechtigte Beziehung auf Augenhöhe.

Hacks

#1 Bau präventiv Pausen ein. Nicht erst, wenn es zu spät ist und die Überlastung schon zu groß geworden ist. Der Guru der Gelassenheit, Frank Behrendt, rät zu vielen Minipausen, also geh doch mal »keine« rauchen und mach fünf Minuten Pause.

#2 Hol dir Unterstützung. Wenn du denkst, dass du nicht wegkannst, dann rede mit deiner Familie, mit Freund:Innen, den Eltern im Kindergarten, und such dir Hilfe.

#3 Wenn nichts davon klappt, achte auf mindestens sieben bis acht Stunden Schlaf.

KAPITEL 42
Achtsamkeit

»Du kannst die Wellen nicht stoppen,
aber du kannst lernen zu surfen.«
Jon Kabat-Zinn

Vor langer Zeit, noch in der alten Heimat, habe ich mich von Bekannten dazu hinreißen lassen, einen Yogakurs über die Volkshochschule zu buchen. Ich betrat gegen 19 Uhr den weißen Raum mit gedämmtem Licht, in der Mitte standen eine Kerze und eine Klangschale. Für viele mag das Entspannung pur sein, aber für mich als Leistungssportler und Dorfkind war das damals irgendwie noch zu viel des Guten. Mit Mitte 20 war mir alles, was nur im Entferntesten esoterische Züge hatte, sehr suspekt. Der körperliche Nutzen der Übungen war mir sehr wohl klar, aber der Gesang »Om mani padme hum« gehörte in meinem Universum nicht zu Dehnübungen und Sport. Den Kurs habe ich aber abgeschlossen.

Über die Jahre hatte ich es immer wieder versucht, mich der Meditation anzunähern, und am Ende doch nur durch meine Frau Laura einen Zugang gefunden. Als Wirtschaftspsychologin und Meditationslehrerin berät sie heute Unternehmen dabei, ihren Mitarbeiter:innen das Thema mentale Gesundheit näherzubringen, ohne dabei Menschen wie mich durch zu viel Esoterik zu verlieren[88]. Meditation ist unbestritten eine tolle Möglichkeit, auch abseits von Esoterik und Religion, seine innere Mitte zu finden. Ich habe sie noch nicht gefunden, bin aber auf dem Weg.

Die Notwendigkeit von Achtsamkeit im Leben wird uns meist erst bewusst, wenn wir bereits dessen Endlichkeit wahrgenommen haben oder wir von einem besonderen Ereignis in unserem Leben darauf hingewiesen wurden. Die vergangenen zwei Jahre und deren wechselnde Herausforderungen – seien es Pandemien, Lieferengpässe oder geopolitische Veränderungen – haben uns als Eltern und als Arbeitnehmer:innen sehr viel abverlangt. Da kein Ende in Sicht ist, wundert es niemanden, dass Resilienz als Key Skill des 21. Jahrhunderts bezeichnet wird. In der Physik ist Resilienz die Eigenschaft, wieder in seinen Ursprungszustand zurückzukehren, ohne bleibenden Schaden zu nehmen. Achtsamkeit hält uns länger im Hier und Jetzt und dadurch auch in unserem Ursprungszustand.

Ich habe bereits öfter im Leben vergessen, was Achtsamkeit eigentlich ist. Meine Kinder erinnern mich jedoch jeden Tag daran. Ich kann jeden Tag aufs Neue von ihnen lernen, dass der jetzige Moment entscheidend ist, ohne mir zu viele Gedanken um gestern zu machen oder mich schon zu sehr mit morgen zu beschäftigen. Ganz bewusst und mit offenen Augen durch das Leben gehen und auch mal nur kurze Momente zu genießen hilft mir, aus dem Hamsterrad von Arbeit und Familie auszusteigen.

Nach einem langen Winter ohne jegliche Art von Freizeitmöglichkeiten hatte ich den Wunsch, doch mal einen Freizeitpark mit den Kindern zu besuchen. Nach so viel Ruhe und Natur wollten wir mal wieder ein bisschen Trubel. Als wir durch den unheimlich lauten und grellen Park liefen, blieb einer meiner Jungs an einer kleinen Brücke stehen. Sie war winzig, aber darunter floss das Einzige, was an diesem Park nicht künstlich war, ein kleiner Bach zwischen ein paar Sträuchern. »Papa schau mal, ein kleiner Fluss.« Wir schauten uns zu dritt minutenlang dieses kleine Rinnsal an, das irgendwie gar nicht hierherzugehören schien. Anschließend war ich froh, der Welt aus Zuckerwatte und Schwammkopffiguren wieder entfliehen zu können. Aber dieser Gedanke der Achtsamkeit für unscheinbare, aber wundervolle Dinge holt mich immer wieder aus der Job-Achterbahn zurück an den kleinen Bach. Was ist dein kleiner Moment der Achtsamkeit?

Tool

Sammle Achtsamkeit zusammen mit deiner Familie. Ein schönes Ritual dafür ist es, schöne Momente und Augenblicke jeden Abend oder einmal die Woche aufzuschreiben oder auch aufzumalen, was sich besonders bei kleineren Kindern sehr gut eignet, da sie dann auch wiedererkennen, welcher Moment es war, und sich ebenfalls daran erinnern können.

Was du dafür brauchst: Ein kleines Stück Papier oder auch ein Stück Holz – alles, worauf sich schreiben und malen lässt und was klein genug ist, um es anschließend in ein Gefäß zu werfen oder es an die Wand zu hängen.

Ritual: Wähle einen Moment am Abend, zum Beispiel nach dem Essen, und frag in die Runde, welcher Augenblick heute aufgemalt oder aufgeschrieben werden soll. Es dürfen gerne auch mehrere sein. Unser Beispiel: Auf die eine Seite des Zettels haben wir einen kleinen Fluss gemalt, und auf die andere Seite haben wir das Datum geschrieben und die Worte: »Mit Papa wunderschönen Fluss im Freizeitpark entdeckt.« Anschließend haben wir den Zettel zusammengefaltet und in ein großes Glas getan.

Am Ende des Jahres ist es ein tolles Silvester-Ereignis, gemeinsam mit den Kindern durch die vergangenen zwölf Monate und deren schöne Momente zu gehen. Es ist verblüffend, wie gut sich Vierjährige an kleine Erlebnisse erinnern können. Oder wenn du mal das Gefühl hast, die Achtsamkeit verloren zu haben, dann nimm dir das Glas und mach es auf. Die gemeinsam oder auch allein erlebten Momente holen dich wieder zurück und helfen dir, im Augenblick zu bleiben.

Hacks

#1 Lerne von deinen Kindern. Niemand auf dieser Welt ist so achtsam wie ein Kleinkind. Sie leben im Hier und Jetzt. Wir Erwachsenen haben das nur verlernt.

#2 Achtsamkeit ist wie Fußball. Mehr Training bringt mehr Erfolg. Man muss aber auch nicht gleich in der Bundesliga spielen. Achtsamkeit als Hobby reicht schon.

#3 Einfach mal Stopp drücken. Beobachte einfach mal einen Vogel, die Wolken oder einen Baum. Schon für fünf Minuten ist das eine Auszeit im Hier und Jetzt.

KAPITEL 43
Freund:innen

»I found the key to happiness. Stay away from idiots.«
Morgan Freeman

Das Telefon klingelt, den Namen hatte ich schon bestimmt sechs Monate nicht mehr auf dem Display gelesen: »Hallo Roman, du musst mir mal erklären, wie ich am besten und möglichst schnell eine neue Stelle bekomme, ich will mich verändern.« Im ersten Moment war ich etwas perplex, da wir uns eine Weile nicht mehr gesprochen hatten und ich vielleicht eher ein »Hi, wie geht es dir und deiner Familie?« erwartet hätte. Aber nun gut, seine Frage war mir nicht neu, und es war auch nicht sein erster Anruf dieser Art in den vergangenen Jahren. Also sprachen wir etwa 15 Minuten über sein aktuelles Problem, und anschließend erzählte er mir von seinem Leben. Als er am Ende seines Monologs angekommen war, beendete er das Gespräch mit den Worten: »Also ich muss jetzt in den nächsten Call, tschüss«, wobei ich mir nicht mehr ganz sicher bin, ob er sich wirklich verabschiedet hat. Wir hatten zwar zusammen studiert, aber nach einigen dieser Anrufe und dem Versuch, ihm sein Verhalten widerzuspiegeln, nahm ich den Hörer, wenn er anrief, einfach nicht mehr ab.

Die Zeit, die dir als Vater für dich, deine Kinder, deine Partnerschaft und deine Karriere bleibt, ist relativ überschaubar. Wie jedes verknappte Gut, bei dem die Nachfrage das Angebot übersteigt, ist sie dementsprechend wertvoll. Daher ist es umso wichtiger, sich die Frage zu stellen, wie man die Zeit am sinnvollsten verwenden möchte. Freundschaften sind unumstritten essenziell und wichtig für unsere Gesundheit. In der preisgekrönten amerikanischen Reality-TV-Serie *Alone*, in der Menschen in der Wildnis Kanadas oder Patagoniens auf sich allein gestellt überleben müssen, lässt sich auch als Hobbypsychologe feststellen, dass, sobald Hunger, Durst und andere Grundbedürfnisse einmal gestillt sind, es vor allem die Einsamkeit ist, die Menschen zwingt, aufzugeben und auf das Preisgeld zu verzichten.

Aber unter diesen zwischenmenschlichen Beziehungen gibt es auch welche, die uns nicht guttun und die uns Zeit rauben. Ohne Kinder war es ganz normal, dass ich auch Zeit mit Menschen verbrachte, die ich schon lange kannte, die mir aber nicht wirklich guttaten. Aus reiner Nostalgie bleiben wir mit dem/r Grundschulfreund:in, dem/r Fußballkumpel:in, den Diskobekanntschaften und nicht zu vergessen mit den Hunderten vermeintlichen Online-Freundschaften in Kontakt. Wir chatten, wir telefonieren, wir treffen uns mit ihnen. Ich als Vater habe oft das Gefühl, dass ich nicht einmal mehr der Handvoll Freund:innen gerecht werden kann, die mir wirklich guttun und denen ich hoffentlich auch guttue. Viele Bekanntschaften verlaufen sich ganz von allein, aber manche muss man vielleicht auch aktiv beenden. Zu den Freundschaften, die uns nicht guttun, gehören unter anderem auch Menschen, die uns als emotionalen Mülleimer benutzen.

Antonia Götsch schrieb in ihrem Artikel zum Thema »Projektive Identifikation«, dass chronische Nörgler nicht nur uns das Leben schwer machen, sondern ihre negativen Gefühle auch auf Kolleg:innen übertragen[89]. Die Chefredakteurin des *Harvard Business Managers* beschäftigt sich bereits seit Jahren mit Führungs- und Managementthemen. In ihrem Artikel zitiert sie unter anderen den INSEAD-Professor für Leadership Development und Organizational Change, Manfred Kets de Vries. Er wies darauf hin, dass durch die Wiederholung von schlechten, traurigen, wütenden und ohnmächtigen Gefühlen die Neurotransmitter im Gehirn eine neuronale »Neuverdrahtung« durchlaufen können und daraufhin negative Gedankenmuster verstärken.

Seine Zeit mit Verschwörungstheorien oder schlechten Börsenkursen zu verbringen anstatt mit seinen Kindern, macht auf Dauer sicher nicht glücklich. Wenn du dir als Vater also nicht gut überlegst, mit wem du deine Zeit verbringst, endest du entweder als Mülleimer oder selbst als Nörgler.

Wichtig ist mir an dieser Stelle zu sagen, dass jeder Mensch in seinem Leben schlechte, vielleicht auch depressive Phasen durchmacht. Diese werden gerade durch Freundschaften und aktives Zuhören derer, die für einen da sind, überstanden. Wir müssen also ganz individuell entscheiden, wann jemand unsere Unterstützung braucht und wann er/sie uns ausnutzt. In letzterem Fall ist es an uns, Grenzen zu ziehen. Aus Nostalgie an toxischen Freundschaften festzuhalten, wird dein Leben nicht besser machen.

Hacks

#1 Dein Umgang formt dich. Der US-amerikanische Bestsellerautor Jim Rohn meint: Wir sind der Durchschnitt der fünf Menschen, mit denen wir die meiste Zeit verbringen.

#2 Mit wem umgibst du dich? Umgib dich mit Menschen, die sich mit dir freuen und mit denen du Erfolge und Misserfolge teilen kannst. Sie sollten dir gegenüber aber auch ehrlich Zweifel und konstruktive Kritik äußern. Die eigene Reflexion ist wichtig, Fremdwahrnehmung aber auch.

#3 Emotionaler Frühjahrsputz. Trenn dich von Telefonnummern und virtuellen Kontakten, die dir schaden. Reise mit leichtem Gepäck weiter.

KAPITEL 44

Ciao, schlechtes Gewissen

»Wer die Lebenslaufbahn seiner Kinder zu verpfuschen gedenkt, der räume ihnen alle Hindernisse weg.«
Emil Besch

Eine Auszeit von der täglichen Routine ganz für uns allein, als Paar oder auch mit den Kindern – das haben wir uns doch absolut verdient, oder? Wenn da nicht immer noch das schlechte Gewissen dem/der Partner:in, den Kindern, den Eltern, den Freund:innen oder auch der Firma gegenüber wäre:

- Ich kann doch jetzt keine Stunde joggen gehen.
- Mein Arbeitspensum habe ich zwar erfüllt, aber deshalb kann ich doch trotzdem heute nicht früher nach Hause zur Familie gehen.
- Ich könnte einfach das Essen von gestern aufwärmen, aber die Kinder brauchen doch mehr Abwechslung.
- Wenn ich ein Wochenende allein wegfahre, bin ich doch ein Rabenvater.
- Ich muss jeden Tag Lust auf Lego haben, sonst denken meine Kinder sicher, ich habe sie nicht mehr lieb.

Die Liste kannst du beliebig weiter fortsetzen. Ich bin mir absolut sicher, dass Mütter hier sogar eine weitaus längere Liste an Gründen für ihr schlechtes Gewissen aufstellen könnten, schon allein aufgrund des gesellschaftlichen und familiären Drucks.

Dieses schlechte Gewissen müssen wir ablegen, sonst erleben wir unser Leben als ständiges Scheitern. Zu Beginn der Jahres 2020 waren viele Familien – so auch wir – wochenlang zu Hause. Meine Frau und ich waren voll berufstätig, und daher mussten wir uns die Betreuung der Kinder abwechselnd aufteilen. Nach Tagen und Wochen kam es aber immer wieder dazu, dass wir einfach eine Pause brauchten. Der ständige Wechsel von Aufgaben bis spät in den Abend war einfach unglaublich ermüdend. Wir hatten lange gezögert, aber letztendlich doch immer mal wieder den Fernseher eingeschaltet. Das fühlte sich absolut schrecklich an, wir lesen den Kindern viel vor und verzichten, so weit es geht, auf die Unterstützung der Flimmerkiste. Aber es ging einfach an manchen Tagen nicht mehr. Unser schlechtes Gewissen war aber unglaublich groß. Aber was half es uns dann überhaupt, wenn uns eine kurze Entlastung aufgrund unserer Gewissensbisse zu einer erneuten Belastung führt?

Wenn sich eine Mutter oder ein Vater eine Auszeit nimmt und ein Wochenende mit Freund:innen oder mit Wellness in den Bergen verbringt, dabei aber durch das eigene schlechte Gewissen gar keine Ruhe und Erholung findet, dann ist sie sinnlos. Du kannst dich dafür hassen und verurteilen, aber du wirst weder dir noch deinen Kindern oder deinem/r Partner:in damit helfen, ganz im Gegenteil. Wenn du dir eine Auszeit nimmst, dann hast du meiner Meinung nach die Pflicht, sie zu genießen. Dein:e Partner:in übernimmt die Care- und Hausarbeit in dieser Zeit für dich mit. Wenn du also deine Joggingrunde oder deinen Kurzurlaub damit verbringst, ein schlechtes Gewissen zu haben, dann war diese Unterstützung umsonst. Darüber hinaus wäre es doch schön, wenn du voller Energie zurückkommst, um wieder in die Care- und Hausarbeit einzusteigen. Als ich das erste Mal allein weggefahren bin, hatte ich ein unglaublich schlechtes Gewissen, doch meine Frau ermutigte mich dazu, die Zeit allein zu genießen. Es tat unglaublich gut, und ich kam erholt zurück.

Hacks

#1 Ciao, schlechtes Gewissen. Ein unbegründet schlechtes Gewissen, weil du dir Zeit für dich nimmst, hilft niemandem und am wenigstens dir selbst.

#2 Gleiches Recht für alle. Auszeiten sollten keine Privilegien sein, die nur der/die ein:e Partner:in genießt, schafft euch beide gegenseitig den Raum dafür.

#3 Die Gewissensbisse analysieren. Wenn du ein schlechtes Gewissen hast, dann ergründe es und sprich mit deinem/r Partner:in darüber. Gibt es keinen Grund dafür, dann genieße einfach die Zeit für dich.

KAPITEL 45
Vergesst euch nicht als Paar

»Marriage is a choice you make every day. You don't do it because it's easy. You do it because you believe in it. You believe in the other person.«
Michelle Obama

Die Zeit scheint jeden Tag noch schneller zu vergehen, das erste Jahr als Eltern fühlt sich rückblickend wie ein Augenzwinkern an. Ein Moment ist gerade so lange, um ihn nicht zu vergessen, aber zu kurz, um ihn wirklich wahrzunehmen. Wahrscheinlich liegt es daran, dass kurze Nächte und viele neue Aufgaben die Erinnerung trüben. Zum Glück bleiben viele schöne Momente im Gedächtnis hängen, alle anderen Anstrengungen werden verdrängt oder einfach als Notwendigkeit betrachtet. In der Retrospektive finde ich aber nur wenige Momente der unbeschwerten Zweisamkeit. Die Unterhaltungen zwischen Schlafzimmer, Wickeltisch und Küche beschränken sich auf: »Hast du die Milch schon aus dem Eisfach geholt? Sind noch Windeln da? Hattest du gestern die Feuchttücher dabei? Haben wir noch saubere Strampler? Wo sind die Spucktücher? Wann haben die beiden das letzte Mal groß gemacht?«

Pooltests, Sturmtiefs, Läuse und andere Krankheiten, die zu geschlossenen Schulen und Kindergärten führten, sorgten dafür, dass wir abends erschöpft und schweigend nebeneinander ins Bett oder auf die Couch fielen, wenn nicht noch die Wäsche zusammengelegt oder die Spülmaschine ausgeräumt werden musste. Die gemeinsamen Stunden waren meist Familienaktivitäten wie Spaziergänge oder auch mal die ein oder andere Me-Time. Eigentlich ist man manchmal gemeinsam einsam. Es gibt Wochen, in denen fühlt sich das Elternsein an wie eine Zweckgemeinschaft. Man übergibt den Staffelstab der Aufgaben und To-dos und rennt weiter. Aber das Fundament, auf dem man seine Familie begründet hat, von dem aus man sich in den meisten Fällen bewusst entschieden hat, Kinder zu haben, ist manchmal nicht mehr spürbar. Ist man noch eine Familie, wenn man verliert, was einen dazu gemacht hat?

Dazu kommt, dass wir im ersten Jahr am liebsten jede Sekunde bei den Kindern gewesen wären und uns ohnehin schwertaten, anderen Menschen, egal, ob Verwandten, Freund:innen oder Babysitter:innen, unsere Babys anzuvertrauen. Wenn man so wie wir keine Verwandten im Umkreis von 500 Kilometern hat und zudem kein Platz für ein Aupair in der Drei-Zimmer-Wohnung vorhanden ist, dann wird es noch komplizierter, Zeit für sich als Paar zu finden. Dennoch halte ich es für sehr wichtig, sich als Paar nicht zu vergessen und auch schon sehr früh zu versuchen, die gemeinsame Zeit nicht zu vernachlässigen. Wenn man zu lange wartet, läuft man Gefahr, nicht mehr vom Staffellauf zurück zu sich als Paar zu finden.

Es fühlte sich bei den ersten gemeinsamen Abendessen auswärts so überhaupt nicht richtig an. Die Babysitterin kannten wir noch von der Kinderstation des Krankenhauses, und dennoch war uns mulmig dabei, die beiden bereits schlafenden Babys allein mit ihr daheim zu lassen. Wir waren nur ein paar Hundert Meter entfernt in einem Restaurant. Die Fahrräder standen bereit, um auch wirklich schnell aufzubrechen, sollte daheim etwas sein. Es blieb alles ruhig, und wir beschlossen, uns mindestens einmal im Monat Zeit für so ein Date zu nehmen. Auch während dieses Buch in der Entstehung war und meine Frau Laura ihr hybrides Online-»Home Office Retreat« zur Marktreife bringen wollte, war es für uns klar, diesen festen Termin nicht schleifen zu lassen. Aus einem »Verschieben« wird schnell ein »Aufschieben« und vielleicht auch ein »Irgendwann mal wieder«. Gerade durch etwas Planung im Voraus klappt es bis heute gut.

Warum eigentlich nach draußen gehen? Man könnte sich doch auch an den gemeinsamen Tisch setzen. Ja, das könnte man sicher, und manchmal klappte das auch bei uns, aber oft liegt da noch ein Spielzeug, das aufgeräumt werden will, ein voller Wäschekorb oder die Brotbox von heute Mittag. Das Smartphone ist nicht weit, oder man schaltet dann doch mal wieder eine Serie ein. Es geht darum, raus aus dem Alltag zu kommen, die eigenen vier Wände zu verlassen, sich einfach mal wieder ohne Ablenkung in die Augen zu sehen, sich zuzuhören und gemeinsam zu lachen.

Diese Momente geben dir auch die Ruhe und Zeit, die eigene Vereinbarkeit von Beruf und Familie mit der deines/deiner Partners/Partnerin abzugleichen. Ohne die gemeinsame Zeit kommt es oft zu kurz, nach den Bedürfnissen des/der Partner:in zu fragen oder diese überhaupt wahrzunehmen. Nur wenn beide glücklich sind und sowohl berufliche als auch private Bedürfnisse befriedigt werden, ist Vereinbarkeit möglich. Diese Woche ist Laura im Zuge ihrer MBSR-Ausbildung sieben Tage auf einem Schweige-Retreat ohne Kontakt zur Außenwelt. In diesen Tagen ohne meine Frau merke ich immer wieder, wie wertvoll die Zeit zu zweit ist. Ich möchte diese wertschätzender und besser nutzen, denn nicht nur unsere Zeit als Paar ist begrenzt, sondern auch die als Mensch auf dieser Welt.

Hacks

#1 Kinder spüren, ob Mama und Papa noch miteinander können. Es ist auch wichtig für sie, dass ihr Zeit für euch habt.

#2 Wenn du vergessen hast, warum die Zeit zu zweit so wichtig ist, dann sei eine Zeit lang allein. In der Zeit, die wir allein mit uns verbringen, erinnern wir uns wieder daran, was wir vermissen.

#3 Verbringt wieder Zeit zu zweit. Die ersten Wochen will man jede Sekunde mit seinem Kind verbringen. Aber wartet nicht zu lange damit, wieder eure Zweisamkeit zu pflegen. Sucht euch Hilfe bei Babysitter:innen, Verwandten, Freund:innen und Nachbar:innen. Auch wenn es nicht jeden Monat klappt, fangt heute an.

Kein Ende, sondern ein Anfang

Dieses Buch ist eine Erinnerung an mich selbst, immer wieder einen kurzen Moment innezuhalten und zu reflektieren, warum wir das eigentlich alles machen – gerade wenn sich alles um uns herum so schnell dreht und wir in der Rushhour unseres Lebens, im Hamsterrad der Karriere, im Aufbau finanzieller Unabhängigkeit und Vorsorge für das Alter stecken. Eine Erinnerung ist es deshalb, weil man allzu schnell vergisst, darüber nachzudenken, warum man sich eigentlich auf seinen Karriereweg begeben hat. Kam das Vatersein dann einfach dazu, oder hat dieser neue Lebensabschnitt uns verändert? Haben wir darauf reagiert oder einfach nur weitergemacht wie bisher? Ich muss mich das immer wieder selbst fragen, um der Vater, der Partner zu sein, der ich wirklich sein möchte, und dennoch Selbsterfüllung und Bestätigung im Job erfahren zu können. Ich wünsche mir beides – was das Leben zu einer großen Herausforderung werden lässt, aber auch zu großer Erfüllung führt.

Mit dem richtigen Umfeld, mit Reflexion und dem klaren Wissen um die Bedeutung und Definition von Erfolg in deinem Leben wird es dir gelingen, am Ende des Lebens nichts bereuen zu müssen. Heute und jeder weitere Tag ist ein Anfang, kein Ende. Vater ist man ein Leben lang, dieses Buch stellt nur einen Ausschnitt dar. Es ist eine Erinnerung an mein 20 Jahre älteres Ich, da man viel zu schnell im Hamsterrad vergisst, was einem wichtig ist. Und es ist ein Versprechen an mich selbst und an meine Kinder.

Danksagung

Eigentlich dürfte es dieses Buch nicht geben – vor allem weil es fast schon unglaubwürdig ist, Vereinbarkeit als aktiver Vater zu leben und dann mitten in der Rushhour des Lebens noch ein Buch zu schreiben. Man schafft im Leben nichts ganz allein, dass es mit dem Buch doch irgendwie geklappt hat, lag an vielen tollen Menschen. Allen voran ist hier der wundervollste Mensch zu nennen, den ich kenne, meine Frau, Freundin, Motivatorin und Impulsgeberin Laura. Mit ihrem ansteckenden Optimismus trug sie mich auch über die Zeiten, als ich das Projekt am liebsten abbrechen wollte. Ohne sie wäre nicht nur dieses Buch nicht, was es ist, sondern auch ich nicht, wer ich bin. Ich liebe dich.

Ich bin dankbar für unsere Söhne Mattis und Niklas, die mir gezeigt haben, was im Leben wirklich wichtig ist, und dafür, dass sie in diesem Jahr fast immer um 20 Uhr schlafen gegangen sind. Unserer wundervollen Oma Tina möchte ich Danke sagen, weil sie uns trotz großer Entfernung immer wieder unterstützt hat. Meinem Bruder Tobias, der immer an mich glaubt und für mich da ist.

Darüber hinaus Eda Akcan-Grah, die als Allererste dieses Buch gelesen hat und mir dabei geholfen hat, andere Blickwinkel einzunehmen. Meinem Freund Niko Oertel, der mir erst gezeigt hat, wie man so ein Buch überhaupt anfängt und richtig strukturiert, und mich darüber hinaus immer wieder zum Schreiben motiviert hat. Marius Kursawe, weil es ohne seine Empfehlung an den Campus Verlag überhaupt kein Buch geben würde. Aber auch, weil er mir als erfahrener Autor immer mit Rat und Motivation zur Seite gestanden hat. Volker Baisch, der mich mit seiner jahrzehntelangen Erfahrung des Väternetzwerks in Unternehmen mit entsprechenden Literaturquellen unterstützt hat. Natalie Juwan, deren wundervolle Grafiken das Buch zu etwas Besonderem machen. Mein Dank gilt auch Ute Flockenhaus, die mir Mut machte und mir mit ihrer Expertise unter die Arme griff. Danja Hetjens und dem Campus Verlag, die das Thema und dessen Relevanz gleich zu Beginn unterstützt haben.

Vielen Dank an alle, die mir während dieser Zeit mit Sachverstand, Kritik und Motivation zur Seite standen: Eva Knaus, Georg Jennen, Marcus Heidbrink, Michael Trautmann, Sandra Konrad, Christian Kruse, Christina Kestel, Prof. Dr. Gerrit Nandi, Rebecca Reuter, Benjamin Achenbach, Monika Knoop-Tausch, Marco Krahl, Michael Fritz, Jörg Kundrath, Uwe Tränkle.

Quellen

Working Dad Podcast:
https://open.spotify.com/show/6ydzq0I5JRd9PbWvzgPON3

Marius Kursawe:
www.twentyoneskills.de

Volker Baisch (Väternetzwerk):
www.vaeter-ggmbh.de

Redezeit für dich:
www.virtualsupporttalks.de

Harvard Business Manager:
www.manager-magazin.de/harvard/

Macklemore & Ryan Lewis (Growing Up):
https://youtu.be/6mhtJduoCZ0

Roman Gaida:
www.RomanGaida.com

Grafiken

Natalie Juwan (Designerin & Künstlerin). Die unverbesserliche Optimistin lebt mit ihrem Mann und zwei Kindern in Hannover. Sie malt große Gemälde für Menschen, die wissen, was sie wollen.
www.artbynatalie.de

Anmerkungen

1 Bronnie Ware (2013): *5 Dinge, die Sterbende am meisten bereuen*, Arkana.

2 Héctor García & Francesc Miralles (2017): *Ikigai: The Japanese secret to a long and happy life*, Penguin Publishing Group.

3 Voraussichtliche Lebensarbeitszeit in Deutschland nach Geschlecht von 2010 bis 2020, Online-Quelle: Statista (24.01.2022): https://de.statista.com/statistik/daten/studie/827899/umfrage/lebensarbeitszeit-in-deutschland-nach-geschlecht

4 Entwicklung des durchschnittlichen Renteneintrittsalters in Deutschland in den Jahren von 1960 bis 2020, Online-Quelle: Statista (20.01.2022): https://de.statista.com/statistik/daten/studie/616566/umfrage/entwicklung-des-renteneintrittsalters-in-deutschland/

5 *361° A. T. Kearney – Die Rushhour des Lebens*, Juli 2012, Tempus Corporate.

6 *361° A. T. Kearney – Die Rushhour des Lebens*, Juli 2012, Tempus Corporate.

7 Remo H. Lago (2019): *Babyjahre*, Piper.

8 *361° A. T. Kearney – Die Rushhour des Lebens*, Juli 2012, Tempus Corporate.

9 t3n.de-Interview, Andreas Weck, Online-Quelle: https://t3n.de/magazin/millionaer-buffer-gruender-leo-widrich-sinn-arbeit-geld-250863/ 16.07.2021.

10 Verena Pausder (2020): *Das neue Land – Wie es jetzt weitergeht!* Murmann.

11 Deutsches Institut für Wirtschaftsforschung e. V. (DIW Berlin): »Kinderbetreuung in Corona-Zeiten: Mütter tragen die Hauptlast, aber Väter holen auf.«

12 Björn Süfke (2018): *Männer*, Goldmann.

13 Gordon, I., Zagoory-Sharon, O., Leckman, J.F. & Feldman, R. (2010): »Oxytocin and the development of parenting in humans.« *Biological Psychiatry*, 68(4), 377–382. Online-Quelle: https://www.sciencedirect.com/science/article/abs/pii/S0006322310001204

14 Abraham, E., Hendler, T., Shapira-Lichter, I., Kanat-Maymon, Y., Zagoory-Sharon, O. & Feldman, R. (2014): »Father's brain is sensitive to childcare experiences.« *Proceedings of the National Academy of Sciences*, 111(27), 9792–9797, Online-Quelle: https://www.pnas.org/doi/10.1073/pnas.1402569111
15 »DAX-Chefs und Spitzenpolitiker schweigen zur Kinderfrage«, *Wirtschafts-Woche*, 28.04.2021, Online-Quelle: https://www.wiwo.de/politik/deutschland/fuehrungsjob-und-familie-dax-chefs-und-spitzenpolitiker-schweigen-zur-kinderfrage-/27133926.html?msclkid=1a6fd338c32a11eca4657d4f379e20fd
16 *Fear Of Missing Out* – die Angst, etwas zu verpassen.
17 Rolf Dobelli (2012): *Die Kunst des klugen Handelns*, Hanser.
18 Florian Feltes, Marcus Heidbrink & Victoria Berg (2021): »Narzissmus in deutschen Führungsetagen – Die Jungbullen kommen«, *Harvard Business Manager*, 05/2021.
19 Marius Kursawe (2019): *Berge versetzen für Anfänger*, Campus.
20 Marco Krahl (2021): »Wie du einen väterfreundlichen Arbeitgeber findest«, *Dad – Men's Health*, Online-Quelle: https://www.menshealth.de/dad/job-care/wie-du-einen-vaeterfreundlichen-arbeitgeber-findest/
21 *Väterreport. Update 2021*, Online-Quelle: https://www.bmfsfj.de/bmfsfj/service/publikationen/vaeterreport-update-2021-186180?msclkid=0f0cc16ec31611ecaf47047475642fd3
22 *Väterreport. Update 2021*, Online-Quelle: https://www.bmfsfj.de/bmfsfj/service/publikationen/vaeterreport-update-2021-186180?msclkid=0f0cc16ec31611ecaf47047475642fd3
23 Deutscher Familienverband vom 17.01.2022.
24 Ursula Lange (2006): *Erfolgsfaktor Beruf & Familienmanagement. Glückliche Familien, gesunde Gesellschaft, leistungsstarke Unternehmen*, merus.
25 A.T. Kearney (2016): *361° Aufbegehren – Mehr Vereinbarkeit*, S. 9.
26 Thomas Geisel (2021): *Grenzgänger – Sechs Jahre Leben für die Politik*, Droste.
27 Robin Sharma (2018): *The 5 AM Club: Own Your Morning. Elevate Your Life*, Harper Collins.
28 »Gehören Sie auch zu denen, die kündigen wollen?«, *Manager Magazin*, 26.01.2022, Online-Quelle: https://www.manager-magazin.de/harvard/selbstmanagement/job-kuendigen-tipps-fuer-arbeitnehmer-die-selbst-kuendigen-a-958f7f96-0cfa-41af-bccd-aa596e085145
29 Fränzi Kühne (2021): *Was Männer nie gefragt werden: Ich frage trotzdem mal*, Fischer.
30 Tara Wittwer: »Was einen Arbeitsplatz toxisch macht«, *Business Punk*, 08.01.2021, Online-Quelle: https://www.business-punk.com/2021/01/was-einen-arbeitsplatz-toxisch-macht/
31 *Morning Briefing*, Podcast vom *Handelsblatt*, 23.12.2021.

32 »Wie funktioniert berufsbegleitende Weiterbildung wirklich?«, *Rocket Engineers,* Podcast, Folge #41, Online-Quelle: https://open.spotify.com/episode/4pxaPqIO4hztIzy44uXP5L
33 »Warum Chefs Arbeiterkinder fördern sollten«, Interview mit Stefanie Mattes, *Der Spiegel,* 25.12.2021.
34 Stifterverband für die Deutsche Wissenschaft e. V. (2020): *Vom Arbeiterkind zum Doktor,* Online-Quelle: https://www.stifterverband.org/medien/vom_arbeiterkind_zum_doktor?msclkid=466cef2bc3e11eca2ca0586f9d10258
35 E. Aronson & J. Mills (1959): »The effect of severity of initiation on liking for a group«, *Journal of Abnormal and Social Psychology,* S. 59.
36 Karina Parikh : *The Cost of Context Switching (and How To Avoid It),* Loom.com, 30.09.2020.
37 Online-Quelle: https://www.business-school.rwth-aachen.de/alumni-talkroman-gaida/
38 *Harvard Business Manager,* Ausgabe 09/2021, Rubrik Karriere.
39 P. C. Wason (1960): *On the Failure to Eliminate Hypotheses in a Conceptual Task,* https://doi.org/10.1080/17470216008416717
40 Dorie Clark: »Nur Geduld«, *Harvard Business Manager,* 01/2022.
41 Marius Kursawe (2019): *Berge versetzen für Anfänger,* Campus.
42 WEF_Future_of_Jobs_2020.pdf (weforum.org).
43 »Sind Väter in Elternzeit Verlierer?«, *faz.net,* 29.10.2021, Online-Quelle: https://www.faz.net/aktuell/wirtschaft/unternehmen/fuer-palantir-mitgruender-lonsdale-sind-elternzeit-vaeter-loser-17609997.html?msclkid=5a3ad6a1c49211eca27c3d242c8333ba
44 *Väterreport. Update 2021,* bmfsfi.de, Online-Quelle: https://www.bmfsfj.de/bmfsfj/service/publikationen/vaeterreport-update-2021-186180?msclkid=e7169420c49211eca0b8c90c25aa4e93
45 Mechtild Oechsle & Thordis Reimer (2016): »Väter zwischen Beruf und Familie – Handlungskrisen, Bewältigungsstrategien und gesellschaftliche Transformationsprozesse«, *Österreichische Zeitschrift für Soziologie,* Band 41.
46 A. T.Kearney Studie (2016): *Rushhour,* S. 31.
47 *Väterreport. Update 2021,* bmfsfi.de, Online-Quelle: https://www.bmfsfj.de/bmfsfj/service/publikationen/vaeterreport-update-2021-186180?msclkid=e7169420c49211eca0b8c90c25aa4e93
48 Arbeitsmarktdaten: Wie schwierig ist es, offene Stellen zu besetzen? (heyjobs.co).
49 Mechtild Oechsle & Thordis Reimer (2016): »Väter zwischen Beruf und Familie Handlungskrisen, Bewältigungsstrategien und gesellschaftliche Transformationsprozesse«, *Österreichische Zeitschrift für Soziologie,* Band 41.
50 Conpadres (2020): »Trendstudie Zukunft Vereinbarkeit«, Online-Quelle: https://vaeternetzwerk.info/trendstudie/?msclkid=29ccfa1cc60d11ecba47e6e825b7f3c2

51 Boston College Center For Work & Family (2016), Online-Quelle: Expanded Paid Parental Leave – Study Findings FINAL 10-31-19.pdf (bc.edu).
52 A.T. Kearney (2014): *Nur Mut! – Männer und Väter.*
53 A.T. Kearney (2014): *Nur Mut! – Männer und Väter.*
54 Joachim E. Lask & Nina M. Junker (2018): *Elternkompetenzen & Arbeit,* Bericht 1/10 zur Studie.
55 Destatis.de
56 »Vater sein im Unternehmen«, Online-Quelle: https://vater-sein.at/unternehmen/
57 https://www.viva-familienservice.de/wp-content/uploads/2016/10/kearney-familienstudie-2016.pdf, S. 14.
58 *361° A. T. Kearney – Vereinbarkeit wagen!* Ergebnisse der dritten 361° Kearney-Familienstudie.
59 Amy C. Edmondson (2020): *Die angstfreie Organisation: Wie Sie psychologische Sicherheit am Arbeitsplatz für mehr Entwicklung, Lernen und Innovation schaffen*, Vahlen.
60 A.T. Kearney (2016): *Aufbegehren – Mehr Vereinbarkeit,* Online-Quelle: https://vaeternetzwerk.info/studie-atkearney-361-aufbegehren-mehr-vereinbarkeit/?msclkid=4a0b2c4cc6fa11ecb84683dd8abb2498
61 A.T. Kearney (2016): *Aufbegehren – Mehr Vereinbarkeit,* Online-Quelle: https://vaeternetzwerk.info/studie-atkearney-361-aufbegehren-mehr-vereinbarkeit/?msclkid=4a0b2c4cc6fa11ecb84683dd8abb2498
62 Allen, Tim: »I'm a CEO and a Working Dad. Here's What I Wish I Did Differently«, *Harvard Business Review,* 8. Dezember 2020, Online-Quelle: https://hbr.org/2020/12/im-a-ceo-and-a-working-dad-heres-what-i-wish-i-did-differently?msclkid=931880e0c7a011ec9741e7ef72fdb96a
63 Antonio Nieto-Rodriguez: »Das wird schon«, *Harvard Business Manager,* Februar 2022.
64 LinkedIn-Post Adam Grant im Januar 2022.
65 Claudia Obmann, Michael Scheppe & Lazar Backovic: »Die New-Work-Lüge: Warum die Verheißung der neuen Arbeitswelt nicht hält, was sie verspricht«, *Handelsblatt*, 29.10.2021.
66 Dr. Michael Spitzbart (2012): *Erschöpfung und Depression: Wenn die Hormone verrückt spielen*, Kösel.
67 Gisela Wolf: »7 Dinge, die erfolgreiche Menschen schon vor dem ersten Morgenkaffee machen«, *Business Insider,* 15.11.2015, Online-Quelle: https://www.businessinsider.de/strategy/das-machen-erfolgreiche-menschen-morgens-2015-11/
68 Philipp Grabowski: »Das ist die Morgenroutine vom Adidas-CEO«, *Zaster,* Online-Quelle: https://www.zaster-magazin.de/morgenroutine-rorsted/
69 »Papa kann das schon alleine – Was moderne Väter alles hinkriegen, wenn die Mütter sie lassen«, *Der Spiegel*, Nr. 33/2021.
70 Rolf Dobelli (2019): *Die Kunst des digitalen Lebens*, Piper.

71 Marcus Heidbrink, Victoria Berg & Florian Feltes: »Narzissmus in deutschen Führungsetagen – Die Jungbullen kommen«, *Harvard Business Manager*, 05/2021.
72 Interview mit Andy Kassier, Online-Quelle: https://www.monopol-magazin.de/der-erfolg-ist-nur-ein-paar-follower-entfernt
73 Sandra Konrad (2014): *Das bleibt in der Familie: Von Liebe, Loyalität und uralten Lasten*, Piper.
74 Drei von vier Müttern in Deutschland waren 2019 erwerbstätig; https://www.destatis.de
75 Ifd-Allensbach-Umfrage (2019): 1.198 Personen ab 16 Jahren.
76 *Working Dad*, Spotify, Apple-Podcasts, 2020.
77 ZEIT-Stiftung (2020): »Jeder dritte Großstädter will aufs Land ziehen – die Corona-Pandemie verstärkt den Trend«, Umfrage des Instituts Civey, Online-Quelle: https://buceriuslab.de/2020/11/25/ein-drittel-der-grossstaedterinnen-wollen-raus-aufs-land-die-corona-pandemie-verstaerkt-den-trend/
78 Günter Weick & Wolfgang Schur (1999): *Die Wahnsinnskarriere*, Eichborn.
79 Denis Mourlane (9. Auflage, 2018): *Resilienz. Die unentdeckte Fähigkeit der wirklich Erfolgreichen*, BusinessVillage.
80 Laura I. Gaida: »Gesundes Führen vor dem Hintergrund psychischer Erkrankungen«, in: D. Matusiewicz, C. Kardys & V. Nürnberg (Hrsg.) (2020): *Betriebliches Gesundheitsmanagement: analog und digital*, MWV Medizinisch Wissenschaftliche Verlagsgesellschaft.
81 Klaus Grawe (2004): *Neuropsychotherapie*, Hegrefe.
82 Online-Quelle: https://career-test.de/einstellungstest/bip-bochumer-inventar-zur-berufsbezogenen-persoenlichkeitsbeschreibung.html
83 Bochumer Inventar zur berufsbezogenen Persönlichkeitsbeschreibung (BIP).
84 Richard Bents & Reiner Blank (1997): *Der M. B. T. I. (MBTI): Die 16 Grundmuster unseres Verhaltens nach C. G. Jung*, Claudius.
85 Einen Link zu einem kostenlosen Test findest du auf meiner Homepage www.romangaida.com
86 Sandra Konrad (2014): *Das bleibt in der Familie: Von Liebe, Loyalität und uralten Lasten*, Piper.
87 Friedrich Nietzsche (1885): *Also sprach Zarathustra – Ein Buch für Alle und Keinen*, Ernst Schmeitzner.
88 Online-Quelle: https://www.mentalhealthhappiness.com/
89 Chronische Nörgler schaden dem Team und sich selbst. Online-Quelle: https://www.manager-magazin.de/harvard/fuehrung/chronische-noergler-schaden-dem-team-und-sich-selbst-a-b812e9f5-ed46-4e36-8fb3-ca0430ceeaf7